LA SOCIÉTÉ

La philosophie politique dans GF-Corpus

Le Citoyen, textes choisis et présentés par Marie Gaille.
La Démocratie, textes choisis et présentés par Bruno Bernardi.
Le Droit, textes choisis et présentés par Frédéric Rouvillois.
L'État, textes choisis et présentés par Atila Özer.
L'Histoire, textes choisis et présentés par Nicolas Piqué.
La Justice, textes choisis et présentés par Magali Bessone.
Le Libéralisme, textes choisis et présentés par Mikaël Garandeau.
La Liberté, textes choisis et présentés par Antoine Hatzenberger.
La Paix, textes choisis et présentés par Mai Lequan.
Le Pouvoir, textes choisis et présentés par Céline Spector.
La Société, textes choisis et présentés par Benjamin Spector.
La Tolérance, textes choisis et présentés par Julie Saada-Gendron.
L'Utopie, textes choisis et présentés par Frédéric Rouvillois.
La Violence, textes choisis et présentés par Hélène Frappat.

LA SOCIÉTÉ

INTRODUCTION

CHOIX DE TEXTES

COMMENTAIRES

VADE-MECUM

ET BIBLIOGRAPHIE

par

Benjamin Spector

GF CORPUS

GF Flammarion

ISBN : 978-2-0807-3041-1

SOMMAIRE

III
Conventions, justice et légitimité

IV
Le monde social

INTRODUCTION

La « vie en société », la « société de ses semblables », la « société française », les « problèmes de société », une « société anonyme »... Toutes ces expressions témoignent des usages multiples du terme « société » et, ce faisant, de sa relative indétermination. Tantôt la société apparaît comme une réalité objective, clairement délimitée, et l'on évoquera « la société française » au même titre que l'on parle de l'« État » ou de l'« économie française » : la société constitue alors un tout autonome, un objet qui s'offre à la pensée comme allant de soi, ayant une certaine solidité. Tantôt le terme « société » renvoie plutôt à une dimension de la condition humaine, à l'homme dans ses relations avec ses semblables : « la société de mes semblables », c'est simplement leur compagnie, la vie « en société » n'est autre, en première approximation, que la vie parmi d'autres hommes.

Cette diversité des usages indique une difficulté conceptuelle : la société française, ce n'est pas simplement l'ensemble formé par les individus vivant en France, c'est aussi et surtout, par différence avec le « peuple français », mais aussi avec la « population française », l'ensemble organisé des relations sociales qu'entretiennent les Français les uns avec les autres, rien de plus mais rien de moins ; la « société », cela désigne moins qu'un « peuple », mais certainement davantage qu'une « population ». C'est dire, en tout cas, que lorsque l'on parle de la société, on ne parle pas simplement d'un groupe humain en général, on en parle sous un point de vue particulier, qui est justement celui des relations sociales, de la « vie en société ». Le terme « société » désigne alors davantage un état, une condition, qu'un être empirique.

Et de même que la société prise substantiellement renvoie à la « vie sociale », la « vie en société » contient plus, sémantiquement, que ce qui serait seulement la vie parmi d'autres hommes : ce sont les relations entre les hommes, mais ce sont justement des relations *sociales*, relations réglées. La vie en société, c'est aussi la vie dans *la* société.

Le terme « société », dans son usage le plus commun, semble donc dénoter une réalité assez vague que l'on pourrait, très imparfaitement, définir comme « ensemble d'individus interdépendants, partageant un certain nombre de pratiques, et formant une collectivité relativement autonome par rapport à l'extérieur ». On voit qu'une telle définition ne résout rien, et qu'elle interdit quasiment de parler de « société » sans adjoindre un qualificatif comme « politique », « familiale »… Historiquement, d'ailleurs, on évoque davantage des « sociétés » particulières (« société conjugale » ou « politique » chez Locke, mais encore chez Durkheim) que la société en général, et l'usage dominant actuel aurait peut-être seulement privilégié la « société politique » ou « nationale » au détriment des autres. Mais notre définition indique, en revanche, qu'un groupe constitue peut-être *plus ou moins* une société, selon l'intensité et le type de relations sociales qui existent en son sein. La notion de société pourrait n'être qu'un nom désignant des relations sociales solides, régulières et durables, une abstraction résumant, pour les besoins de la pensée, un ensemble d'interactions cristallisées dans des institutions, des « formations sociales ». C'est pour cette raison que, en sociologie, la société se trouve rarement être un concept épistémologiquement premier, ce que montrerait un inventaire des usages du terme chez les pères fondateurs de la discipline, à l'exception peut-être de Durkheim. Max Weber met ainsi en garde contre un usage substantialiste des concepts sociologiques : « Même quand il s'agit de prétendues "structures sociales" comme l'"État", l'"Église", la "confrérie", le "mariage", etc., la relation sociale *consiste* exclusivement, et purement et simplement, dans la *chance* que, selon son contenu significatif, il a existé, il existe, ou il existera une activité réciproque des uns sur les autres, exprimable d'une certaine manière. Il faut toujours s'en tenir à cela pour éviter une conception "substantialiste" de ces concepts » (*Économie et société*, t. I, chap. I, « les concepts fondamentaux de la sociologie », p. 58).

On peut noter, en tout cas, que la réflexion philosophique et scientifique sur un objet tel que la société n'est apparue dans sa singularité que fort tardivement. Longtemps, en effet, ce qui relève aujourd'hui des sciences sociales, et plus particulièrement de la sociologie, a été scindé entre politique et morale, ou tout au moins subordonné à l'une ou à l'autre. D'un côté, on trouve une réflexion sur les fondements et les mécanismes de l'État (qui, dès Platon et Aristote, intègre ce que nous appellerions sociologie politique), et de l'autre, parfois chez les mêmes auteurs, mais aussi à la frontière de la littérature, se déploie une pensée des « mœurs » qui décrit et analyse finement, de façon quasi phénoménologique, la vie de l'homme en société, les habitudes et dispositions sociales qui ne relèvent pas immédiatement de la philosophie politique – c'est notamment l'apport de « moralistes » comme La Rochefoucauld.

Cité et société

Cette vue, trop schématique pour être exacte, mérite d'être nuancée. On peut se contenter, pour l'instant, de remarquer que l'acception la plus courante aujourd'hui du mot « société » (la « société française ») a été longtemps, en tout état de cause, absente ou très secondaire. Et lorsque que nous lisons un texte de Platon ou d'Aristote comme un discours qui parle de la société (*Les Politiques*, par exemple), c'est nous qui amenons cette notion. On trouve bien la notion de « communauté » dans l'œuvre d'Aristote, on peut même traduire la définition de l'homme comme « *zoon politikon* » par « animal social », ou bien « communauté politique » par « société civile » ; de tels choix, pourtant, par les connotations attachées à ces termes, constituent déjà une interprétation. Si *Les Politiques* nous parlent bien de la société, il reste néanmoins que les considérations « sociologiques » d'Aristote sont subordonnées à un questionnement essentiellement politique ; ce qu'il recherche, comme Platon, c'est la meilleure constitution (*politeia*) ; et la « communauté achevée », celle qui atteint sa fin, c'est la Cité, caractérisée avant tout par une certaine organisation du pouvoir. La constitution, pour Aristote, est comme l'âme de la cité, qui est elle-même la forme parfaite de la communauté humaine ; c'est vers elle que tend toute la réflexion, et la considération de l'organisation sociale (rapports entre les classes sociales, par exemple) sert principalement à dégager les différentes formes de constitutions possibles et souhaitables.

L'historicité du concept de société n'a rien d'étonnant. C'est là le sort de tout concept, bien que la visée d'une *philosophia perennis* soit probablement une tentation constante du philosophe. Mais, dans le cas d'une notion qui porte elle-même sur un objet historique, comme celle de société, cette historicité prend une signification plus particulière : réfléchir sur la société, c'est nécessairement aussi réfléchir sur la façon dont les hommes, au cours de l'histoire, ont pensé leur vie sociale. On voit donc l'intérêt de procéder à une généalogie du concept de société, articulée à la recherche historique. Nous ne le ferons pas ici, mais nous voulons tout au moins indiquer pour commencer quelques interprétations communément reçues, susceptibles d'éclairer la question soulevée : pourquoi le concept de société, dans sa signification actuelle, n'est-il apparu qu'à l'époque moderne ? Une interprétation classique de l'histoire de la pensée politique conçoit, à travers l'opposition des Anciens et des Modernes, les notions de société et d'individualisme comme caractéristiques des Modernes, par opposition avec les Anciens, pour lesquels la Cité aurait été première. Ainsi Benjamin Constant, dans *De la liberté des Anciens comparée à celle des Modernes* (in *Écrits politiques*, Folio-Gallimard, 1997), oppose-t-il la liberté politique du citoyen antique, fondée sur le statut juridique du citoyen (par différence avec l'esclave), s'exerçant dans la participation active des hommes à la vie publique, à la liberté des individus des États modernes, liberté négative, privée (« ne pas être empêché »), exprimant un idéal de libération de la société par rapport à l'État. Dans une telle interprétation, l'autonomisation du concept de société irait de pair avec l'affirmation d'une liberté individuelle privée, dont le rapport à l'État serait tout négatif : l'État doit respecter la liberté de l'individu, la protéger, quand, dans la Cité antique, la liberté résidait dans la vie politique, c'est-à-dire dans le service de la Cité. La société comme réalité autonome naîtrait donc des échanges interindividuels, enfin libérés de l'État.

Hannah Arendt, dans *Condition de l'homme moderne*, fait écho à cette ligne interprétative, dont on devine les jugements de valeur qu'elle permet de formuler. Elle confronte la notion de société, étymologiquement synonyme d'« alliance » (en latin, les *socii* désignent les peuples alliés à Rome) à celle de cité, définie comme communauté politique. La société ne serait que la juxtaposition d'individus privés, alors que la cité grecque, au contraire, excluait l'individu privé de la sphère politique, dans laquelle seule l'homme réalise son essence, en ayant en vue, dans la participation aux délibérations publiques, le bien de la communauté. Aussi Cicéron, en traduisant « *zoon politikon* » par « *animal sociale* », aurait-il profondément altéré le propos d'Aristote, inaugurant une « privatisation » toujours plus accusée de l'homme occidental, parallèlement à la montée en puissance de l'État. De ce point de vue, les doctrines du contrat social, tout comme l'économie politique qui naît avec Adam Smith, sont l'aboutissement d'un long processus d'émergence de la notion de société comme objet légitime de la réflexion politique, au détriment du concept de cité ; et l'une des conséquences en est, du libéralisme politique des Lumières au marxisme, un antagonisme essentiel entre l'individu et l'État. Pour Hannah Arendt, il s'agit de penser les conditions de l'action dans son sens le plus plein (*vita activa*) d'une activité par laquelle s'accomplit l'excellence de l'homme. Les théories sociales et politiques « modernes » ont fait déchoir le politique au profit de la société et de l'individu privé ; alors qu'elle était une fin en soi dans l'expérience grecque, fin proprement humaine, la politique s'est subordonnée dans les faits et dans les doctrines à la sphère privée (et, dans le mot « privé », il faudrait entendre la connotation négative attachée à la « privation »).

Le risque d'une telle interprétation, c'est qu'elle peut nous amener à une vision schématique de l'opposition entre Anciens et Modernes, et, surtout, à substituer à une investigation historique une *évaluation* (cela est manifeste chez Hannah Arendt) par laquelle la Cité antique devient l'antithèse idéale d'une « société de masse » abhorrée. Dans *Condition de l'homme moderne*, Hannah Arendt oppose à la sociologie quantitative, au « nivellement » statistique, une Cité qui, dans son essence, ferait échec à de telles analyses, et exprimerait la vraie nature de l'homme comme animal politique. Or il ne faut pas caricaturer l'utilitarisme et l'individualisme des Modernes, ni sous-estimer la part faite à la recherche de l'utile chez les Anciens, puisque c'est cet « utilitarisme » qui donne naissance, chez Platon, par exemple, à la Cité (qui est donc *aussi* une « société », dans le sens que Hannah Arendt donne à ce mot, même si la Cité idéale dépasse la « Cité des pourceaux » dans laquelle seuls les besoins vitaux sont satisfaits – Hannah Arendt, d'ailleurs, le remarque, mais y voit une sorte de déviance par rapport à l'esprit grec). C'est plutôt de ses formes d'argumentation et de son type de questionnement que la pensée sociale moderne tire son originalité, et, en particulier, du doute qu'elle fait porter sur le caractère naturel et fondateur de la sociabilité.

Cette idée d'une opposition foncière entre Anciens et Modernes ne prend sens que par rapport aux enjeux sociaux et politiques de l'époque moderne. Elle s'est notamment développée à travers les polémiques portant sur la Révolution française. Pour Benjamin Constant, par exemple, l'erreur des révolutionnaires est d'avoir pris pour modèle la République romaine ou la Cité grecque, en ignorant que celles-ci correspondaient à des formes sociales disparues ; d'où le risque de confondre la vertu civique des Anciens et la liberté privée et individuelle propre à l'esprit moderne. Pour les penseurs contre-révolutionnaires, au contraire, c'est l'individualisme des Lumières et sa tendance à penser la société comme produit d'un contrat volontaire qui sont à l'origine de la catastrophe révolutionnaire. Joseph de Maistre fait valoir, contre la fiction d'individus autonomes choisissant de vivre en société, l'antériorité de la société, la primauté de la communauté sur l'individu, reprenant à son compte la thèse « grecque » de la naturalité de la Cité. Ce qui est remarquable, c'est qu'à travers ces interprétations idéologiques émergent des concepts qui révéleront leur fécondité pour les sciences sociales naissantes. Ainsi Joseph de Maistre, contre l'utopie d'une société rationnellement instituée par contrat, allègue-t-il l'existence de lois régissant le monde social au même titre que le monde naturel, ce qui justifie le projet d'une physique sociale, tel qu'il s'exprimera chez Auguste Comte et Émile Durkheim : « Mais croit-on donc que le monde politique marche au hasard, et qu'il ne soit pas organisé, dirigé, animé par cette même sagesse qui brille dans le monde physique ? » (« Considérations sur la France » (1796), in *Histoire des idées sociologiques,* t. I, p. 48).

On voit en tout cas le risque encouru lorsque, confondant les systèmes des philosophes avec la réalité sociale elle-même, on transforme des oppositions doctrinales en interprétation historique ; que les Anciens n'aient pas pensé la société comme telle (ce qui d'ailleurs se discute, étant donné l'importance du terme « communauté », traduit souvent par « *societas* » en latin) n'interdit en rien de parler de « société » pour réfléchir sur la Cité grecque. Ces interprétations philosophiques de l'histoire ont néanmoins la vertu de relativiser l'idée de société, en nous montrant qu'elle n'a rien d'évident. En particulier, la difficulté philosophique à penser séparément la société et l'État, à produire un discours sur la société qui ne soit pas un discours directement politique (au sens d'un questionnement sur les institutions politiques, sur l'État) renvoie à des questions bien réelles, qui portent sur la réalité même du monde social et présentent un intérêt épistémologique ; questions posées avec acuité, en politique, par le courant anarchiste dans son refus absolu de l'État, et, en ethnologie, par la thèse, défendue notamment par Pierre Clastres dans *La Société contre l'État*, selon laquelle existent des sociétés sans État.

L'histoire et l'analyse du concept de « société civile », qui, dans son sens le plus récent, dénote ce que le sens commun entend par société, devrait permettre d'éclairer cette question.

Société civile et État

L'expression « société civile » *(societas civilis)* n'est autre, à l'origine, que la traduction latine de la « communauté politique », définition de la cité dans *Les Politiques* d'Aristote. En ce sens, la société civile, ou encore politique, se définit comme ce qui dépasse et englobe les communautés que forment la famille et les villages. Elle est l'association des hommes en vue du « bien vivre » (et non simplement en vue de la conservation de la vie), c'est-à-dire en vue d'une vie proprement humaine, conforme à l'excellence de l'homme. La société politique, ainsi identifiée à la cité, fait des échanges sociaux « domestiques » (au sein de l'*oikos*, la maisonnée, unité sociale large, dominée par le chef de famille, et historiquement antérieure à la cité), et notamment de tout ce qui relève des rapports économiques (terme dérivé d'*oikos*), des réalités secondes. La cité, d'ailleurs, est composée des seuls citoyens, elle n'est possible qu'entre égaux, et les esclaves n'en font pas partie (alors qu'ils appartiennent à l'*oikos*). Or, il ne fait guère de doute qu'un historien d'aujourd'hui qui voudrait comprendre la « société » athénienne y intégrerait les esclaves.

Le terme « société civile » a subi de nombreuses transformations sémantiques, venant à signifier l'ensemble des rapports sociaux qui ne relèvent pas directement de la sphère politique (les échanges, le travail, la famille, les corporations, la vie intellectuelle). En témoigne cette remarque de Tocqueville, à propos de la fin de l'Ancien Régime : « Il semble que la société politique tombe en barbarie dans le même temps que la société civile achève de s'éclairer » (*L'Ancien Régime et la Révolution*, livre I, chap. IV, p. 112). Dans cette dernière phrase s'affirme non seulement la spécificité de la société civile dans son rapport à l'État, mais aussi sa relative autonomie. La société civile renvoie ici aux usages sociaux, aux formes de la sociabilité, à la « civilité », au monde intellectuel, et la société politique aux institutions figées de l'Ancien Régime. S'esquisse, en outre, une nouvelle conception des rapports entre société et État : ce sont les évolutions de la « société civile » qui expliquent pour une part la tourmente révolutionnaire, aux conséquences à la fois sociales et politiques ; la société politique traditionnelle était comme « en retard » par rapport à la société civile, d'où la révolution. On retrouvera ce schème explicatif (désigné ici dans son principe, au risque d'oublier la finesse historique de Tocqueville) dans l'historiographie marxiste, qui fait de la société civile le lieu réel de la dialectique historique, et de la superstructure juridique le reflet plus ou moins fidèle des rapports sociaux et économiques.

Chez beaucoup d'auteurs modernes, la « société civile » reste synonyme de société politique, laquelle prend toutefois un sens nouveau. Pour Locke, par exemple, la société civile, ou politique, se définit par l'association des hommes en vue d'une fin strictement définie : il y a société civile lorsque les hommes ont décidé, par contrat, d'établir une loi et une justice communes ; ils peuvent tous y faire appel pour régler leurs différends. Dans l'état de nature, il peut déjà y avoir des « sociétés », comme la société conjugale ou familiale ; s'y trouve aussi reconnu le droit de propriété en vertu du droit d'appropriation que confère le travail ; enfin, les échanges de biens y ont cours. Une vie sociale prépolitique existe donc, mais chacun y est juge et partie en sa propre cause ; voilà qui risque d'engendrer la violence et surtout l'injustice, du fait d'une interprétation *partiale* du droit naturel. La société politique n'est donc plus l'association humaine par excellence, comme l'était la cité, mais simplement le moyen de garantir des jugements équitables et reconnus par tous, jugements qui portent sur des relations sociales en partie prépolitiques. Quand l'État excède ce rôle, il devient illégitime, et la société civile disparaît comme telle pour laisser place à l'état de nature. L'État n'est donc pas le lieu d'une délibération collective en vue du bien vivre, mais simplement le garant de l'équité dans des relations sociales et économiques qui la précèdent, en fait et en droit.

C'est dans une autre tradition que nous pouvons suivre l'émergence de la notion de société civile dans le sens spécifique mis en évidence chez Tocqueville. Avec les philosophes anglo-écossais du XVIIIe siècle, on voit la notion de société civile s'émanciper de sa signification première. En publiant son *Essai sur l'histoire de la société civile*, Fergusson ne traite plus de la question de la souveraineté politique, mais du progrès de la civilisation à travers l'histoire des mœurs. L'avènement de la civilité moderne est vu principalement comme le résultat des activités économiques ; les conduites individuelles produisent un ordre spontané, sans qu'on ait besoin de la fiction du contrat social ou d'hypothèses anthropologiques superflues. L'enquête sur *La Richesse des nations*, d'Adam Smith, parachève ce mouvement ; pour Adam Smith, la physionomie actuelle du monde social, caractérisé par une division du travail très poussée et une interdépendance économique extrêmement forte, ne trouve pas son fondement dans un hypothétique instinct social (même si, pour Smith, les hommes ont une capacité naturelle de sympathie) ni dans un acte contractuel, mais exclusivement dans la tendance qu'ont les hommes à trafiquer, à échanger les produits de leur travail en vue d'accroître leur bien-être. Les différences de goûts et d'aptitudes, loin d'être naturelles, ne sont que le résultat de la division du travail, qui est lui-même la conséquence nécessaire de l'inclination au trafic. En trafiquant, les hommes cherchent à maximiser leur bien-être, mais concourent aussi sans le savoir à un ordre social stable et efficace. D'une part, la division du travail permet de produire une quantité énorme de biens, au profit de tous, d'autre part, le marché au sein duquel tous échangent et travaillent librement engendre naturellement un équilibre entre l'offre et la demande de biens. Avant Adam Smith, *La Fable des abeilles* de Mandeville avait, de façon provocante, rompu avec l'identification de la vertu civique et du bien public. Il s'agissait de montrer que « les vices privés font le bien public » : dans la ruche imaginaire de Mandeville, des abeilles égoïstes, recherchant uniquement leur bien privé sans égard pour le bien public, travaillent en fait à la prospérité commune de la ruche, mieux que si elles étaient altruistes. Point n'est besoin, donc, d'un penchant à la sociabilité ni d'un contrat volontaire pour donner naissance à une société stable et prospère. La société civile désigne maintenant cet ordre autonome produit par le marché comme si une « main invisible », selon l'expression d'Adam Smith, ordonnait les désirs et les échanges ; elle représente d'abord la sphère des activités économiques et des satisfactions personnelles, et se trouve soustraite à la réflexion proprement politique.

À partir du XIXe siècle, la société civile apparaît désormais comme un moyen terme entre l'intimité de l'univers familial privé et l'activité politique. Elle est cette sphère d'activités non politiques par lesquelles l'individu fait son entrée dans l'espace public. C'est en ce sens que Hegel s'approprie la notion de société civile, dans ses *Principes de la philosophie du droit*. La société civile, entre la famille et l'État, est pour Hegel un moment de la « réalité morale ». Cette dernière est une réalité à la fois humaine et extérieure à l'individu, que l'on pourrait rapprocher, en termes modernes, de la *culture* : elle est, pour l'individu singulier, toujours déjà là, et présente donc le caractère d'une seconde nature. Mais cette seconde nature, c'est aussi la nature humaine faite chose, la liberté objectivée, de sorte que l'homme s'y sent chez lui – par opposition à l'étrangeté de la nature brute.

La réalité morale (*Sittlichkeit*, terme qui évoque, en allemand, la coutume) est le troisième moment de la philosophie du droit ; elle suit et accomplit les deux premiers moments que sont le droit formel (fondé sur l'idée de propriété) et la moralité subjective (fondée sur la revendication du sujet de ne tenir pour bon et juste que ce qu'il reconnaît lui-même être tel). La réalité morale dépasse ces deux premiers moments parce que, en elle, l'individu acquiert une destination supérieure : en tant qu'individu socialisé (membre d'une famille et de la « société civile »), lui incombent des obligations bien spécifiées – celles de parent, d'époux, de membre d'une corporation... – qui seules donnent un contenu réel, « concret » et non plus abstrait, à sa volonté ; en tant que citoyen, il dépasse sa particularité par son allégeance à l'État, qui possède la réalité d'un monde (permanence dans le temps, nécessité quasi naturelle de ce qui s'y produit) sans pourtant lui être étranger. De plus, la réalité morale fait droit aux deux premiers moments, les reprend en son sein en leur donnant un sens nouveau. La « société civile » correspond ainsi au moment du droit de la propriété (« droit formel »), car elle naît du développement des échanges économiques. Mais elle atteint une forme d'universalité en produisant une interdépendance entre tous les membres de la société.

Mais, en dépit de l'autonomie relative de la société civile, c'est l'État qui accomplit la réalité morale. L'État comme univers éthique, par lequel le « bourgeois de la société civile » devient citoyen, membre d'une communauté qui le dépasse, peut seul faire droit à la société civile : il en est tout d'abord la condition, puisqu'il est le seul garant du droit civil. Mais surtout, la société civile, en tant que « système des besoins », relie entre eux ses membres tout en les maintenant dans la particularité du désir individuel, alors que l'État est cet univers auquel l'individu peut participer d'une façon désintéressée, en prenant conscience d'un intérêt qui le dépasse. La vie politique ou militaire consiste en effet dans le service de l'État, reconnu comme supérieur à l'individu par sa quasi-éternité et son rôle comme agent historique.

La conception marxiste des rapports entre société et État doit beaucoup à cette élaboration hégélienne, mais elle la renverse : reprenant à son compte la définition hégélienne de la société civile, Marx s'efforce d'en établir la primauté par rapport à l'État. C'est dans la société civile, dont Marx veut faire « l'anatomie », que se trouve le principe de la compréhension de l'État. À l'époque bourgeoise, la société civile a acquis une autonomie et une extension jamais égalées : toutes les relations sociales, autrefois voilées de sentimentalité et de religiosité, tendent à se réduire aux rapports économiques, y compris les relations familiales. C'est pourquoi l'État lui-même, plus encore à l'époque moderne, doit se comprendre à partir de la société civile : son rôle est de garantir juridiquement la propriété privée, d'assurer la domination de la bourgeoisie, et, secondairement, d'arbitrer les conflits survenant au sein de la classe dominante. L'État est le lieu où s'exprime, sur le plan politique et juridique, un rapport de forces interne à la société civile ; la société sans classes ne pourrait être qu'une société sans État, l'administration publique perdant sa dimension politique (c'est-à-dire perdant tout lien avec un rapport de domination) pour devenir une simple technique. Marx partage donc avec les anarchistes la visée d'une émancipation totale de la société, qui passe par la disparition de l'État, et leur différend porte en somme davantage sur les moyens que sur les fins (les anarchistes refusant toute idée d'exercice du pouvoir, même à titre transitoire).

On comprend que Hannah Arendt ait cru déceler, par-delà les oppositions de doctrines, un trait commun à la pensée sociale et politique moderne : Marx, les penseurs anarchistes, Hobbes et Adam Smith s'efforceraient tous de libérer la vie sociale de la politique ; là serait le symptôme, on l'a dit, d'un divorce sans cesse croissant entre l'individu et l'État.

Il faudrait mettre cette interprétation à l'épreuve d'une investigation historique sur les rapports entre individu et État ; de ce point de vue, l'analyse historique et sociologique de l'État proposée par Norbert Elias, dans *La Dynamique de l'Occident*, est éclairante. Reprenant à son compte la définition wébérienne de l'État comme ce qui dispose du monopole de la violence légitime, Norbert Elias veut faire l'histoire de la constitution de ce monopole, du Moyen Âge à l'absolutisme ; c'est ce qu'il appelle la sociogenèse de l'État. Or, Elias montre que, à mesure que se concentrent dans les mains du roi les pouvoirs de police et les pouvoirs fiscaux, on assiste à une unification de la société, sur le plan des mœurs comme sur le plan économique : la disparition des frontières intérieures, l'unification linguistique, la généralisation progressive de « l'autocontrôle des pulsions » en sont des indices importants. En s'attachant à la genèse de l'État, on étudie donc en même temps la naissance d'une société à la fois de plus en plus intégrée et plus différenciée. L'État unifie des petits groupes épars en une entité unique ; les agents deviennent de plus en plus interdépendants, et leur psychisme même prend le relais de la contrainte externe en intériorisant certaines normes de conduite. L'État moderne, en étendant son monopole, produit une société proprement « nationale », aux frontières bien délimitées. Autrement dit, ce n'est pas seulement verbalement que la société, dans son sens le plus courant, est « nationale » (la « société française », par exemple) : c'est aussi que la centralisation étatique contribue largement à donner aux individus une manière commune de penser et d'agir, et surtout étend les réseaux d'interdépendance mutuelle. Ce « sens commun » ne supprime pas les antagonismes sociaux, il va même de pair avec une différenciation accrue des fonctions sociales ; il désigne plutôt certains usages sociaux qui « vont de soi » pour presque tous les individus, de sorte que l'on oublie ce qu'ils doivent à l'arbitraire de leur genèse historique ; par exemple, l'usage de prendre trois repas par jour, d'utiliser des couverts, de serrer la main de quelqu'un que l'on salue, autant de pratiques sociales apparemment insignifiantes mais qui donnent forme à la « civilité » moderne et qui, variant d'un pays à l'autre, n'ont ce caractère d'évidence qu'en vertu du très long processus d'étatisation de la violence et d'intériorisation corrélative des normes sociales. À proprement parler, il y a bien des sociétés sans État, c'est-à-dire sans monopolisation de la violence – c'est le cas de la société féodale, où l'exercice, toujours *privé*, de la violence est réparti entre de nombreux agents. Mais seul le monopole étatique de la violence, en interdisant la violence privée, engendre les relations pacifiées que l'on pense sous le nom de « société civile ». L'idée d'une opposition entre société et État, la revendication d'autonomie de la société civile suppose sans doute préalablement une société étatisée, et par là, unifiée. Cette thèse est d'ailleurs compatible avec la conception hégélienne évoquée précédemment : l'État moderne est le fondement réel de l'expérience sociale ordinaire ; le droit de propriété, les échanges économiques et les aspirations subjectives sont éprouvés comme séparés de l'État, mais c'est l'État qui, en fait, est au fondement de l'autonomie de la société civile. En particulier, si l'on suit Norbert Elias, tous ces gestes quotidiens qui vont de soi pour l'individu (le fait de se laver, l'usage fréquent de miroirs, l'utilisation de couverts...) sont l'expression d'une mise à distance des pulsions, d'un contrôle des émotions, ce qui représente un progrès constant de la civilité (c'est le « procès de civilisation »). C'est grâce à l'autocontrôle des pulsions, qui s'explique par la sociogenèse de l'État, que les rapports intersubjectifs semblent pouvoir se réguler d'eux-mêmes, de façon autonome ; par exemple, le marché unifié au sein duquel se développent les échanges économiques suppose des relations pacifiées grâce à la monopolisation étatique de la violence physique.

Le problème de la sociabilité

La sociabilité, définie comme propension à entrer dans des relations pacifiques avec ses semblables, semble donc ne pas constituer nécessairement la source naturelle de la vie sociale ; dans la perspective de Norbert Elias, en effet, la « civilité » est l'aboutissement d'un long « procès de civilisation ». Cette vue tranche avec l'idée classique d'une sociabilité humaine naturelle. L'article « société » de l'*Encyclopédie* de Diderot et d'Alembert débute ainsi par l'affirmation que « l'homme est fait pour vivre en société ». La société ne s'y trouve pas d'ailleurs définie en propre ; l'ensemble de l'article s'attache à remonter à son principe, à dégager les différentes formes de la sociabilité et à développer les principes normatifs sous-jacents à toute existence sociale. L'*Encyclopédie* s'inscrit par là dans le droit fil d'une tradition très ancienne. Chez Aristote, on l'a déjà souligné, il n'y a pas à proprement parler de « problème de la société », parce que la cité est pensée comme naturelle. Mais l'idée de sociabilité signifie davantage que cette naturalité, tout en jetant une lumière nouvelle sur la cité : il s'agit plutôt de ce que les Anciens concevaient sous le nom d'amitié.

Les développements de l'*Éthique à Nicomaque* sur l'amitié ont aussi, et peut-être même principalement, une portée politique. L'amitié (*philia*) est ce qui assure le « lien des cités », et les législateurs la recherchent sous le nom de « concorde ». Cette concorde est plus qu'un simple accord des intérêts, ou, *a fortiori*, un équilibre des intérêts ; elle suppose un sentiment de communauté, au sens fort d'une mise en commun. L'amitié parfaite, « fondée sur la vertu », dépasse la coopération en vue de l'utile : les amis vertueux « se souhaitent pareillement du bien les uns aux autres en tant qu'ils sont bons, et ils sont bons par eux-mêmes ». L'amitié accomplie implique la « vie en commun », une communauté de désirs, de goûts, de sorte que, comme pour toute vertu, la pratique de l'amitié se renforce elle-même. Cette amitié parfaite exige aussi l'*égalité* des amis, et c'est pourquoi elle peut être par excellence qualifiée de civique : seuls les hommes libres, égaux par leur droit de cité commun, peuvent être amis en ce sens ; à chaque type de communauté correspond une espèce d'amitié, et par conséquent l'amitié la plus parfaite est celle qui a cours dans la cité, cette « communauté achevée ». Et les différentes formes de constitution, nous dit enfin Aristote, définissent des amitiés civiques différentes (cf. texte n° 1).

Mais cette amitié civique trouve son origine dans une propension à reconnaître en autrui son semblable, en dehors même des limites de la cité ; on doit souligner qu'il ne s'agit pas là d'une conscience intellectuelle de l'universalité humaine (la conscience moderne des droits de l'homme, par exemple, qui condamne l'esclavage), mais d'une disposition pratique (*hexis*, en latin *habitus*), d'une inclination quasi affective. Un exemple courant dans l'Antiquité, celui du voyage, l'illustre bien : « Même au cours de nos voyages au loin, nous pouvons constater à quel point l'homme ressent toujours de l'affinité et de l'amitié pour l'homme » (*Éthique à Nicomaque*, VIII, I, p. 382). Ce thème sera développé par le stoïcisme, avec la notion de « société du genre humain », de cosmopolitisme : les hommes ont entre eux une affinité fondamentale due à leur commune nature. Non que l'homme aime naturellement son semblable autant que lui-même ; c'est plutôt qu'il incline à lui vouloir du bien, pour autant qu'il n'en résulte aucun dommage pour lui-même. Il s'agit, finalement, d'un intérêt affectif pour autrui qui tranche avec notre relative indifférence vis-à-vis du reste du vivant (c'est ce que l'on appelle l'« humanité », au sens où l'on dit de quelqu'un qu'il est « humain »). Cicéron, dans le sillage du stoïcisme, reprend l'exemple du voyageur : « L'homme qui indique aimablement son chemin à un voyageur égaré agit comme un flambeau où s'allume un autre flambeau ; il n'éclaire pas moins quand il a allumé l'autre » (cf. texte n° 2). Autrement dit, l'amitié naturelle nous pousse à la mise en commun, sans contrat quelconque, de ce qui peut l'être sans dommage. C'est en vertu de cette bienveillance universelle que l'on peut parler d'une « société des hommes » ; cette société n'existe pas en acte, si ce n'est dans les rencontres éphémères des voyageurs, mais elle est une potentialité contenue dans l'amitié. En fait, « il y a plusieurs degrés de société entre les hommes », nous dit Cicéron ; l'amitié s'accomplit dans des sociétés politiques particulières ; elle se trouve alors renforcée par la communauté des mœurs et des institutions, qui permet à l'amitié de se faire civilité, amitié proprement civique.

Or, si l'idée d'une opposition entre Anciens et Modernes est pertinente, c'est précisément dans la mesure où, chez certains théoriciens modernes du contrat social (pas tous, car beaucoup reprennent à leur compte l'idée d'une tendance sociale fondée dans la nature de l'homme), cette amitié naturelle ne va plus de soi. C'est maintenant la sociabilité elle-même qui fait problème. À travers l'opposition entre état de nature et état de société, les doctrines du contrat social pensent la société comme un fait problématique ; la société est alors considérée en tant que production artificielle, dépassement de l'état de nature. Qui plus est, les plus radicales de ces doctrines (celles de Hobbes et Rousseau) nient l'existence d'un quelconque penchant social fondé dans la nature humaine, et voient en la sociabilité une conséquence, et non plus un fondement de la vie sociale.

Dans l'anthropologie hobbesienne, l'homme est engagé dans des relations intersubjectives, mais il s'agit de relations intrinsèquement conflictuelles. Dans l'état de nature, chacun est libre d'user de sa force et de sa raison en vue de la conservation de la vie. C'est là la cause d'une rivalité incessante pour l'appropriation des biens. En outre, les hommes sont pris dans un conflit plus profond, qui a pour source l'estime de soi et le désir de reconnaissance : les hommes sont égaux, et pour cette raison même ils ne peuvent admettre que d'autres possèdent un bien qu'ils n'ont pas. Enfin, ils sont sensibles à la gloire, qui les fait se combattre « en vue de la réputation ». L'état de nature est donc un état d'insécurité permanente ; la méfiance y règne, ce qui engendre finalement la « guerre de tous contre tous ». C'est la crainte, l'inquiétude, qui poussent les hommes à s'associer, et non une quelconque bienveillance naturelle.

Si Hobbes reconnaît une forme de sociabilité primitive, fût-elle conflictuelle, on doit à Rousseau la négation la plus radicale de toute idée de sociabilité naturelle, dans le *Discours sur l'origine et les fondements de l'inégalité parmi les hommes*. Pour Rousseau, Hobbes, en dépit de son effort pour remonter en deçà de tout artifice social, a encore accordé à l'homme trop de sociabilité ; il a pris « l'effet pour la cause », en attribuant à l'homme naturel des passions relationnelles (passions mettant en jeu autrui) qui sont en fait le produit de la société. L'homme de Rousseau, quant à lui, n'est pas à proprement parler égoïste, mais plutôt indifférent aux autres : il ne les reconnaît même pas comme ses semblables. C'est seulement avec l'émergence contingente de la vie sociale que naissent les passions relationnelles que sont l'amour, la fierté ou l'orgueil, autant de passions qui supposent une faculté de comparer les hommes entre eux et de se comparer soi-même aux autres, actualisée par la vie sociale. La Raison elle-même, en tant qu'elle a également sa source dans l'acte de comparer les choses, a pris, dans la vie sociale, un essor nouveau. Ainsi, Rousseau pense conjointement la genèse sociale de la raison et des passions (cf. texte n° 6). La sociabilité, y compris la sociabilité conflictuelle (car la sociabilité comprend l'ensemble des rapports intersubjectifs, et non pas seulement ce qui relève de la *civilité*), *dérive* de la vie sociale, et détermine la physionomie présente de l'homme ; l'homme que nous voyons, c'est « l'homme de l'homme », produit par la société qu'il a lui-même établie, et il nous cache presque entièrement « l'homme de la nature », auquel il faut revenir pour comprendre la nature de l'homme (ici, le terme « nature » veut dire *essence* en même temps qu'il désigne un état antérieur à l'artifice social). Chez Rousseau, la notion d'état de nature prend, il le dit explicitement, une valeur purement heuristique : la genèse sociale qu'il propose ne prétend pas décrire un enchaînement historique réel. Elle est, en revanche, le moyen de ne pas prendre l'effet pour la cause, de mettre en question la sociabilité par des raisonnements simplement hypothétiques.

Mais, si la société est artificielle, encore cette anthropologie doit-elle au moins accorder à l'homme naturel le minimum qui la rend possible. C'est pourquoi Rousseau attribue à l'homme naturel les sentiments premiers que sont l'amour de soi et la pitié, et le dote de deux propriétés distinctives, la liberté et la perfectibilité. Ce ne sont là que des conditions de possibilité de la société, et non des causes suffisantes ; la pitié, précisons-le, n'est pas un sentiment moral, mais une capacité primitive d'identification ; et l'amour de soi n'est pas l'orgueil, il se réduit à l'instinct de conservation. C'est la société qui transforme l'une en sens moral, et l'autre en amour-propre. De même, pour beaucoup de contemporains de Rousseau, la *sympathie* est naturelle, mais elle ne suffit pas à produire l'existence sociale (chez Hume ou Adam Smith, notamment).

En faveur de la sociabilité naturelle, on peut certes alléguer, en se fondant sur les observations des éthologues (spécialistes du comportement animal), l'existence de sociétés animales. Demeure, cependant, cette découverte proprement moderne : les formes sophistiquées de sociabilité que nous connaissons procèdent d'une refonte culturelle (Lévi-Strauss parle de « synthèse ») des conditions naturelles. Le monde social transforme les données les plus naturelles en réalités culturelles ; la famille, par exemple, constitue une entité juridique et morale qui donne un nouveau sens à la filiation purement biologique. Cette primauté de la culture ne contrevient pas à un darwinisme bien compris, attentif à la continuité existant entre les espèces animales : pour Darwin lui-même (cf. P. Tort, *Darwin et le darwinisme*), la nature a sélectionné, au cours de l'évolution, un instinct social, mais cet instinct, en produisant la culture, finit par s'opposer à la sélection naturelle. Malgré sa base naturelle, la culture s'autonomise et détermine, par ses propres lois, la conduite humaine.

Les avatars de la notion de « contrat social » : entre positivité et normativité

On voit donc comment la distinction entre état de nature et état de société, sous-jacente aux théories du contrat social, permet de poser comme tel le problème de la sociabilité. C'est que la notion de « contrat social » n'a pas seulement pour fonction de dégager des principes de légitimité politique, malgré l'interprétation qui en est souvent faite. Ernst Cassirer explique bien, dans *La Philosophie des Lumières*, que l'idée de contrat social répond d'abord à un souci épistémologique, à la volonté, caractéristique du siècle des Lumières, de penser scientifiquement la société. Il s'agit de restituer la genèse de la société, dans l'intention d'en comprendre la nature. Non que cette genèse soit pensée comme une genèse historique réelle ; c'est plutôt une reconstruction logique de la société, la réduction d'une réalité complexe à ses éléments premiers. La philosophie de la connaissance qui s'épanouit à partir du XVIIe siècle accorde, en effet, un grand prix à ce que l'on nomme alors « définition génétique », ou encore « réelle », par contraste avec la définition nominale : par exemple, la définition d'une sphère comme résultat de la rotation d'un demi-cercle dans l'espace définit la chose tout en en montrant la possibilité et la nature profonde. Elle vaut plus qu'une définition purement nominale, qui peut fort bien désigner verbalement un impossible logique. Cette idée est développée aussi bien chez Leibniz que chez Hobbes et Spinoza. L'idée de contrat social est ainsi l'application de cette épistémologie à la vie sociale. Hobbes voulait fonder une véritable connaissance positive de la société, sur le modèle de la physique, tandis que Rousseau apparaissait à Kant comme « le Newton du monde moral ». La valeur heuristique de la démarche génétique transparaît d'ailleurs encore dans des textes contemporains à visée scientifique : par exemple, la réflexion de Claude Lévi-Strauss sur le « passage de la nature à la culture » se présente, dans *Les Structures élémentaires de la parenté*, comme la reconstitution d'une *genèse logique* de la prohibition de l'inceste, à partir des conditions « naturelles » (cf. texte n° 14).

Néanmoins, le concept de « contrat social » possède aussi un sens normatif, souvent privilégié. Au lieu d'y voir le fondement effectif des sociétés, nous avons tendance à le comprendre comme une idée rationnelle qui permet de définir ce qu'une société doit être. En fait, ce double usage de la notion de contrat social – « positif » et « normatif » – s'enracine dans le concept même de « légitimité » : la légitimité, c'est ce qui distingue le pouvoir d'un tyran, fondé sur la seule force physique et sur la crainte inspirée aux sujets, d'une véritable autorité politique. La légitimité caractérise ainsi le pouvoir de se faire obéir en vertu de la reconnaissance de la validité de ce pouvoir par ceux qui y sont soumis. Mais, dans son sens le plus fort, la légitimité désigne un ordre social et politique *raisonnablement* acceptable, et donc conforme à ce que l'on estime être les droits élémentaires des individus. Elle devient ainsi un principe à l'aune duquel évaluer moralement une société. Dès lors, en définissant les clauses nécessaires et suffisantes d'un contrat susceptible d'être souscrit par tous les hommes, Rousseau fait du contrat social à la fois le fondement logique de toute société politique (il ne peut y avoir de société politique sans que l'obéissance y procède de la volonté des sujets, sans quoi nous ne serions en présence que d'un simple rapport de forces, instable, et non garanti par des lois reconnues) et une norme permettant de juger de la légitimité d'un ordre politique donné.

Pour Rousseau, comme d'ailleurs pour Locke, toute société civile, même la plus éloignée des principes du contrat social, ne peut tout au moins se maintenir sans produire l'illusion de s'y conformer (même le tyran édicte des lois, et définit une « justice »). Le contrat social a pour tâche d'expliquer comment les hommes peuvent raisonnablement accepter de se soumettre une fois pour toutes à une autorité publique, et ce faisant, détermine aussi un principe normatif par lequel on peut apprécier dans quelle mesure une société donnée s'écarte de sa norme implicite (dans la mesure où les principes issus du contrat social sont tacitement reconnus dans toute société véritablement politique, distincte d'un simple agrégat d'individus menés par la seule crainte). Si fictive que soit, pour Rousseau, l'idée de contrat social, elle est l'étalon à l'aune duquel seul on doit juger les sociétés existantes, en un double sens : les comprendre, et les évaluer par rapport à une norme. Locke, que l'on peut considérer comme le philosophe de la *Glorious Revolution* de 1688, considérait lui aussi que les normes du contrat social définissent la société politique en excluant la possibilité même d'une société politique tyrannique – une telle société ne différant en rien de l'état de nature.

C'est sur cette ambiguïté entre positivité et normativité que se sont appuyées nombre de critiques faites à l'entreprise de penser l'origine rationnelle de la société. Pascal et Hume ont inauguré, chacun à sa manière, une sorte de critique sceptique de l'idée de légitimité ; ce faisant, ils ont ouvert la voie à des considérations sur les coutumes et les mécanismes des croyances sociales (en particulier, la croyance en la légitimité possible d'un ordre social) qui préfigurent certaines directions des sciences sociales contemporaines. On trouve, en effet, chez Pascal, sans qu'il vise précisément l'idée de contrat social, une analyse du rôle joué par la coutume et l'imagination dans la comédie sociale ; cette lucidité conduit à une relativisation des valeurs qui ont cours dans le « monde », et en particulier de l'idée de justice. Pascal pose les fondements d'une analyse de la *légitimité*, comprise comme une *croyance*, c'est-à-dire comme ce qui résulte de mécanismes de légitimation. Or, si le sentiment de la justice de l'ordre social ne résulte que de la coutume et des mécanismes de l'imagination (le contrat social lui-même pouvant tenir lieu de justification imaginaire, bien que Pascal n'en parle pas expressément), la recherche d'un fondement rationnel de la légitimité devient vaine. Hume, quant à lui, met en cause le caractère circulaire de la notion de contrat social : ne faut-il pas déjà, pour passer contrat, une norme préalable sans laquelle aucun engagement explicite n'aurait de valeur ? Si, pour Hume, la vie sociale suppose un sens de la justice, et si cette vertu est artificielle et conventionnelle, elle ne saurait résulter d'un engagement explicite.

Mais, en raison même de ce doute porté sur la valeur « positive » du contrat social, ce concept a fini par prendre un sens purement normatif. C'est ainsi que Kant fait du contrat social, selon sa terminologie, une « idée régulatrice » : il ne s'agit pas d'un concept sous lequel on pourrait subsumer une quelconque réalité empirique, mais d'un fil conducteur permettant de dégager des principes de légitimité qui définissent la justice dans l'ordre politique. Pour juger de la valeur d'une société, il faut se demander si elle aurait pu être instituée par contrat (cf. *Théorie et pratique*, trad. F. Proust, GF-Flammarion,

1994). C'est sous cette forme que John Rawls, dans sa *Théorie de la justice*, a voulu réactualiser la notion de contrat social, en se réclamant de l'interprétation kantienne. L'état de nature prend alors le nom de « position originelle » : c'est une situation donnée comme fictive, dans laquelle chacun est placé derrière « un voile d'ignorance ». Les individus placés dans cette position originelle doivent choisir des principes généraux d'organisation sociale, qui portent sur les droits politiques et sociaux, ainsi que sur la distribution des richesses ; ils délibèrent dans l'ignorance totale de ce que serait leur position dans cette société, et ignorent même leurs préférences empiriques. Par cette fiction, Rawls veut faire émerger une conception de la justice qu'il appelle procédurale : elle ne dépend pas des conceptions personnelles du Bien, mais seulement d'une procédure formelle. Il ne s'agit que d'une clarification de nos « convictions bien pesées », fondée sur le sens commun. Les principes de justice ainsi dégagés sont les suivants : en premier lieu, « la plus grande liberté possible égale pour tous » ; un second principe porte sur la distribution des biens : tant que le premier principe est respecté, on peut admettre des inégalités dans la distribution des « biens de base », pourvu que cette inégalité se fasse aussi à l'avantage des moins bien placés. Il n'y a là rien de paradoxal, puisqu'un système économique efficace peut améliorer la situation des plus pauvres tout en enrichissant encore davantage les plus riches. En fait, il ne s'agit que d'une condition pour que chacun puisse trouver un intérêt à la coopération sociale, et y participer volontairement. Cette interprétation du contrat social lui donne donc le sens d'une théorie de la justice, entendue comme justice sociale ; ce n'est pas seulement la souveraineté politique qui est en jeu ici, mais aussi la question des droits sociaux. Les principes de la justice peuvent être le moyen, en particulier, de justifier l'existence d'une protection sociale publique, et de politiques de discrimination positive (discrimination en faveur des plus démunis, comme cela se pratique dans certains États américains).

La « société », ordre objectif et symbolique

En dépit de l'intention de positivité contenue dans les doctrines classiques du contrat social, c'est finalement dans une tout autre perspective que s'élaborent les sciences sociales contemporaines. Elles débutent même par une rupture radicale avec l'esprit de la pensée sociale des Lumières. Auguste Comte, on l'a dit, reprend à son compte la critique réactionnaire du contrat social, mais uniquement dans sa dimension épistémologique. Comme Joseph de Maistre, il reconnaît la priorité du tout sur les parties, de la société sur l'individu, et pense la société comme un organisme : la biologie naissante devient le modèle de la sociologie (terme inventé par Comte). Mais, à l'inverse des penseurs légitimistes, Comte n'a pas une conception fixiste de l'ordre social. Si les lois scientifiques sont éternelles, elles déterminent néanmoins une évolution continue de la société vers plus de rationalité, ce qui représente un progrès. La sociologie doit être la science et la conscience qu'une société « positive », libérée de toute métaphysique, formera d'elle-même. C'est dire ce que cette « science » conserve d'intention politique : par son œuvre, Comte veut en effet contribuer à la réforme de la société.

C'est Durkheim qui, à la fin du XIXe siècle, accomplira le programme comtien, en lui donnant un fondement épistémologique rigoureux. Dans *Les Règles de la méthode sociologique,* Durkheim définit le « fait social » comme manière de penser et d'agir transcendante aux individus, qui exerce une contrainte sur les consciences. S'inscrivant dans un déterminisme social indépendant de la conscience des individus, les faits sociaux doivent être traités comme des choses. La méthode statistique est privilégiée, parce qu'elle fait apparaître des régularités objectives, et que la comparaison de séries statistiques permet de remédier à l'impossibilité d'une vraie expérimentation (« méthode des variations concomitantes »). Durkheim donne, dans son étude sur *Le Suicide*, l'exemple le plus abouti de sa méthode ; bien que le suicide apparaisse au sens commun comme l'acte libre et individuel par excellence (c'est d'ailleurs aussi un lieu commun du stoïcisme), la régularité des taux de suicide révèle qu'il s'agit d'un fait social. Qui plus est, la propension au suicide se trouve corrélée à des variables sociales, comme l'appartenance religieuse, l'âge, le sexe et la situation familiale...

Dans son interprétation du suicide, Durkheim use d'une notion centrale dans son œuvre, depuis *La Division du travail social* : il s'agit du concept d'« intégration » (Durkheim emploie aussi parfois le mot « cohésion »). Un groupe humain sera dit d'autant plus intégré que ses membres entretiennent des relations plus étroites, régulières, et qu'ils partagent un certain nombre de pratiques communes. Les sociétés déterminent l'individu à être plus ou moins « intégré » à des formations sociales, comme la famille (société domestique), les associations professionnelles ou les communautés religieuses ; aussi existe-t-il un suicide « altruiste », propre aux individus appartenant à des formations sociales extrêmement intégrées (il s'agit d'une sorte de sacrifice de soi), et un suicide « égoïste » qui frappe les individus dont les groupes d'appartenance sont caractérisés par une faible intégration. Si le suicide est en soi un phénomène social normal, la société moderne connaît une telle élévation du taux de suicide que Durkheim définit aussi un suicide « anomique ». L'anomie caractérise non pas un individu, mais une société dont l'intégration est mal assurée. Ce phénomène s'explique par l'essor exceptionnel de la division du travail, du fait de la révolution industrielle. Face à la dissolution de tous les corps intermédiaires qui, entre l'individu et l'État, assuraient l'intégration sociale, c'est à l'État, pour Durkheim, que revient la tâche de faire émerger de nouvelles structures intermédiaires, notamment des corporations professionnelles.

Par cette notion de solidarité, Durkheim donne une interprétation de la division du travail qui tranche avec l'économisme. d'Adam Smith : la division du travail n'a pas pour origine le penchant au trafic, mais elle est l'aboutissement d'un long processus social ; elle définit une forme de solidarité supérieure, qualifiée d'« organique » : dans les sociétés dites primitives, l'intégration est assurée par une solidarité *mécanique*, qui signifie que tous les individus ont une conscience quasi identique ; la solidarité organique, au contraire, caractérise un type d'intégration par laquelle les individus, selon leur fonction sociale, ont des pratiques et des représentations différenciées, mais néanmoins liées comme le sont entre eux les éléments d'un organisme.

La sociologie durkheimienne naît donc d'une rupture avec le sens commun, et d'une exclusion des représentations subjectives du champ de la sociologie. C'est moins aux relations sociales, dans leur infinie diversité, que s'intéresse le sociologue, qu'aux réalités les plus solides, saisissables dans le droit, les institutions et les régularités statistiques. Ce parti pris allait être amendé au sein même de l'école durkheimienne par Marcel Mauss, dans l'*Essai sur le don*. L'étude des échanges dans les sociétés précapitalistes révélait en effet qu'il fallait, pour les comprendre, tenir compte des représentations subjectives des agents : c'est parce qu'il vivent ces échanges comme des dons et des contre-dons, c'est-à-dire dans le déni de leur dimension strictement économique et intéressée, que ces échanges sont possibles. C'est même ce type d'échange, pour Mauss, qui constitue le principe de l'existence sociale.

Mais il faut faire appel à une autre tradition pour rencontrer une sociologie qui, récusant presque l'existence empirique réelle des formations sociales, s'attache à décrire les interactions sociales, afin d'en dégager le sens. Max Weber fonde ainsi la sociologie sur une typologie des actions et des croyances sociales, en fonction du type de rationalité qui s'y trouve engagé. La réflexion sur la légitimité, c'est-à-dire sur les raisons de l'obéissance et de la conformité au normes sociales, permet d'introduire l'individu dans la sociologie : comprendre une configuration sociale quelconque, pour Max Weber, c'est accéder au sens de l'activité des agents ; c'est de cette façon seulement que les corrélations statistiques les plus frappantes pourront être analysées. Ainsi, dans *L'Éthique protestante et l'esprit du capitalisme*, Max Weber explique le lien historique, qu'il établit statistiquement, entre les activités capitalistes et le protestantisme par une analyse des valeurs religieuses au nom desquelles les individus agissent. Le grand intérêt de cette démarche, c'est qu'elle esquisse une théorie sociologique de la domination, qui sera développée, plus tard, par Pierre Bourdieu : Max Weber permet en effet, grâce à sa réflexion sur les valeurs, de faire droit au pouvoir symbolique dans les relations sociales ; la simple force physique ne peut jamais produire à elle seule le sentiment de la légitimité de l'ordre social, pourtant si utile à sa conservation ; il faut, pour comprendre les relations de pouvoir, accéder aux mécanismes par lesquels l'individu reconnaît la légitimité de la domination. Rousseau notait déjà que « le plus fort n'est jamais assez fort pour être toujours le maître, s'il ne transforme sa force en droit, et l'obéissance en devoir » (*Du contrat social*, I, III), reprenant d'ailleurs ainsi les analyses de Pascal sur la justice. Mais Rousseau prétendait accéder à l'origine du sentiment de légitimité pour déterminer des normes réelles de légitimité. La sociologie, quant à elle, passe nécessairement par la « révocation de l'ambition du fondement », selon l'expression de Pierre Bourdieu (*Méditations pascaliennes*, Seuil, 1997). C'est dans les relations sociales empiriques qu'il s'agit de trouver le principe de l'adéquation entre ordre social et pratiques individuelles.

La microsociologie américaine, issue de l'école de Chicago, se consacre à l'exploration des relations sociales apparemment les plus ténues et insignifiantes. L'école interactionniste, représentée notamment par Herbert G. Mead, Howard Becker et Erving Goffman, se donne pour tâche de décrire les « interactions sociales » comme des processus de négociation au cours desquelles chacun produit une certaine image de soi, et interprète celle de l'autre. Pour ce faire, l'individu mobilise nécessairement sa connaissance du monde social : il engage en effet dans les interactions un certain nombre de signes sociaux (conduite corporelle, manière de parler, de s'habiller) qui n'ont d'efficacité que s'ils sont reconnus par les autres, ce qui suppose un univers social commun. Même s'il ne contrôle pas tous les signes attachés à sa personne (qui sont liés à son histoire et à son statut), il peut plus ou moins en jouer pour orienter la trame des interactions. Erving Goffman, pour cette raison, use beaucoup de la métaphore théâtrale pour décrire ces « rites d'interaction » que sont les manières diverses mais codifiées de saluer quelqu'un, de prendre congé, de témoigner de l'intérêt... La notion de rôle social, pris dans un sens théâtral, est chez lui centrale, en particulier dans *La Mise en scène de la vie quotidienne*. L'interactionnisme rencontre aussi la sociolinguistique : dans leur dimension symbolique, en effet, les relations sociales s'apparentent à des échanges linguistiques, puisqu'ils mettent en jeu l'interprétation des signes qui se manifestent dans l'interaction. Cette démarche, bien que partant des individus, suppose en fait, on le voit bien, de mettre en rapport la matière de la vie sociale avec des normes collectives tacites sans lesquelles les interactions perdraient leur dimension symbolique, et donc leur valeur sociale. La méthode privilégiée est donc maintenant l'observation fine des relations sociales les plus quotidiennes, dans l'intention d'en comprendre le sens.

On retrouve apparemment notre point de départ : nous avions en effet commencé par distinguer la société considérée comme substance et les « relations sociales » empiriques comprises sous l'expression de « vie en société ». En réalité, ces deux aspects sont complémentaires, et correspondent chacun à un questionnement légitime. Qui plus est, l'un renvoie à l'autre : les relations sociales tirent leur signification de leur inscription dans la société, et la notion de société, quant à elle, renvoie à celle de sociabilité. En sociologie, on voit apparemment s'opposer une physique sociale (Durkheim) à une « phénoménologie sociale » qui se charge de comprendre les interactions sociales du point de vue de leur signification pour les agents qui y sont engagés. La sociologie contemporaine tente, du moins dans certains de ses courants, de lever cette opposition. On peut parler, à l'instar de Philippe Corcuff dans *Les Nouvelles Sociologies*, d'une approche « constructiviste » en sociologie qui s'efforce de dépasser les antinomies quelque peu superficielles entre « collectif » et « individuel », « objectivisme » et « phénoménologie ». C'est, notamment, l'une des ambitions de la sociologie de Pierre Bourdieu : d'une part, conformément à l'idée d'une « physique sociale », Bourdieu pose l'existence d'un espace social objectif. Dans *La Distinction*, par exemple, les jugements de goût sont rapportés à la position occupée dans un espace social à deux dimensions (volume total de capital, poids relatifs des capitaux économique et culturel). D'autre part, le sens de cet espace se manifeste dans l'appréhension inconsciente qu'en ont les individus : « Les sujets classants qui classent les propriétés et les pratiques des autres [...] sont aussi des objets classables qui se classent (aux yeux des autres) en s'appropriant des pratiques et des propriétés déjà classées » (p. 561). L'espace social est l'espace des points de vue sur le monde social : « Les sujets sociaux comprennent le monde social qui les comprend » (p. 562). Par exemple, la propension à écouter de la musique classique dépend objectivement du volume du capital culturel ; mais il ne peut en être ainsi que parce que cette pratique culturelle est une pratique distinctive, considérée par tous comme une pratique cultivée : ceux qui n'aiment pas la musique classique la perçoivent comme « grande musique », typique du goût bourgeois. De même, le refus du « vulgaire » dans les milieux cultivés correspond à une évaluation d'un fait social objectif – les propriétés du goût populaire. Les jugements sur les goûts des autres font partie intégrante du jugement de goût personnel. Aussi, dans l'expérience sociale subjective, se constituent les *habitus* individuels : cette disposition pratique préside à la fois à la détermination des goûts personnels et à la formation de catégories par lesquelles l'individu peut classer les goûts des autres, conformément à l'espace objectif – mais en y ajoutant une évaluation qui dénie le caractère socialement construit de ce classement. C'est principalement par l'observation des relations sociales les plus courantes que le sociologue peut construire l'espace des dispositions ; en effet, l'*habitus* s'exprime dans des manières d'être, de parler, de manger et de marcher ; il prend tout son sens dans la manière dont ces signes sont perçus dans les relations sociales (interpréter une pratique comme timidité plutôt que comme réserve, comme « franc-parler » plutôt que comme « sans-gêne », etc.), et ces relations sociales contribuent en retour à pérenniser l'*habitus*. Ainsi, d'un côté, les pratiques peuvent être rapportées à des variables sociales (sexe, âge, statut professionnel, milieu d'origine...), conformément au projet durkheimien, et de l'autre, elles se prêtent à une analyse quasi phénoménologique de l'expérience sociale ordinaire, dans l'esprit de la méthode ethnographique. La société apparaît finalement comme une réalité objective, mais non substantielle : elle est un ensemble de relations entre des dispositions distinctives qui sont elles-mêmes relationnelles. Les faits sociaux sont en même temps choses et symboles, ils relèvent aussi bien du mécanisme d'une physique sociale que d'un univers de significations révélé par l'analyse phénoménologique.

Cette sociologie s'inscrit dans un mouvement plus vaste, dit constructiviste, qui s'efforce de penser les structures sociales comme construites, à la fois symboliquement et objectivement (ce qui, en fait, ne s'oppose pas) dans les relations sociales et au cours de longs processus historiques. On voit, par exemple, qu'une structure sociale telle que l'État est une réalité solide (on peut en déterminer la genèse historique, il constitue une instance capable de faire peser une contrainte physique sur les individus), dont l'extériorité ne fait aucun doute, mais que, en même temps, l'État n'existe que dans la mesure où sa légitimité est reconnue, ou, du moins, dans la mesure où chacun *croit* qu'il existe, et agit en fonction de cette croyance. L'État n'existe pas en dehors des croyances et des pratiques qu'il détermine : si je me conforme à la loi, c'est parce que je sais (ou crois) que je m'expose sinon à une sanction, et même, souvent, parce que je la considère comme légitime. Sans cette croyance, l'État ne pourrait pas se maintenir (puisqu'il faut bien, même dans l'État le plus tyrannique, que certaines personnes obéissent). Et si je me vis comme français, c'est aussi, inversement, parce que l'État m'a fait français – en raison de l'unification linguistique et culturelle qu'il a historiquement opérée, du fait de l'« état civil », et aussi parce que l'État a directement contribué à mon éducation. Dans une telle optique, la « société » comme réalité substantielle et objective est elle-même le produit d'une construction sociale, loin d'être le fait premier dont il faudrait commencer par prendre acte.

L'ordre social a ainsi deux faces : il s'agit à la fois d'un ordre symbolique, intériorisé par les sujets sociaux et produit par les interactions sociales, et d'un ordre « objectif », transcendant aux individus, qui contribue à structurer les relations, les pratiques, et les croyances sociales.

Au terme de cette présentation, examinons brièvement ce qui unit les différentes problématiques que nous avons abordées, et voyons, en particulier, dans quelle mesure les sciences sociales contemporaines sont les héritières de la tradition philosophique.

On ne saurait postuler par principe l'unité d'une notion comme celle de « société », et ce d'autant plus qu'il s'agit, on l'a noté, d'un concept historique qui dénote un objet historique. Tout au plus peut-on admettre que l'usage de l'adjectif « social » désigne tout ce qui relève des rapports interindividuels empiriques. Mais, au-delà de cette question sémantique, il faut insister sur le fait suivant : ce sont avant tout les questionnements, les problèmes, plus que les thèses qui en dérivent, qui distinguent les entreprises philosophiques ; suivre l'émergence du concept de société a ainsi permis de montrer les déplacements de problématique qui font l'originalité des différentes thèses que nous avons présentées. En particulier, la tentative d'une connaissance scientifique de la « société », chez les fondateurs des sciences sociales contemporaines, passe par un double refus : refus de la question métaphysique de l'origine (les genèses que mettent au jour les historiens et les sociologues ne sont jamais des genèses absolues ; ce ne sont pas des fondements de la vie sociale, comme pourrait l'être, par exemple, le contrat social), et refus d'une élaboration normative en vue de déterminer ce que la société *doit* être.

Pour autant, les concepts associés aux différentes problématiques (amitié civique, Cité, sociabilité, État, société civile, contrat social...) appartiennent à un fond commun dont l'usage dépasse le contexte qui les a vus naître. La notion d'*habitus*, chère à Norbert Elias et à Pierre Bourdieu, a une origine aristotélicienne ; la distinction entre état de nature et état « civil » nourrit, de manière plus ou moins avouée, la réflexion anthropologique sur les rapports entre nature et culture ; le paradigme du contrat social peut être mobilisé dans la réflexion politique, en particulier en ce qui concerne l'idée de justice ou de légitimité...

Autant de ruptures et de filiations qui, nous l'espérons, apparaîtront manifestes à la lecture des textes que nous proposons.

I

L'HOMME, ANIMAL SOCIAL ?

I

ARISTOTE

L'AMITIÉ EST LE LIEN DES CITÉS

Aristote, *Éthique à Nicomaque*, trad. J. Tricot, Vrin, 1990, p. 407-417.

Dans le livre VIII de l'*Éthique à Nicomaque*, Aristote procède à l'analyse de la vertu qu'est l'amitié, après avoir, dans les livres I et II, défini la vertu comme disposition (*hexis*). La réflexion sur l'amitié a une portée directement politique car, comme Aristote le précise au tout début du livre VIII, l'amitié constitue le « lien des cités ». Aristote part ici, comme il le fait souvent, des opinions communément reçues : le thème de l'amitié civique appartient en effet au fond commun de la philosophie antique.

D'une manière générale, tout le propos de l'*Éthique à Nicomaque* a un sens politique : en effet, parce que les vertus ne s'enseignent pas, mais *s'apprennent* à mesure qu'on les pratique (ce sont des dispositions qui sont produites par la pratique et qui en même temps l'orientent, sans être l'objet d'un enseignement théorique), la cité est le fondement de la vertu, car le législateur, en orientant la vie des citoyens, est une sorte de précepteur. Aussi le rapport entre les différents types d'amitiés et les diverses formes de constitutions, abordé dans notre texte, n'est-il pas univoque : chaque cité contribue à forger les dispositions de ses membres, lesquelles, néanmoins, influent sur la constitution de la cité.

L'amitié est, d'une part, une condition naturelle de la cité (il y a, précise Aristote, une affinité naturelle entre les hommes), mais elle est, d'autre part, façonnée et orientée par les institutions et les mœurs d'une cité particulière. L'aptitude universelle à l'amitié (puissance) se diversifie ainsi en différentes dispositions (la disposition est une puissance seconde, c'est-à-dire qu'elle est une faculté déterminée, produite dans la pratique, qui particularise une potentialité native) : l'amitié entre égaux diffère, par exemple, de l'amitié entre inférieurs et supérieurs, l'amitié entre navigateurs de l'amitié civique. Mais il y a une unité fondamentale de toutes les formes d'amitiés, en ce que toutes supposent au moins une certaine réciprocité dans les relations entre amis : c'est pourquoi l'amitié ne peut exister qu'entre hommes libres et, sous sa forme la plus accomplie, qu'entre hommes vertueux – l'amitié n'est alors plus fondée sur l'utilité ou l'intérêt, mais sur une véritable communauté. On comprend qu'Aristote identifie presque amitié et justice : l'amitié civique est la traduction, sur le plan affectif, de la justice, définie par Aristote, au livre V, comme proportionnalité entre les biens et les personnes, et par conséquent comme une certaine égalité (égalité entre plusieurs *rapports*). Elle assure ainsi, sur le plan affectif, un sentiment d'unité qui reflète l'organisation objective de la cité. La justice détermine les rapports des individus dans la cité, en un sens quasi mathématique, et constitue donc elle aussi le « lien des cités ».

Il semble bien, comme nous l'avons dit au début, que l'amitié et la justice ont rapport aux mêmes objets et interviennent entre les mêmes personnes. En effet, en toute communauté, on trouve, semble-t-il, quelque forme de justice et aussi d'amitié coextensive : aussi les hommes appellent-ils du nom d'amis leurs compagnons de navigation et leurs compagnons d'armes, ainsi que ceux qui leur sont associés dans les autres genres de communauté. Et l'étendue de leur association est la mesure de l'étendue de leur amitié, car elle détermine aussi l'étendue de leurs droits. En outre, le proverbe *ce que possèdent des amis est commun* est bien exact, car c'est dans une mise en commun que consiste l'amitié. Il y a entre frères ainsi qu'entre camarades communauté totale, mais pour les autres amis la mise en commun ne porte que sur des choses déterminées, plus ou moins nombreuses suivant les cas : car les amitiés aussi suivent les mêmes variations en plus ou en moins. Les rapports de droit admettent aussi des différences : les droits des parents et des enfants ne sont pas les mêmes que ceux des frères entre eux, ni ceux des camarades les mêmes que ceux des citoyens ; et il en est de même pour les autres formes d'amitié. Il y a par suite aussi des différences en ce qui concerne les injustices commises dans chacune de ces différentes classes d'associés, et l'injustice acquiert un surcroît de gravité quand elle s'adresse davantage à des amis : par exemple, il est plus choquant de dépouiller de son argent un camarade qu'un concitoyen, plus choquant de refuser son assistance à un frère qu'à un étranger, plus choquant enfin de frapper son père qu'une autre personne quelconque. Et il est naturel aussi que la justice croisse en même temps que l'amitié, attendu que l'une et l'autre existent entre les mêmes personnes et possèdent une égale extension.

Mais toutes les communautés ne sont, pour ainsi dire, que des fractions de la communauté politique. On se réunit, par exemple, pour voyager ensemble en vue de s'assurer quelque avantage déterminé, et de se procurer quelqu'une des choses nécessaires à la vie ; et c'est aussi en vue de l'avantage de ses membres, pense-t-on généralement, que la communauté politique s'est constituée à l'origine et continue à se maintenir. Et cette utilité commune est le but visé par les législateurs, qui appellent juste ce qui est à l'avantage de tous. Ainsi les autres communautés recherchent leur avantage particulier : par exemple les navigateurs, en naviguant ensemble, ont en vue l'avantage d'acquérir de l'argent ou quelque chose d'analogue ; pour les compagnons d'armes, c'est le butin, que ce soit richesses, ou victoire, ou prise d'une ville qu'ils désirent ; et c'est le cas également des membres d'une tribu ou d'un dème. [Certaines communautés semblent avoir pour origine l'agrément, par exemple celles qui unissent les membres d'un thiase ou d'un cercle dans lequel chacun paye son écot, associations constituées respectivement en vue d'offrir un sacrifice ou d'entretenir des relations de société. Mais toutes ces communautés semblent bien être subordonnées à la communauté politique, car la communauté politique n'a pas pour but l'avantage présent, mais ce qui est utile à la vie toute entière], qui offrent des sacrifices et tiennent des réunions à cet effet, rendant ainsi des honneurs aux dieux et se procurant en même temps pour eux-mêmes des distractions agréables. En effet, les sacrifices et les réunions d'ancienne origine ont lieu, c'est un fait, après la récolte des fruits et présentent le caractère d'une offrande des prémices : car c'est la saison de l'année où le peuple avait le plus de loisir. Toutes ces communautés sont donc manifestement des fractions de la communauté politique, et les espèces particulières d'amitiés correspondent aux espèces particulières de communautés [...].

Pour chaque forme de constitution on voit apparaître une amitié, laquelle est coextensive aussi aux rapports de justice. L'affection d'un roi pour ses sujets réside dans une supériorité de bienfaisance, car un roi fait du bien à ses sujets si, étant lui-même bon, il prend soin d'eux en vue d'assurer leur prospérité, comme un berger le fait pour son troupeau. De là vient qu'HOMÈRE a appelé Agamemnon *pasteur des peuples.* De même nature est aussi l'amour paternel, lequel cependant l'emporte ici par la grandeur des services rendus, puisque le père est l'auteur de l'existence de son enfant (ce qui de l'avis général est le plus grand des dons), ainsi que de son entretien et de son éducation ; et ces bienfaits sont attribués également aux ancêtres. Et, de fait, c'est une chose naturelle qu'un père gouverne ses enfants, des ancêtres leurs descendants, et un roi ses sujets. Ces diverses amitiés impliquent supériorité de bienfaits de la part d'une des parties, et c'est pourquoi encore les parents sont honorés par leurs enfants. Dès lors, les rapports de justice entre les personnes dont nous parlons ne sont pas identiques des deux côtés, mais sont proportionnés au mérite de chacun, comme c'est le cas aussi de l'affection qui les unit.

L'affection entre mari et femme est la même que celle qu'on trouve dans le régime aristocratique, puisqu'elle est proportionnée à l'excellence personnelle, et qu'au meilleur revient une plus large part de biens, chaque époux recevant ce qui lui est exactement approprié ; et il en est ainsi encore pour les rapports de justice.

L'affection entre frères ressemble à celle des camarades : ils sont, en effet, égaux et de même âge, et tous ceux qui remplissent cette double condition ont la plupart du temps mêmes sentiments et même caractère. Pareille à l'affection fraternelle est celle qui existe dans le régime timocratique, car ce gouvernement a pour idéal l'égalité et la vertu des citoyens, de sorte que le gouvernement appartient à ces derniers à tour de rôle et que tous y participent sur un pied d'égalité. Cette égalité caractérise aussi l'amitié correspondante.

Dans les formes déviées de constitutions, de même que la justice n'y tient qu'une place restreinte, ainsi en est-il de l'amitié, et elle est réduite à un rôle insignifiant dans la forme la plus pervertie, je veux dire dans la tyrannie, ou l'amitié est nulle ou faible. En effet, là où il n'y a rien de commun entre gouvernant et gouverné, il n'y a non plus aucune amitié, puisqu'il n'y a pas même de justice : il en est comme dans la relation d'un artisan avec son outil, de l'âme avec le corps, d'un maître avec son esclave : tous ces instruments sans doute peuvent être l'objet de soins de la part de ceux qui les emploient, mais il n'y a pas d'amitié ni de justice envers les choses inanimées. Mais il n'y en a pas non plus envers un cheval ou un bœuf, ni envers un esclave en tant qu'esclave. Dans ce dernier cas, les deux parties n'ont en effet rien de commun : l'esclave est un outil animé, et l'outil un esclave inanimé. En tant donc qu'il est esclave on ne peut pas avoir d'amitié pour lui, mais seulement en tant qu'il est homme, car de l'avis général il existe certains rapports de justice entre un homme, quel qu'il soit, et tout autre homme susceptible d'avoir participation à la loi ou d'être partie à un contrat ; dès lors il peut y avoir aussi amitié avec lui, dans la mesure où il est homme. Par suite encore, tandis que dans les tyrannies l'amitié et la justice ne jouent qu'un faible rôle, dans les démocraties au contraire leur importance est extrême ; car il y a beaucoup de choses communes là où les citoyens sont égaux.

II

CICÉRON

LA SOCIÉTÉ DU GENRE HUMAIN

Cicéron, *Traité des devoirs*, in *Les Stoïciens*, trad. É. Bréhier, rév. P.-M. Schuhl, Gallimard, Bibliothèque de la Pléiade, 1962, p. 512-515.

Le concept d'amitié, on l'a dit (voir le texte n° 1 et notre Introduction), joue, dans la philosophie politique et morale des Anciens, un rôle fondateur. Dans ce texte de Cicéron, l'amitié apparaît ainsi comme le fondement naturel de la vie sociale, et l'amitié civique, celle qui unit les membres d'une société donnée, n'est autre que l'incarnation, dans des institutions et des mœurs, de ce penchant universel et naturel. Ce thème récurrent de la pensée antique prend une dimension particulière dans la philosophie stoïcienne, dont Cicéron est, à certains égards, le porte-parole. Le stoïcisme est, en effet, l'une des premières philosophies qui donne droit de cité à la notion de « société », comprise indépendamment de celle de « communauté politique ». Cicéron, dans notre texte, reprend à son compte l'idée stoïcienne d'une « société du genre humain », expression d'une nature humaine universelle, laquelle fonde un véritable *droit naturel*. Dans la perspective stoïcienne, il s'agit de réfuter la thèse qui considère les normes de conduite comme purement conventionnelles, parce qu'instituées par les hommes réunis en communauté politique. Contre l'opposition entre *physis* (nature) et *nomos* (loi), le stoïcisme s'attache à montrer en l'homme un être s'insérant avant tout dans un ordre universel qui lie toutes les choses entre elles (le *cosmos*). Et s'il y a une « société du genre humain », c'est d'abord parce que la nature dans son entier constitue une sorte de « société ». Le *cosmopolitisme* (qui, étymologiquement, évoque l'idée d'une « cité universelle ») dont se réclament les stoïciens, et Cicéron dans ce passage, a dès lors un sens très différent de celui qui a pu s'exprimer dans l'humanisme moderne. Il ne s'agit pas de faire de l'homme un être à part, mais au contraire de lui assigner sa vraie place, d'en faire un « citoyen du monde » au sens le plus plein.

Cicéron, conformément à la conception stoïcienne, expose les devoirs qui incombent à l'homme en vertu de sa seule nature, et en particulier ses devoirs envers les autres hommes. Mais si, dans la tradition stoïcienne, le concept de société n'avait pas de conséquences politiques immédiates, il n'en va pas de même chez Cicéron. L'existence affirmée d'un lien entre la société naturelle des hommes et les sociétés politiques particulières donne une portée nouvelle à l'idée de droit naturel. On ne peut manquer, d'ailleurs, d'entendre les échos de la situation politique troublée que connaissait Cicéron : la « république », cette société des hommes incarnées dans des mœurs et des institutions, a une valeur absolue, « ce qui rend d'autant plus abominable l'atrocité de ceux qui la déchirent ». Il s'agit là, à n'en pas douter, d'une allusion aux sentiments qui agitent Cicéron devant la permanence des guerres civiles au premier siècle avant Jésus-Christ. Aussi Cicéron donne-t-il aux conceptions stoïciennes une dimension directement politique. Ce déplacement est peut-être dû également à la spécificité des conceptions romaines de la cité, par rapport aux conceptions grecques : c'est un fait historique bien établi que Rome concevait sa citoyenneté comme accessible à tous les peuples, comme l'expression même de l'humanité – ce qui justifiait l'impérialisme romain tout en permettant l'assimilation rapide des peuples conquis, d'abord en Italie puis dans tout l'Empire. Ainsi, à Rome, l'idée d'une nature humaine universelle rencontrait-elle une forme d'universalisme politique (qu'il ne faudrait pourtant pas assimiler, de manière anachronique, à l'universalisme impliqué par la conception contemporaine des droits de l'homme).

La société et l'union entre les hommes se conservera d'autant mieux qu'on manifestera plus de bienveillance à ceux avec qui on a une union plus étroite. Mais il paraît qu'il faut reprendre de plus haut les principes naturels de la communauté et de la société des hommes. Il en est d'abord un que l'on voit dans la société du genre humain pris dans son ensemble. Le lien de cette société, c'est la raison et le langage ; grâce à eux, on s'instruit et l'on enseigne, l'on communique, l'on discute, l'on juge, ce qui rapproche les hommes les uns des autres et les unit dans une sorte de société naturelle ; rien ne les éloigne plus de la nature des bêtes, à qui nous attribuons souvent le courage, aux chevaux par exemple ou aux lions, mais non pas la justice, l'équité ou la bonté ; c'est qu'elles ne possèdent ni raison ni langage. Cette société est largement ouverte ; elle est société des hommes avec les hommes, de tous avec tous ; en elle il faut maintenir communs tous les biens que la nature a produits à l'usage commun de l'homme ; quant à ceux qui sont distribués d'après les lois et le droit civil, qu'on les garde selon ce qui a été décidé par les lois ; quant aux autres, que l'on respecte la maxime du proverbe grec : « Entre amis tout est commun. » Les biens communs à tous les hommes sont du genre de ceux dont Ennius donne un exemple particulier qui peut s'étendre à beaucoup de cas : « L'homme qui indique aimablement son chemin à un voyageur égaré agit comme un flambeau où s'allume un autre flambeau ; il n'éclaire pas moins quand il a allumé l'autre. » D'après cet unique exemple, on voit qu'il prescrit de concéder même à un inconnu tout ce qu'on peut lui donner sans dommage. De là ces formules habituelles : « Ne pas empêcher de puiser à l'eau courante, permettre qu'on prenne du feu, donner, s'il le veut, à celui qui délibère un conseil de bonne foi », toutes choses utiles pour ceux qui les reçoivent, sans dommage pour qui les donne. C'est pourquoi il faut y recourir et toujours apporter notre part à l'intérêt commun. Mais puisque les ressources de chacun sont petites et qu'il y a une infinité de gens dans le besoin, notre libéralité envers tous en général doit rester dans la limite indiquée par Ennius : « Votre flambeau n'éclaire pas moins… », pour avoir la possibilité d'être généreux envers nos proches.

Il y a plusieurs degrés de société entre les hommes : à partir de celle qui s'étend sans limites à tous les hommes, il y a une société qui nous touche de plus près, celle des hommes de même famille, de même langue, et c'est ce qui rapproche le plus les hommes ; plus intime encore est la société des gens d'une même cité. Les citoyens ont bien des choses en commun : place publique, temples, portiques, rues, lois, règles de droit, tribunaux, droit de suffrage, coutumes aussi et liens d'amitié, ainsi que de nombreuses relations d'affaires. Mais le lien le plus étroit est entre les proches : loin de cette société sans bornes qui s'étend au genre humain, elle s'enferme dans un cercle étroit. Comme il y a entre tous les êtres vivants un trait commun qui est le désir de procréer, la première société consiste dans l'union des époux, la plus proche de celle-là comprend les enfants, avec une seule demeure où tout est en commun. C'est là le commencement d'une ville et en quelque sorte la pépinière d'un État. Puis s'y ajoutent les frères, ensuite les cousins germains et issus de germains ; comme une seule demeure ne peut plus les contenir, ils s'en vont en d'autres, comme les citoyens d'une ville dans des colonies. Viennent ensuite des mariages, des parentés ; le nombre des proches va augmentant. Cette extension de la postérité est l'origine des États ; les liens du sang unissent les hommes par une bienveillance et une affection mutuelle ; il est important d'avoir en commun les monuments laissés par les ancêtres, les mêmes rites religieux, les mêmes tombeaux. Mais de toutes les sociétés nulle n'est plus remarquable ni plus solide que celle qui unit par des liens d'amitié des hommes de bien de caractère semblable. Cette disposition morale, je le dis souvent, nous émeut, même si nous la rencontrons chez un autre, et elle nous pousse à devenir l'ami de ceux qui nous paraissent la posséder ; et bien que toute vertu attire à elle et nous fasse aimer ceux en qui nous la voyons, c'est pourtant la justice et la libéralité qui ont surtout cet effet. Rien n'est plus aimable, plus attachant que la ressemblance des caractères honnêtes. Quand on voit chez un autre les mêmes goûts, la même volonté, on se complaît en lui autant qu'en soi-même, et il en résulte ce que Pythagore désire chez ses amis, que « de plusieurs êtres s'en fait un seul ». C'est aussi une chose importante que cette communion dérivant de bienfaits donnés et reçus de part et d'autre ; tant qu'ils sont mutuels et agréables, ils créent entre les bienfaiteurs un lien social fort solide.

Mais, à repasser méthodiquement toute la question par la pensée, nul lien social ne nous est plus cher que celui que nous avons chacun avec la république. Nous avons de l'affection pour nos parents, pour nos enfants, pour nos proches, pour nos familiers ; mais la patrie, à elle seule, comprend toutes ces affections ; qui hésiterait à aller pour elle au-devant de la mort, si notre mort devait lui être utile ? Ce qui rend d'autant plus abominable l'atrocité de ceux qui la déchirent criminellement ou ont été occupés à la détruire de fond en comble. Si l'on recherche par comparaison envers qui l'on a les plus grands devoirs, que l'on mette au premier rang la patrie et les parents, à qui nous sommes liés par les plus grands bienfaits, puis les plus proches, les enfants et tous ceux qui sont sous notre toit, qui comptent sur nous seuls et n'ont pas d'autre protection, ensuite les parents avec qui nous vivons en bonne intelligence et dont nous partageons le plus souvent le sort ; aussi c'est à ceux-là que nous devons, avant tout, aide dans la vie ; mais la vie en commun, les conseils, les conversations, les exhortations, les consolations, quelquefois même les reproches, c'est surtout dans les rapports d'amitié qu'on les trouve ; et l'amitié est d'autant plus agréable que la ressemblance des mœurs en fait le lien.

III

HOBBES

L'HOMME N'EST PAS UN ANIMAL SOCIAL

Hobbes, *Le Citoyen*, trad. S. Sorbière, GF-Flammarion, 1982, p. 90-93.

Le projet de Hobbes, dans *Le Citoyen*, est de revenir au fondement anthropologique de la vie sociale : dans l'intention de connaître la nature de la société sur le modèle de la science physique naissante, Hobbes veut dégager les propriétés élémentaires à partir desquelles se construit la société, afin d'en comprendre la nécessité. Mais cette nécessité ne saurait provenir d'une nature humaine déterminée *a priori* comme sociale : il s'agit plutôt de comprendre par quel enchaînement de causes advient une société politique, et ce à partir d'un individu qui n'est pas enclin à la bienveillance pour autrui.

Le texte que nous présentons ouvre quasiment l'ouvrage : Hobbes s'y prononce contre la thèse classique d'une sociabilité humaine naturelle, et nous montre, au contraire, un homme mû par le désir d'honneurs et de gloire. Dans une perspective commune à beaucoup d'auteurs du XVIIe siècle, Pascal et La Rochefoucauld notamment, Hobbes insiste sur les arrière-pensées inhérentes à la comédie sociale pour montrer, derrière le goût pris à la « société », la compagnie des autres, les mobiles les moins « sociables » : les « délices » de la société que nous peint Hobbes sont finalement le plaisir de la médisance, l'amour de la gloire, joies fondées dans « l'amour-propre », lequel est par lui-même opposé à la sociabilité. Aussi est-ce par « accident » que l'homme se complaît à la vie en société : ce à quoi s'en prend Hobbes, c'est avant tout à l'idée d'une amité naturelle de l'homme pour son semblable.

Mais si l'homme n'est pas enclin à cette bienveillance universelle dont parlaient les stoïciens (voir le texte n° 2), Hobbes nous montre l'existence d'une sociabilité conflictuelle fondamentale : l'homme tel qu'il est semble avoir besoin d'autrui pour satisfaire ses penchants propres, et en particulier son désir de gloire. La guerre de tous contre tous que Hobbes décrit plus loin comme caractéristique de l'état de nature n'est pas seulement une lutte pour la vie, mais également une lutte en vue du prestige, qui persiste d'ailleurs dans l'état de société. Hobbes suggère en effet que tous les raffinements de la culture (le goût, l'esprit, et même la philosophie) sont le produit d'une « concurrence », d'où naît une « haine mutuelle », en vue de la gloire.

Hobbes en vient à donc penser le conflit comme le fait anthropologique *premier* pour comprendre les relations des hommes entre eux ; il récuse l'idée classique d'une amitié humaine universelle (c'est la notion de philanthropie), mais admet en somme une forme de sociabilité originale : tel qu'il est, l'homme est porté à entrer en relation avec son semblable, à trouver un plaisir dans la « société » d'autrui, parce que c'est là seulement qu'il connaît les délices de la gloire, en plus des « commodités » que lui apporte, pour certaines entreprises, l'alliance de plusieurs volontés.

Mais, bien que le désir de gloire nous porte à entrer, sur le mode du conflit, en relation avec autrui, il est aussi une entrave à la constitution d'une société stable, en ce qu'il conduit chacun à vouloir renverser tout ordre social au sein duquel il ne serait pas dominant. Il faut trouver une caractéristique anthropologique supplémentaire pour rendre raison de l'existence sociale. Ce sera la *crainte*, sur laquelle Hobbes fait reposer le respect des lois. La crainte constitue, pour Hobbes, un des sentiments premiers qui régit l'homme dans l'état de nature. Si elle est elle-même un facteur de discorde (l'homme craint en autrui une force qu'il sait lui être semblable, et il est porté à le traiter en ennemi), elle conduit aussi les hommes à vouloir éviter la guerre de tous contre tous, parce que celle-ci ne laisse presque aucune chance de survie. Hobbes peut donc voir dans la « crainte mutuelle que [les hommes] ont les uns des autres » l'origine de la vie sociale. La crainte est ainsi le seul élément de la nature humaine qui contient la possibilité d'un dépassement de l'état de nature. C'est pour écarter le danger que représente autrui que l'on consent soi-même, par crainte, à faire taire son instinct de domination.

La plupart de ceux qui ont écrit touchant les républiques supposent ou demandent, comme une chose qui ne leur doit pas être refusée, que l'homme est un animal politique, ζῶον πολιτιχόν, selon le langage des Grecs, né avec une certaine disposition naturelle à la société. Sur ce fondement-là ils bâtissent la doctrine civile ; de sorte que pour la conservation de la paix, et pour la conduite de tout le genre humain, il ne faut plus rien sinon que les hommes s'accordent et conviennent de l'observation de certains pactes et conditions, auxquelles alors ils donnent le titre de lois. Cet axiome, quoique reçu si communément, ne laisse pas d'être faux, et l'erreur vient d'une trop légère contemplation de la nature humaine. Car si l'on considère de plus près les causes pour lesquelles les hommes s'assemblent, et se plaisent à une mutuelle société, il apparaîtra bientôt que cela n'arrive que par accident, et non pas par une disposition nécessaire de la nature. En effet, si les hommes s'entr'aimaient naturellement, c'est-à-dire, en tant qu'hommes, il n'y a aucune raison pourquoi chacun n'aimerait pas le premier venu, comme étant autant homme qu'un autre ; de ce côté-là, il n'y aurait aucune occasion d'user de choix et de préférence. Je ne sais aussi pourquoi on converserait plus volontiers avec ceux en la société desquels on reçoit de l'honneur ou de l'utilité, qu'avec ceux qui la rendent à quelque autre. Il en faut donc venir là, que nous ne cherchons pas de compagnons par quelque instinct de la nature ; mais bien l'honneur et l'utilité qu'ils nous apportent ; nous ne désirons des personnes avec qui nous conversions, qu'à cause de ces deux avantages qui nous en reviennent. On peut remarquer à quel dessein les hommes s'assemblent en ce qu'ils font étant assemblés. Si c'est pour le commerce, l'intérêt propre est le fondement de cette société ; et ce n'est pas pour le plaisir de la compagnie, qu'on s'assemble, mais pour l'avancement de ses affaires particulières. S'il y a du devoir ou de la civilité en cet assemblage, il n'y a pourtant pas de solide amitié, comme vous voyez dans le palais, où diverses personnes concourent, et qui s'entre-craignent plus qu'elles ne s'entr'aiment ; d'où naissent bien quelquefois des factions, mais d'où il ne se tire jamais de la bienveillance. Si les assemblées se forment à cause du divertissement qu'on y reçoit, remarquez-y, je vous prie, comme chacun se plaît surtout aux choses qui font rire ; et cela sans doute afin qu'il puisse (telle étant à mon avis la nature du ridicule) avoir davantage de complaisance pour ses belles qualités, par la comparaison qu'il en fait avec les défauts et les infirmités de quelque autre de la troupe. Mais bien que cette petite satisfaction soit assez souvent fort innocente, il en est pourtant manifeste que ceux qui la goûtent se plaisent à la gloire, plutôt qu'à la société en laquelle ils la trouvent. Au reste, en ces assemblées-là, on picote les absents, on examine toute leur vie, toutes leurs actions sont mises sur le tapis, on en fait des sujets de raillerie, on épluche leurs paroles, on en juge, et on les condamne avec beaucoup de liberté. Ceux qui sont de ce concert ne sont pas épargnés, et dès qu'ils ont tourné le dos, on les traite de la même sorte dont ils ont traité les autres : ce qui me fait grandement approuver le conseil de celui qui se retirait toujours le dernier d'une compagnie. Ce sont là les véritables délices de la société. Nous nous y portons naturellement, c'est-à-dire, par les affections qui nous sont communes avec le reste des animaux, et n'en sommes détournés que par quelque dommage qui nous en arrive, ou par les préceptes de la sagesse (dont plusieurs ne sont jamais capables) qui réfrène l'appétit du présent par la mémoire du passé. Hors de ces entretiens-là, le discours de diverses personnes, qui y sont fort éloquentes, devient froid et stérile. S'il arrive à quelqu'un des assistants de raconter quelque petite histoire, et que l'un d'entre eux parle de soi-même, chacun voudra faire le semblable. Si quelqu'un récite quelque étrange aventure, vous n'entendrez de tous les autres que des miracles, et on en forgera plutôt que d'en manquer. Et pour ne pas oublier en cet endroit ceux qui font profession d'être plus sages que les autres, si c'est pour philosopher qu'on s'assemble ; autant d'hommes qu'il y aura dans un auditoire, ce seront autant de docteurs. Il n'y en aura pas un qui ne se sente capable, et qui ne se veuille mêler d'enseigner les autres ; et de cette concurrence naîtra une haine mutuelle, au lieu d'une amitié réciproque. Il est donc évident par ces expériences, à ceux qui considèrent attentivement les affaires humaines, que toutes nos assemblées, pour si libres qu'elles soient, ne se forment qu'à cause de la nécessité que nous avons les uns des autres, ou du désir d'en tirer de la gloire ; si nous ne nous proposions de retirer quelque utilité, quelque estime, ou quelque honneur de nos compagnons en leur société, nous vivrions peut-être aussi sauvages que les autres animaux les plus farouches. La même conclusion se peut recueillir par un raisonnement, sur les définitions de la *volonté,* du *bien,* de l'*honneur,* et de l'*utile.* Car puisque c'est volontairement que la société est contractée, on y recherche l'objet de la volonté, c'est-à-dire, ce qui semble bon à chacun de ceux qui y entrent. Or ce qui paraît bon est agréable, et appartient à l'esprit ou à ses organes. Tout le plaisir de l'âme consiste en la gloire (qui est une certaine bonne opinion qu'on a de soi-même) ou se rapporte à la gloire. Les autres plaisirs touchent les sens, ou ce qui y aboutit, et je les embrasse tous sous le nom de *l'utile.* Je conclus donc derechef, que toutes les sociétés sont bâties sur le fondement de la gloire et des commodités de la vie ; et qu'ainsi elles sont contractées par l'amour-propre, plutôt que par une forte inclination que nous ayons pour nos semblables. Cependant il y a cette remarque à faire, qu'une société fondée sur la gloire ne peut être ni de beaucoup de personnes, ni de longue durée ; parce que la gloire, de même que l'honneur, si elle se communique à tous sans exception, elle ne se communique à personne ; la raison en est, que la gloire dépend de la comparaison avec quelque autre, et de la prééminence qu'on a sur lui ; et comme la communauté de l'honneur ne donne à personne occasion de se glorifier, le secours d'autrui qu'on a reçu pour monter à la gloire en diminue le prix. Car on est d'autant plus grand et à estimer, qu'on a eu de propre puissance, et moins d'assistance étrangère. Mais bien que les commodités de cette vie puissent recevoir augmentation par l'assistance mutuelle que nous nous prêtons, il est pourtant certain qu'elles s'avancent davantage par une domination absolue, que par la société ; d'où il s'ensuit, que si la crainte était ôtée de parmi les hommes, ils se porteraient de leur nature plus avidement à la domination, qu'à la société. C'est donc une chose tout avérée, que l'origine des plus grandes et des plus durables sociétés, ne vient point d'une réciproque bienveillance que les hommes se portent, mais d'une crainte mutuelle qu'ils ont les uns des autres.

IV

LA ROCHEFOUCAULD

LA CIVILITÉ EST UN SIMULACRE D'AMITIÉ

La Rochefoucauld, « De la société », in *Maximes et réflexions diverses*, éd. J. Truchet, GF-Flammarion, 1977, p. 110-113.

La Rochefoucauld commence, dans le texte suivant, par dissocier la notion de civilité (en ses termes, la « société », comprise au sens où l'on parle de la « société de ses amis ») de celle d'amitié : la société ressemble à l'amitié mais n'est pas elle. Elle en est, en fait, un simulacre : la vie en société n'est possible que sous la condition d'une sorte d'amitié *apparente*, qui ne va pas sans une *quasi*-hypocrisie.

Par cette dissociation, La Rochefoucauld veut indiquer la nature double, profondément ambiguë, des liens sociaux. Un grand nombre de ses *Maximes* traitent du thème de la fausse vertu, intéressée, dont l'omniprésence rend suspects tous les actes d'apparence vertueuse, en particulier les bienfaits envers autrui. On ne sait jamais si, par ses bienfaits et sa générosité, l'homme ne vise pas, souterrainement, un profit, matériel ou symbolique : c'est en effet l'orgueil, le désir de gloire, qui préside à la vie sociale, et cet orgueil, comme chez Pascal, tend à corrompre l'ensemble des sentiments sociaux. Cette ambiguïté, qui règne sur tous les rapports entre les hommes, s'exprime dans le caractère paradoxal de bien des formules de La Rochefoucauld, et fait toute leur acuité : il s'agit de montrer, par-delà la vertu feinte, l'orgueil sous-jacent, à travers la description d'un étrange intérêt au désintéressement.

Comme Pascal, La Rochefoucauld s'attache à détruire la croyance en la possibilité d'un salut *dans* le monde, conformément à leur commune inspiration janséniste et augustinienne. Il s'agit, en effet, à certains égards, de la reprise de l'opposition formulée par saint Augustin entre la Cité de Dieu, cité des *vrais* chrétiens, et la Cité terrestre, règne du mal, de la corruption, et ce d'autant plus que le vice peut y prendre le visage de la vertu.

Cependant, La Rochefoucauld n'en conclut pas à l'impossibilité d'une vie sociale raisonnable : car si la « société » ressemble à l'amitié, ce qui est son plus grand mérite (« l'hypocrisie est un hommage que le vice rend à la vertu », comme le dit l'une des plus fameuses maximes), elle rend possible des rapports entre les hommes au moins apaisés, « supportables », sinon fondés sur l'amitié vraie des hommes vertueux.

L'ensemble de ce texte formule ainsi une « doctrine de l'honnêteté », qui énonce les conditions d'une vie sociale pacifique, en prenant les hommes comme ils sont, c'est-à-dire en tenant compte, avant tout, de leur orgueil sans limites. L'honnêteté, notion fondamentale au XVIIe siècle, passe par un mélange de sollicitude et de réserve, propre à sauver les apparences. Il s'agit de ménager l'orgueil de ses semblables, de ne jamais s'en approcher au-delà des bienséances. On notera, d'ailleurs, l'importance du champ sémantique de la *distance* et de l'*apparence*. Tout l'art de la vie en société consiste à trouver la distance juste – suffisante pour ménager les vanités et les désirs, mais propre au développement d'un « commerce » entre les honnêtes gens. Cette « doctrine de l'honnêteté » développe en somme la conception commune que la haute société du XVIIe siècle, société de cour, se faisait des règles de la sociabilité, incarnées dans la figure de l'« honnête homme ». Il s'agit moins d'être sincère dans ses rapports avec autrui que d'être capable, par sa culture et ses manières, d'entretenir avec ses semblables un commerce policé.

La Rochefoucauld développe ainsi une vision désenchantée de la vie sociale, essentiellement factice. Mais si la finesse du moraliste se trouve liée à un dessein apologétique, elle préfigure aussi bien des descriptions « ethnographiques » des rapports sociaux, qui comparent la vie sociale à la scène d'un théâtre. Cette comparaison, courante au XVIIe siècle (Retz, Mme de La Fayette...), est également reprise, par exemple, par Goffman (voir l'introduction au texte n° 27).

Mon dessein n'est pas de parler de l'amitié en parlant de la société ; bien qu'elles aient quelque rapport, elles sont néanmoins très différentes : la première a plus d'élévation et de dignité, et le plus grand mérite de l'autre, c'est de lui ressembler. Je ne parlerai donc présentement que du commerce particulier que les honnêtes gens doivent avoir ensemble.

Il serait inutile de dire combien la société est nécessaire aux hommes : tous la désirent et tous la cherchent, mais peu se servent des moyens de la rendre agréable et de la faire durer. Chacun veut trouver son plaisir et ses avantages aux dépens des autres ; on se préfère toujours à ceux avec qui on se propose de vivre, et on leur fait presque toujours sentir cette préférence ; c'est ce qui trouble et qui détruit la société. Il faudrait du moins savoir cacher ce désir de préférence, puisqu'il est trop naturel en nous pour nous en pouvoir défaire ; il faudrait faire son plaisir et celui des autres, ménager leur amour-propre, et ne le blesser jamais.

L'esprit a beaucoup de part à un si grand ouvrage, mais il ne suffit pas seul pour nous conduire dans les divers chemins qu'il faut tenir. Le rapport qui se rencontre entre les esprits ne maintiendrait pas longtemps la société, si elle n'était réglée et soutenue par le bon sens, par l'humeur, et par des égards qui doivent être entre les personnes qui veulent vivre ensemble. S'il arrive quelquefois que des gens opposés d'humeur et d'esprit paraissent unis, ils tiennent sans doute par des liaisons étrangères, qui ne durent pas longtemps. On peut être aussi en société avec des personnes sur qui nous avons de la supériorité par la naissance ou par des qualités personnelles ; mais ceux qui ont cet avantage ne doivent pas abuser ; ils doivent rarement le faire sentir, et ne s'en servir que pour instruire les autres ; ils doivent les faire apercevoir qu'ils ont besoin d'être conduits, et les mener par raison, en s'accommodant autant qu'il est possible à leurs sentiments et à leurs intérêts.

Pour rendre la société commode, il faut que chacun conserve sa liberté : il faut se voir, ou ne se voir point, sans sujétion, se divertir ensemble, et même s'ennuyer ensemble ; il faut se pouvoir séparer, sans que cette séparation apporte de changement ; il faut se pouvoir passer les uns des autres, si on ne veut pas s'exposer à embarrasser quelquefois, et on doit se souvenir qu'on incommode souvent, quand on croit ne pouvoir jamais incommoder. Il faut contribuer, autant qu'on le peut, au divertissement des personnes avec qui on veut vivre ; mais il ne faut pas être toujours chargé du soin d'y contribuer. La complaisance est nécessaire dans la société, mais elle doit avoir des bornes : elle devient une servitude quand elle est excessive ; il faut du moins qu'elle paraisse libre, et qu'en suivant le sentiment de nos amis, ils soient persuadés que c'est le nôtre aussi que nous suivons.

Il faut être facile à excuser nos amis, quand leurs défauts sont nés avec eux, et qu'ils sont moindres que leurs bonnes qualités ; il faut souvent éviter de leur faire voir qu'on les ait remarqués et qu'on en soit choqué, et on doit essayer de faire en sorte qu'ils puissent s'en apercevoir eux-mêmes, pour leur laisser le mérite de s'en corriger.

Il y a une sorte de politesse qui est nécessaire dans le commerce des honnêtes gens ; elle leur fait entendre raillerie, et elle les empêche d'être choqués et de choquer les autres par de certaines façons de parler trop sèches et trop dures, qui échappent souvent sans y penser, quand on soutient son opinion avec chaleur.

Le commerce des honnêtes gens ne peut subsister sans une certaine sorte de confiance ; elle doit être commune entre eux ; il faut que chacun ait un air de sûreté et de discrétion qui ne donne jamais lieu de craindre qu'on puisse rien dire par imprudence.

Il faut de la variété dans l'esprit : ceux qui n'ont que d'une sorte d'esprit ne peuvent plaire longtemps. On peut prendre des routes diverses, n'avoir pas les mêmes vues ni les mêmes talents, pourvu qu'on aide au plaisir de la société, et qu'on y observe la même justesse que les différentes voix et les divers instruments doivent observer dans la musique.

Comme il est malaisé que plusieurs personnes puissent avoir les mêmes intérêts, il est nécessaire au moins, pour la douceur de la société, qu'ils n'en aient pas de contraires. On doit aller au-devant de ce qui peut plaire à ses amis, chercher les moyens de leur être utile, leur épargner des chagrins, leur faire voir qu'on les partage avec eux quand on ne peut les détourner, les effacer insensiblement sans prétendre les arracher tout d'un coup, et mettre en la place des objets agréables, ou du moins qui les occupent. On peut leur parler des choses qui les regardent, mais ce n'est qu'autant qu'ils le permettent, et on y doit garder beaucoup de mesure ; il y a de la politesse, et quelquefois même de l'humanité, à ne pas entrer trop avant dans les replis de leur cœur ; ils ont souvent de la peine à laisser voir tout ce qu'ils en connaissent, et ils en ont encore davantage quand on pénètre ce qu'ils ne connaissent pas. Bien que le commerce que les honnêtes gens ont ensemble leur donne de la familiarité, et leur fournisse un nombre infini de sujets de se parler sincèrement, personne presque n'a assez de docilité et de bon sens pour bien recevoir plusieurs avis qui sont nécessaires pour maintenir la société ; on veut être averti jusqu'à un certain point, mais on ne veut pas l'être en toutes choses, et on craint de savoir toutes sortes de vérités.

Comme on doit garder des distances pour voir les objets, il faut en garder aussi pour la société : chacun a son point de vue, d'où il veut être regardé ; on a raison, le plus souvent, de ne vouloir pas être éclairé de trop près, et il n'y a presque point d'homme qui veuille, en toutes choses, se laisser voir tel qu'il est.

V

SPINOZA

RAISON ET PASSIONS CONCOURENT, PAR DES VOIES DIFFÉRENTES, À LA SOCIABILITÉ HUMAINE

Spinoza, *Éthique*, IV, prop. 37, trad. Ch. Appuhn, GF-Flammarion, 1965, p. 252-256.

Le texte suivant appartient au quatrième livre de l'*Éthique*, qui traite de la « servitude de l'homme ». C'est sur la base d'une *anthropologie* rigoureuse que Spinoza dégage les principes de la vie en société. Dans les pages précédentes, Spinoza a démontré les thèses suivantes : d'une part, les hommes s'accordent en nature, en tant qu'ils vivent sous la conduite de la raison. C'est pourquoi « rien n'est plus utile à l'homme qu'un homme vivant sous la conduite de la raison ». Il pourrait s'agir là d'une simple reprise de la notion de sociabilité. Mais, d'autre part, l'homme est soumis aux passions dans la mesure où, n'ayant pas une « connaissance adéquate » de lui-même, il est inclus dans l'enchaînement des causes et des effets dans la nature tout en restant dans l'ignorance des causes. Les hommes, déterminés passivement par leurs affects, ne s'accordent plus, et peuvent même être rivaux. Le tour de force de Spinoza est de produire, pour aboutir à la proposition selon laquelle « tout homme désire pour autrui ce qu'il poursuit lui-même » (prop. 37), deux démonstrations à partir de ces deux faces de la réalité humaine.

La première démonstration se fonde sur l'amitié existant nécessairement entre les hommes raisonnables : le bien poursuivi par l'homme raisonnable est la connaissance. Or, la raison nous commande de faire que nos semblables vivent sous la conduite de la raison, puisque c'est ainsi qu'ils nous seront le plus utiles. Par conséquent, l'homme raisonnable désirera que les autres hommes augmentent leur connaissance, c'est-à-dire partagent le bien qu'il poursuit lui-même.

La deuxième démonstration part des *mécanismes passionnels* que Spinoza a dégagés auparavant : sous l'empire de l'imagination, l'homme aime ce que les autres aiment (c'est le principe de ce que Spinoza appelle l'*émulation*). Il désire aussi être constant dans son amour, et donc que les autres aiment la même chose que lui (ce qui est le principe de l'ambition, ou encore amour de la gloire), et même, dans le cas d'un bien qui peut être partagé en commun, qu'ils le possèdent. Les hommes finissent alors par s'accorder sur un *bien commun imaginaire*, du fait même de leur rivalité.

Les hommes raisonnables veulent donc partager leur bien avec leurs semblables, parce qu'ils en voient l'utilité, et, dans la mesure où les hommes sont soumis aux passions, ils veulent que les autres vivent comme eux, parce que cela les flatte.

Dans les scolies, Spinoza développe les conséquences politiques de la proposition 37, et ce toujours sous ces deux aspects. En particulier, le scolie II propose une genèse de la société assez proche de la doctrine de Hobbes (voir les textes n° 3 et n° 10) : les passions qui éloignent les hommes ne peuvent être combattues que par d'autres passions qui s'y opposent ; c'est donc l*a crainte des lois*, en tant que menaces de sanction, qui seule peut fonder la société. Mais c'est rationnellement que les hommes, pour leur utilité commune, en vien-

nent à instituer la société. S'ils étaient entièrement raisonnables, cependant, ils n'auraient pas besoin de lois (c'est ici que Spinoza se distingue de Hobbes, qui limitait la rationalité à un calcul des coûts et des avantages).
Spinoza se rapproche aussi de Hobbes lorsqu'il pense les valeurs morales comme produits artificiels de la vie sociale ; comme Hobbes, Spinoza considère que le Bien n'existe pas en un sens absolu ; on appelle « Bien » ce que l'on recherche simplement comme « bon » (scolie de la prop. 9 de la deuxième partie). Le Bien, dans la vie sociale, diffère donc du Bien dans l'état de nature, puisqu'il est relatif aux lois établies par convention. Il est, d'une certaine façon, une *production imaginaire*, inutile à l'homme sage, capable d'obéir aux lois non par crainte, mais en ayant conscience de leur utilité intrinsèque.

Proposition 37

Le bien qu'appète pour lui-même quiconque est un suivant de la vertu, il le désirera aussi pour les autres hommes, et cela d'autant plus qu'il aura acquis une connaissance plus grande de Dieu.

Démonstration

Les hommes, en tant qu'ils vivent sous la conduite de la Raison, sont ce qu'il y a de plus utile à l'homme (*Coroll. 1 de la Prop. 35)* ; et ainsi *(Prop. 19)* nous nous efforcerons, sous la conduite de la Raison, de faire que les hommes vivent sous la conduite de la Raison. Mais le bien qu'appète pour lui-même quiconque vit sous le commandement de la Raison, c'est-à-dire (*Prop. 24)* est un suivant de la vertu, c'est connaître *(Prop. 26)* ; donc le bien que quiconque est un suivant de la vertu appète pour lui-même, il le désirera pour les autres hommes. De plus, ce Désir, en tant qu'il se rapporte à l'Âme, est l'essence même de l'Âme *(Déf. I des Aff.)* ; or, l'essence de l'Ame consiste dans une connaissance *(Prop. 11, p. II)* qui enveloppe celle de Dieu *(Prop. 47, p. II)* et ne peut sans elle *(Prop. 15, p. I)* ni être ni être conçue. Par suite, plus grande est la connaissance de Dieu qu'enveloppe l'essence de l'Ame, plus grand aussi sera le Désir dont le suivant de la vertu désire pour autrui le bien qu'il appète pour lui-même. C.Q.F.D.

Autre démonstration

Le bien que l'homme appète pour lui-même et aime, il l'aimera de façon plus constante s'il voit que d'autres l'aiment *(Prop. 31, p. III)* ; il fera donc effort *(Coroll. de la même prop.)* pour que les autres l'aiment ; et, puisque ce bien *(Prop. préc.)* est commun à tous et que tous peuvent s'en épanouir pareillement, il fera donc effort *(pour la même raison)* pour que tous en tirent de la joie et d'autant plus *(Prop. 37, p. III)* qu'il jouira davantage de ce bien. C.Q.F.D.

Scolie I

Qui fait effort seulement à cause de la passion qui l'affecte, pour que les autres aiment ce qu'il aime lui-même et vivent suivant sa propre complexion, agit par impulsion seulement, et pour cette raison est odieux, surtout à ceux qui ont d'autres goûts et de leur côté font effort, aussi par impulsion, pour que tout autre qu'eux-mêmes vive suivant leur complexion. De plus, comme l'objet suprême que les hommes appètent en vertu d'une affection, est de telle nature souvent qu'un seul puisse le posséder, il arrive ainsi que ceux qui aiment ne restent pas d'accord avec eux-mêmes intérieurement, et au temps même où ils s'épanouissent à chanter les louanges de la chose aimée, ont peur d'être crus. Qui, au contraire, s'efforce de conduire les autres suivant la Raison, agit non par impulsion, mais avec humanité et douceur et reste pleinement en accord intérieur avec lui-même. Pour continuer, je ramène à la *Religion* tous les désirs et toutes les actions dont nous sommes cause en tant que nous avons l'idée de Dieu ou en tant que nous connaissons Dieu. J'appelle *Moralité* le Désir de faire du bien qui tire son origine de ce que nous vivons sous la conduite de la Raison. Quant au Désir qui tient un homme vivant sous la conduite de la Raison, de s'attacher les autres par les liens de l'amitié, je l'appelle *Honnêteté* ; *honnête,* ce que louent les hommes vivant sous la conduite de la raison, *vilain* au contraire, ce qui s'oppose à l'établissement de l'amitié. Par là j'ai aussi montré quels sont les fondements de la cité. La différence entre la vertu véritable et l'impuissance se perçoit aisément dès lors, la vertu véritable ne consistant en rien d'autre qu'à vivre sous la conduite de la Raison, l'impuissance consistant seulement en ce que l'homme se laisse passivement conduire par les choses extérieures à lui et déterminer par elles à faire ce que demande la constitution du monde extérieur, et non ce que demande sa propre nature considérée en elle seule. Voilà ce que, dans le Scolie de la Proposition 18, j'ai promis de démontrer. On peut voir par là que cette loi qui interdit d'immoler les bêtes est fondée plutôt sur une vaine superstition et une miséricorde de femme que sur la saine Raison. La règle de la recherche de l'utile nous enseigne bien la nécessité de nous unir aux hommes, mais non aux bêtes ou aux choses dont la nature est différente de l'humaine ; nous avons à leur endroit le même droit qu'elles ont sur nous. Ou plutôt le droit de chacun étant défini par sa vertu ou sa puissance, les hommes ont droit sur les bêtes beaucoup plus que les bêtes sur les hommes. Je ne nie cependant pas que les bêtes sentent ; mais je nie qu'il soit défendu pour cette raison d'aviser à notre intérêt, d'user d'elles et de les traiter suivant qu'il nous convient le mieux ; puisqu'elles ne s'accordent pas avec nous en nature et que leurs affections diffèrent en nature des affections humaines *(Scolie de la prop. 57, p. III)*. Il me reste à expliquer ce qu'est le juste, l'injuste, le péché et enfin le mérite. Mais voir pour cela le Scolie suivant.

Scolie II

Dans l'*Appendice* de la Première Partie, j'ai promis d'expliquer ce qu'est la louange et le blâme, le mérite et le péché, le juste et l'injuste. Sur la louange et le blâme je me suis expliqué dans le Scolie de la Proposition 29, partie III ; sur les autres points il y aura lieu de dire ici quelque chose. Mais auparavant il me faut dire quelques mots sur *l'état naturel et l'état civil de l'homme.*

Chacun existe par le droit suprême de la Nature, et conséquemment chacun fait par le droit suprême de la Nature ce qui suit de la nécessité de sa propre nature ; et ainsi chacun juge par le droit suprême de la Nature quelle chose est bonne, quelle mauvaise, ou avise à son intérêt suivant sa complexion *(Prop. 19 et 20)*, se venge *(Coroll. 2 de la Prop. 40, p. III)* et s'efforce de conserver ce qu'il aime, de détruire ce qu'il a en haine *(Prop. 28, p. III)*. Que si les hommes vivaient sous la conduite de la Raison chacun posséderait le droit qui lui appartient *(Coroll. 1 de la Prop. 35)*, sans aucun dommage pour autrui. Mais comme les hommes sont soumis à des affections *(Coroll. de la Prop. 4)* qui surpassent de beaucoup leur puissance ou l'humaine vertu *(Prop. 6)*, ils sont traînés en divers sens *(Prop. 33)* et sont contraires les uns aux autres *(Prop. 34)*, alors qu'ils ont besoin d'un secours mutuel *(Scolie de la Prop. 35)*. Afin donc que les hommes puissent vivre dans la concorde et être en aide les uns aux autres, il est nécessaire qu'ils renoncent à leur droit naturel et s'assurent les uns aux autres qu'ils ne feront rien qui puisse donner lieu à un dommage pour autrui. En quelle condition cela est possible, à savoir que les hommes, nécessairement soumis aux affections *(Coroll. de la Prop. 4)*, inconstants et changeants *(Prop. 33)*, puissent se donner cette assurance mutuelle et avoir foi les uns dans les autres, cela se voit par la Proposition 7 de cette Partie et la Proposition 39 de la troisième. J'y dis, en effet, que nulle affection ne peut être réduite, sinon par une affection plus forte et contraire à celle qu'on veut réduire, et que chacun s'abstient de porter dommage par la peur d'un dommage plus grand. Par cette loi donc une société pourra s'établir si elle revendique pour elle-même le droit qu'a chacun de se venger et de juger du bon et du mauvais, et qu'elle ait ainsi le pouvoir de prescrire une règle commune de vie, d'instituer des lois et de les maintenir, non par la Raison qui ne peut réduire les affections *(Scolie de la Prop. 17)*, mais par des menaces. Cette Société maintenue par des lois et le pouvoir qu'elle a de se conserver, est appelée *Cité*, et ceux qui sont la protection de son droit, *Citoyens* ; par où nous connaissons facilement que, dans l'état naturel, il n'y a rien qui soit bon ou mauvais du consentement de tous, puisque chacun, dans cet état naturel, avise seulement à sa propre utilité et, suivant sa complexion, décrète quelle chose est bonne, quelle mauvaise, n'ayant de règle que son intérêt, qu'enfin il n'est tenu par aucune loi d'obéir à personne, sinon à lui-même. Et ainsi dans l'état naturel le péché ne peut se concevoir, mais bien dans l'état civil, quand il a été décrété du consentement de tous quelle chose est bonne et quelle mauvaise, et que chacun est tenu d'obéir à la Cité. Le *péché* n'est donc rien d'autre que la désobéissance, laquelle est, pour cette raison, punie en vertu du seul droit de la Cité, et au contraire l'obéissance est comptée au Citoyen comme *mérite*, parce qu'il est par cela même jugé digne de jouir des avantages de la Cité. De plus, dans l'état naturel, nul n'est, du consentement commun, seigneur d'aucune chose, et il n'y a rien dans la Nature qui puisse être dit la chose de l'un ou de l'autre ; mais tout appartient à tous ; par suite, dans l'état naturel, on ne peut concevoir de volonté d'attribuer à chacun le sien, d'enlever à quelqu'un ce qui est à lui ; c'est-à-dire dans l'état naturel il n'y a rien qui puisse être dit *juste* ou *injuste* ; mais bien dans l'état civil, où du consentement commun il est décrété quelle chose est à l'un, quelle à l'autre. Il apparaît par là que le juste et l'injuste, le péché et le mérite sont des notions extrinsèques, non des attributs qui expliquent la nature de l'Âme.

VI

ROUSSEAU

GENÈSE SOCIALE DE LA SOCIABILITÉ

Rousseau, *Discours sur l'origine et les fondements de l'inégalité parmi les hommes*, GF-Flammarion, 1992, p. 222-231.

Dans la première partie de l'ouvrage, qui précède notre texte, Rousseau propose une anthropologie originale : faisant de « l'homme de la nature » un être essentiellement solitaire, il rompt de la manière la plus radicale avec la thèse classique de la sociabilité naturelle de l'homme. Rousseau va ici bien plus loin que Hobbes (voir texte n° 3) : l'homme de Hobbes était encore mû par des passions originelles impliquant autrui, fût-ce sur le mode du conflit. Rousseau sait gré à Hobbes d'avoir tenté de remonter à l'essence de l'homme sans poser la sociabilité comme un principe. Mais, ce faisant, Hobbes a pris « l'effet pour la cause » : il a considéré les passions relationnelles que sont la gloire et l'orgueil comme des passions primitives, alors qu'elles sont le résultat des formes les plus primitives de vie sociale. Rousseau, quant à lui, fait de l'homme naturel le contraire d'un être social : loin d'être en conflit avec son semblable, il ne le reconnaît pas pour tel, et n'entretient avec lui aucune relation régulière (la reproduction de l'espèce étant assurée par des contacts sexuels sans valeur morale, et toujours épisodiques). C'est l'indifférence qui caractérise le mieux les relations des hommes entre eux dans l'état de nature rousseauiste.

Après avoir éloigné, autant qu'il est possible, l'état de nature de l'état civil, le passage de l'un à l'autre ne peut être pensé par Rousseau que comme une véritable rupture, en elle-même inexplicable. Tout au plus Rousseau a-t-il introduit, dans son anthropologie, des conditions nécessaires à cette révolution : il s'agit des sentiments naturels que sont l'amour de soi – l'instinct de conservation – et la pitié – capacité d'identification à l'altérité au sens le plus large, c'est-à-dire humaine et animale. Il a enfin accordé à l'homme une faculté de perfectibilité, liée à une Raison qui, dans l'état de nature, est à peine développée.

Notre texte présente précisément les premiers pas de l'humanité vers la sociabilité, sur la base de cette anthropologie minimale. Il propose l'idée d'une genèse conjointe des passions et des dispositions rationnelles : toutes trouvent leur source dans une tendance à comparer les choses et les hommes entre eux. Les premières associations portent peu à peu les hommes à faire usage de leur raison pour comparer les difficultés propres à différentes entreprises, et aussi leurs talents respectifs. C'est ainsi que naissent l'orgueil, l'amour, les valeurs morales et esthétiques élémentaires (le beau, le bon). Parallèlement à cette genèse sociale des passions et des valeurs, l'homme développe sa raison, invente des techniques, produit ce que, en termes modernes, nous appelons la culture. La propriété privée pourra alors s'introduire, inaugurant une suite ininterrompue de malheurs. Mais, entre ces deux termes – le pur état de nature et la division du travail la plus poussée, en relation avec la propriété privée –, le « second état de nature » que nous peint Rousseau, celui de la « société déjà commencée », représente une sorte d'idéal : les relations sociales y sont suffisamment développées pour permettre l'expression des facultés propres à l'homme, mais les médiations entre les hommes y sont suffisamment peu nombreuses pour prémunir les hommes contre les formes les plus « civilisées » de la sociabilité, qui introduisent, entre l'homme et l'homme, une fatale insincérité.

Le premier sentiment de l'homme fut celui de son existence, son premier soin celui de sa conservation. Les productions de la terre lui fournissaient tous les secours nécessaires, l'instinct le porta à en faire usage. La faim, d'autres appétits lui faisant éprouver tour à tour diverses manières d'exister, il y en eut une qui l'invita à perpétuer son espèce ; et ce penchant aveugle, dépourvu de tout sentiment du cœur, ne produisait qu'un acte purement animal. Le besoin satisfait, les deux sexes ne se reconnaissaient plus, et l'enfant même n'était plus rien à sa mère sitôt qu'il pouvait se passer d'elle.

Telle fut la condition de l'homme naissant ; telle fut la vie d'un animal borné d'abord aux pures sensations, et profitant à peine des dons que lui offrait la nature, loin de songer à rien lui arracher ; mais il se présenta bientôt des difficultés, il fallut apprendre à les vaincre : la hauteur des arbres qui l'empêchait d'atteindre à leurs fruits, la concurrence des animaux qui cherchaient à s'en nourrir, la férocité de ceux qui en voulaient à sa propre vie, tout l'obligea de s'appliquer aux exercices du corps ; il fallut se rendre agile, vite à la course, vigoureux au combat. Les armes naturelles, qui sont les branches d'arbre et les pierres, se trouvèrent bientôt sous sa main. Il apprit à surmonter les obstacles de la nature, à combattre au besoin les autres animaux, à disputer sa subsistance aux hommes mêmes, ou à se dédommager de ce qu'il fallait céder au plus fort.

À mesure que le genre humain s'étendit, les peines se multiplièrent avec les hommes. La différence des terrains, des climats, des saisons, put les forcer à en mettre dans leurs manières de vivre. Des années stériles, des hivers longs et rudes, des étés brûlants qui consument tout, exigèrent d'eux une nouvelle industrie. Le long de la mer, et des rivières, ils inventèrent la ligne et l'hameçon, et devinrent pêcheurs et ichtyophages. Dans les forêts, ils se firent des arcs et des flèches, et devinrent chasseurs et guerriers. Dans les pays froids ils se couvrirent des peaux des bêtes qu'ils avaient tuées. Le tonnerre, un volcan, ou quelque heureux hasard, leur fit connaître le feu, nouvelle ressource contre la rigueur de l'hiver : ils apprirent à conserver cet élément, puis à le reproduire, et enfin à en préparer les viandes qu'auparavant ils dévoraient crues.

Cette application réitérée des êtres divers à lui-même, et les uns aux autres, dut naturellement engendrer dans l'esprit de l'homme les perceptions de certains rapports. Ces relations que nous exprimons par les mots de grand, de petit, de fort, de faible, de vite, de lent, de peureux, de hardi, et d'autres idées pareilles, comparées au besoin, et presque sans y songer, produisirent enfin chez lui quelque sorte de réflexion, ou plutôt une prudence machinale qui lui indiquait les précautions les plus nécessaires à sa sûreté.

Les nouvelles lumières qui résultèrent de ce développement augmentèrent sa supériorité sur les autres animaux, en la lui faisant connaître. Il s'exerça à leur dresser des pièges, il leur donna le change en mille manières, et quoique plusieurs le surpassassent en force au combat, ou en vitesse à la course, de ceux qui pouvaient lui servir ou lui nuire, il devint avec le temps le maître des uns, et le fléau des autres. C'est ainsi que le premier regard qu'il porta sur lui-même y produisit le premier mouvement d'orgueil ; c'est ainsi que sachant encore à peine distinguer les rangs, et se contemplant au premier par son espèce, il se préparait de loin à y prétendre par son individu.

Quoique ses semblables ne fussent pas pour lui ce qu'ils sont pour nous, et qu'il n'eût guère plus de commerce avec eux qu'avec les autres animaux, ils ne furent pas oubliés dans ses observations. Les conformités que le temps put lui faire apercevoir entre eux, sa femelle et lui-même, le firent juger de celles qu'il n'apercevait pas, et voyant qu'ils se conduisaient tous comme il aurait fait en de pareilles circonstances, il conclut que leur manière de penser et de sentir était entièrement conforme à la sienne, et cette importante vérité, bien établie dans son esprit, lui fit suivre par un pressentiment aussi sûr et plus prompt que la dialectique les meilleures règles de conduite que pour son avantage et sa sûreté, il lui convînt de garder avec eux.

Instruit par l'expérience que l'amour du bien-être est le seul mobile des actions humaines, il se trouva en état de distinguer les occasions rares où l'intérêt commun devait le faire compter sur l'assistance de ses semblables, et celles plus rares encore où la concurrence devait le faire défier d'eux. Dans le premier cas il s'unissait avec eux en troupeau, ou tout au plus par quelque sorte d'association libre qui n'obligeait personne, et qui ne durait qu'autant que le besoin passager qui l'avait formée. Dans le second chacun cherchait à prendre ses avantages, soit à force ouverte s'il croyait le pouvoir, soit par adresse et subtilité s'il se sentait le plus faible.

Voilà comment les hommes purent insensiblement acquérir quelque idée grossière des engagements mutuels, et de l'avantage de les remplir, mais seulement autant que pouvait l'exiger l'intérêt présent et sensible ; car la prévoyance n'était rien pour eux, et loin de s'occuper d'un avenir éloigné, ils ne songeaient pas même au lendemain. S'agissait-il de prendre un cerf, chacun sentait bien qu'il devait pour cela garder fidèlement son poste ; mais si un lièvre venait à passer à la portée de l'un d'eux, il ne faut pas douter qu'il ne le poursuivît sans scrupule, et qu'ayant atteint sa proie il ne se souciât fort peu de faire manquer la leur à ses compagnons.

Il est aisé de comprendre qu'un pareil commerce n'exigeait pas un langage beaucoup plus raffiné que celui des corneilles ou des singes, qui s'attroupent à peu près de même [...].

Ces premiers progrès mirent l'homme à portée d'en faire de plus rapides. Plus l'esprit s'éclairait, et plus l'industrie se perfectionna. Bientôt cessant de s'endormir sous le premier arbre, ou de se retirer dans des cavernes, on trouva quelques sortes de haches de pierres dures et tranchantes, qui servirent à couper du bois, creuser la terre et faire des huttes de branchages, qu'on avisa ensuite d'enduire d'argile et de boue. Ce fut là l'époque d'une première révolution qui forma l'établissement et la distinction des familles, et qui introduisit une sorte de propriété ; d'où peut-être naquirent déjà bien des querelles et des combats. Cependant comme les plus forts furent vraisemblablement les premiers à se faire des logements qu'ils se sentaient capables de défendre, il est à croire que les faibles trouvèrent plus court et plus sûr de les imiter que de tenter de les déloger ; et quant à ceux qui avaient déjà des cabanes, chacun dut peu chercher à s'approprier celle de son voisin, moins parce qu'elle ne lui appartenait pas que parce qu'elle lui était inutile et qu'il ne pouvait s'en emparer, sans s'exposer à un combat très vif avec la famille qui l'occupait.

Les premiers développements du cœur furent l'effet d'une situation nouvelle qui réunissait dans une habitation commune les maris et les femmes, les pères et les enfants ; l'habitude de vivre ensemble fit naître les plus doux sentiments qui soient connus des hommes, l'amour conjugal, et l'amour paternel. Chaque famille devint une petite société d'autant mieux unie que l'attachement réciproque et la liberté en étaient les seuls liens ; et ce fut alors que s'établit la première différence dans la manière de vivre des deux sexes, qui jusqu'ici n'en avaient eu qu'une. Les femmes devinrent plus sédentaires et s'accoutumèrent à garder la cabane et les enfants, tandis que l'homme allait chercher la subsistance commune. Les deux sexes commencèrent aussi par une vie un peu plus molle à perdre quelque chose de leur férocité et de leur vigueur : mais si chacun séparément devint moins propre à combattre les bêtes sauvages, en revanche il fut plus aisé de s'assembler pour leur résister en commun.

[...] Tout commence à changer de face. Les hommes errants jusqu'ici dans les bois, ayant pris une assiette plus fixe, se rapprochent lentement, se réunissent en diverses troupes, et forment enfin dans chaque contrée une nation particulière, unie de mœurs et de caractères, non par des règlements et des lois, mais par le même genre de vie et d'aliments, et par l'influence commune du climat. Un voisinage permanent ne peut manquer d'engendrer enfin quelque liaison entre diverses familles. De jeunes gens de différents sexes habitent des cabanes voisines, le commerce passager que demande la nature en amène bientôt un autre non moins doux et plus permanent par la fréquentation mutuelle. On s'accoutume à considérer différents objets et à faire des comparaisons ; on acquiert insensiblement des idées de mérite et de beauté qui produisent des sentiments de préférence. À force de se voir, on ne peut plus se passer de se voir encore. Un sentiment tendre et doux s'insinue dans l'âme, et par la moindre opposition devient une fureur impétueuse : la jalousie s'éveille avec l'amour ; la discorde triomphe et la plus douce des passions reçoit des sacrifices de sang humain.

[...] Mais il faut remarquer que la société commencée et les relations déjà établies entre les hommes exigeaient en eux des qualités différentes de celles qu'ils tenaient de leur constitution primitive ; que la moralité commençant à s'introduire dans les actions humaines, et chacun avant les lois étant seul juge et vengeur des offenses qu'il avait reçues, la bonté convenable au pur état de nature n'était plus celle qui convenait à la société naissante ; qu'il fallait que les punitions devinssent plus sévères à mesure que les occasions d'offenser devenaient plus fréquentes, et que c'était à la terreur des vengeances de tenir lieu du frein des lois. Ainsi quoique les hommes fussent devenus moins endurants, et que la pitié naturelle eût déjà souffert quelque altération, cette période du développement des facultés humaines, tenant un juste milieu entre l'indolence de l'état primitif et la pétulante activité de notre amour-propre, dut être l'époque la plus heureuse et la plus durable. Plus on y réfléchit, plus on trouve que cet état était le moins sujet aux révolutions, le meilleur à l'homme, et qu'il n'en a dû sortir que par quelque funeste hasard qui pour l'utilité commune eût dû ne jamais arriver.

VII

KANT

L'« INSOCIABLE SOCIABILITÉ DE L'HOMME »

Kant, *Idée d'une histoire universelle au point de vue cosmopolitique*, in *Opuscules sur l'histoire*, trad. S. Piobetta, GF-Flammarion, 1990, p. 74-77.

Dans la quatrième proposition de l'*Idée d'une histoire universelle au point de vue cosmopolitique*, Kant énonce la proposition fameuse selon laquelle l'« insociable sociabilité de l'homme » est à l'origine du développement de la *culture*, définie comme capacité acquise par l'humanité de se donner ses propres fins et de les réaliser. De plus, ce progrès vers la culture apparaît aussi comme un progrès vers la légalité, c'est-à-dire, chez Kant, vers la conformité des actions humaines à la loi morale.

Kant, on le voit, adopte ici une démarche explicitement finaliste, non seulement en pensant l'histoire comme un progrès, mais aussi en considérant l'insociable sociabilité comme un « moyen » dont se « sert » la nature en vue d'une fin. Cet usage du jugement téléologique (jugement de finalité, analysé dans la *Critique de la faculté de juger*) ne peut, selon Kant, donner lieu à une connaissance positive, mais a une fonction *régulatrice.* Kant considère en effet que l'on ne peut pas penser l'histoire humaine, la rendre au moins intelligible, sans supposer qu'une fin y soit à l'œuvre. On ne peut donner sens aux événements historiques sans se référer à cet horizon qu'est une société conforme au droit.

Or, à travers cette paradoxale insociable sociabilité, l'homme apparaît comme le lieu d'un *jeu de forces* antagonistes qui ouvre la voie à la pensée d'un dynamisme historique, et, de ce fait, à la possibilité du *progrès*. L'hypothèse finaliste permet alors d'établir un lien entre le progrès vers la culture et le progrès proprement *moral* de l'humanité. Ce lien, sous-jacent à la philosophie des Lumières, ne va pas de soi : Kant a en effet retenu de Rousseau l'idée que tout homme, du plus inculte au plus raffiné, est capable de « discernement moral », de sorte que la culture n'est pas une condition de la moralité. De plus, pour Kant, l'action morale est une action accomplie conformément à la loi morale et *au nom* de celle-ci, si bien qu'une société simplement légale n'est pas, par là même, morale. Ce qui se trouve suggéré ici, c'est que la culture, en tant que capacité de se donner des fins, a une valeur morale. Une société garantissant, par l'équilibre des forces qui animent les hommes, des relations interindividuelles conformes au droit donne une assise à la réalisation de la destination pratique de l'homme. Une telle société développe, par la culture, les dispositions humaines naturelles, que l'on doit penser comme autant de moyens pour réaliser cette fin ultime qu'est le *souverain bien*, compris comme monde naturel soumis à la loi morale. Ainsi, c'est à partir des mobiles les moins moraux (le désir de gloire, par exemple) qu'advient un « tout moral », ce pourquoi il est « pathologiquement extorqué ».

La cinquième proposition découle de la précédente : étant donné la fin que représente le développement de toutes les dispositions humaines, seule une constitution garantissant le droit peut y parvenir. En effet, en tant qu'être sensible, l'homme est porté à empiéter sur la liberté d'autrui, de sorte que seule la contrainte peut garantir des relations pacifiques entre les hommes, nécessaire à l'accomplissement du « dessein » de la nature. Précisément, l'insociable sociabilité des hommes les pousse, pour leur intérêt propre, à établir une telle constitution, même indépendamment d'une quelconque considération morale. Aussi les forces sensibles qui animent les hommes peuvent être vues comme une « ruse de la nature », en ce qu'elles les conduisent à vivre en société sous des lois, lesquelles favorisent le développement du « discernement moral ».

QUATRIÈME PROPOSITION

Le moyen dont la nature se sert pour mener à bien le développement de toutes ses dispositions est leur antagonisme *dans la Société, pour autant que celui-ci est cependant en fin de compte la cause d'une ordonnance légale de cette Société.* – J'entends ici par antagonisme l'*insociable sociabilité* des hommes, c'est-à-dire leur inclination à entrer en société, inclination qui est cependant doublée d'une répulsion générale à le faire, menaçant constamment de désagréger cette société. L'homme a un penchant à s'*associer*, car dans un tel état, il se sent plus qu'homme par le développement de ses dispositions naturelles. Mais il manifeste aussi une grande propension *à se détacher* (s'isoler), car il trouve en même temps en lui le caractère d'insociabilité qui le pousse à vouloir tout diriger dans son sens ; et, de ce fait, il s'attend à rencontrer des résistances de tous côtés, de même qu'il se sait par lui-même enclin à résister aux autres. C'est cette résistance qui éveille toutes les forces de l'homme, le porte à surmonter son inclination à la paresse et, sous l'impulsion de l'ambition, de l'instinct de domination ou de cupidité, à se frayer une place parmi ses compagnons qu'il supporte de mauvais gré, mais dont il ne peut se passer. L'homme a alors parcouru les premiers pas, qui de la grossièreté le mènent à la culture, dont le fondement véritable est la valeur sociale de l'homme ; c'est alors que se développent peu à peu tous les talents, que se forme le goût et que même, cette évolution vers la clarté se poursuivant, commence même à se fonder une forme de pensée qui peut avec le temps transformer la grossière disposition naturelle au discernement moral en principes pratiques déterminés. Par cette voie, un accord *pathologiquement* extorqué en vue de l'établissement d'une société, peut se convertir en un tout *moral*. Sans ces qualités d'insociabilité, peu sympathiques certes par elles-mêmes, source de la résistance que chacun doit nécessairement rencontrer à ses prétentions égoïstes, tous les talents resteraient à jamais enfouis en germes, au milieu d'une existence de bergers d'Arcadie, dans une concorde, une satisfaction, et un amour mutuel parfaits ; les hommes, doux comme les agneaux qu'ils font paître, ne donneraient à l'existence guère plus de valeur que n'en a leur troupeau domestique ; ils ne combleraient pas le néant de la création en considération de la fin qu'elle se propose comme nature raisonnable. Remercions donc la nature pour cette humeur peu conciliante, pour la vanité rivalisant dans l'envie, pour l'appétit insatiable de possession ou même de domination. Sans cela, toutes les dispositions naturelles excellentes de l'humanité seraient étouffées dans un éternel sommeil. L'homme veut la concorde, mais la nature sait mieux que lui ce qui est bon pour son espèce : elle veut la discorde. Il veut vivre commodément et à son aise ; mais la nature veut qu'il soit obligé de sortir de son inertie et de sa satisfaction passive, de se jeter dans le travail et dans la peine pour trouver en retour les moyens de s'en libérer sagement. Les ressorts naturels qui l'y poussent, les sources de l'insociabilité et de la résistance générale d'où jaillissent tant de maux, mais qui, par contre, provoquent aussi une nouvelle tension des forces et, par là un développement plus complet des dispositions naturelles, décèlent bien l'ordonnance d'un sage créateur et non pas la main d'un génie malfaisant qui se serait mêlé de bâcler le magnifique ouvrage du Créateur, ou l'aurait gâté par jalousie.

CINQUIÈME PROPOSITION

Le problème essentiel pour l'espèce humaine, celui que la nature contraint l'homme à résoudre, c'est la réalisation d'une Société civile *administrant le droit de façon universelle*. – Ce n'est que dans la société, et plus précisément dans celle où l'on trouve le maximum de liberté, par là même un antagonisme général entre les membres qui la composent, et où pourtant l'on rencontre aussi le maximum de détermination et de garantie pour les limites de cette liberté, afin qu'elle soit compatible avec celle d'autrui ; ce n'est que dans une telle société, disons-nous, que la nature peut réaliser son dessein suprême, c'est-à-dire le plein épanouissement de toutes ses dispositions dans le cadre de l'humanité. Mais la nature exige aussi que l'humanité soit obligée de réaliser par ses propres ressources ce dessein, de même que toutes les autres fins de sa destination. Par conséquent une société dans laquelle *la liberté soumise à des lois extérieures* se trouvera liée au plus haut degré possible à une puissance irrésistible, c'est-à-dire une organisation civile d'une équité parfaite, doit être pour l'espèce humaine la tâche suprême de la nature. Car la nature, en ce qui concerne notre espèce, ne peut atteindre ses autres desseins qu'après avoir résolu et réalisé cette tâche. C'est la détresse qui force l'homme, d'ordinaire si épris d'une liberté sans bornes, à entrer dans un tel état de contrainte, et, à vrai dire, c'est la pire des détresses : à savoir, celle que les hommes s'infligent les uns aux autres, leurs inclinations ne leur permettant pas de subsister longtemps les uns à côté des autres dans l'état de liberté sans frein. Mais alors, dans l'enclos que représente une association civile, ces mêmes inclinations produisent précisément par la suite le meilleur effet. Ainsi, dans une forêt, les arbres, du fait même que chacun essaie de ravir à l'autre l'air et le soleil, s'efforcent à l'envi de se dépasser les uns les autres, et, par suite, ils poussent beaux et droits. Mais, au contraire, ceux qui lancent en liberté leurs branches à leur gré, à l'écart d'autres arbres, poussent rabougris, tordus et courbés. Toute culture, tout art formant une parure à l'humanité, ainsi que l'ordre social le plus beau, sont les fruits de l'insociabilité, qui est forcée par elle-même de se discipliner, et d'épanouir de ce fait complètement, en s'imposant un tel artifice, les germes de la nature.

VIII

ELIAS

LE MONOPOLE ÉTATIQUE DE LA VIOLENCE EST À L'ORIGINE DE LA CIVILITÉ

Elias, *La Dynamique de l'Occident*, trad. P. Kamnitzer, © Calmann-Lévy, 1975-1991, p. 187-190.

Historien et sociologue, très influencé par Max Weber, Norbert Elias s'intéresse, dans *La Dynamique de l'Occident*, aux transformations sociales produites par l'avènement progressif de l'État dans les sociétés européennes, à partir de la fin du Moyen Âge. Dans une première partie, Norbert Elias décrit la « sociogenèse » de l'État, à partir de l'exemple de la France : l'État, défini, à l'instar de Max Weber, comme monopole de la violence légitime, est le résultat lointain de la concurrence violente entre « maisons féodales ». Il advient à partir du moment où l'une des maisons s'est approprié tous les domaines féodaux et finit par faire reconnaître sa souveraineté comme légitime. Ce processus de légitimation conduit à la formation d'un pouvoir proprement « public », par opposition avec le pouvoir purement privé que les seigneurs féodaux exerçaient sur leurs fiefs. Mais surtout, l'État, construction purement historique, retire aux particuliers tout usage légitime de la violence. Cette pacification est la condition du développement des échanges économiques, et permet d'établir des « réseaux » beaucoup plus longs entre les individus : l'État, d'une certaine manière, produit la société nationale, en unifiant à la fois le territoire et les mœurs.

C'est à ce dernier aspect que s'intéresse Norbert Elias dans la seconde partie, d'où est extrait notre texte : l'émergence de l'État transforme également la contrainte sociale en ce que Norbert Elias nomme « autocontrainte ». C'est que la légitimation du monopole étatique ne peut passer que par une intériorisation des contraintes, véritable refoulement des pulsions violentes aux effets imprévisibles. Elias, d'une certaine façon, historicise ici la théorie hobbesienne de l'État : pour Hobbes, en effet, l'État, objet d'une crainte absolue de la part de ses sujets, garantit en retour leur sécurité, et surtout, produit un univers social prévisible. La concurrence entre les agents sociaux ne disparaît pas, mais se transforme : elle ne peut plus passer par la violence brute, mais se fait dans les limites prescrites par l'État.

Norbert Elias, dans notre texte, tente précisément de mettre en rapport un fait collectif (l'État) avec l'« économie psychique » réglant la conduite des individus. Il voit dans ce processus de construction de l'État et d'intériorisation des contraintes sociales un « procès de civilisation » : en permettant une division très accusée des fonctions sociales, l'État rend les individus de plus en plus interdépendants ; et malgré la grande diversité des fonctions, on assiste à une certaine unification des mœurs du seul fait que tous les agents tendent, à un certain degré, à intérioriser les contraintes sociales dont l'État est la cause. Les relations entre les agents prennent ainsi un caractère réglé, policé, « civilisé ».
Outre l'intérêt intrinsèque de ce texte, il permet aussi de dépasser l'opposition entre les approches holistes et individualistes en sciences sociales (voir le Vademecum) : l'État est le résultat de la rencontre de plusieurs activités individuelles, orientées vers des fins bien assignables, tout en constituant une *configuration sociale* capable de faire peser une contrainte sur les individus, et notamment sur leur psychisme. Ce sont pourtant seulement les relations entre individus qui le font exister, et l'on ne saurait lui attribuer une réalité substantielle, comme le voyait bien Max Weber (voir le début de l'Introduction).

Le schéma des autocontraintes, les modèles du conditionnement des pulsions varient considérablement selon la fonction et la position de chaque individu à l'intérieur du réseau social. On observe de nos jours dans les différents secteurs du monde occidental des mécanismes d'autocontrainte d'une force et d'une stabilité très variables quand on les regarde de très près. Nous découvrons nombre de problèmes particuliers à la solution desquels la méthode sociogénétique peut sans doute apporter sa contribution. Mais la comparaison de ces mécanismes avec l'habitus des membres de sociétés moins différenciées relègue un peu à l'arrière-plan ces différences et gradations et fait ressortir avec une précision particulière les grandes lignes de la transformation qui nous intéresse ici en premier lieu : à mesure que se différencie le tissu social, le mécanisme sociogénétique de l'autocontrôle psychique évolue également vers une différenciation, une universalité et une stabilité plus grandes.

Mais la différenciation progressive des fonctions sociales n'est que la première transformation sociale, la plus universelle, qui s'impose à l'observateur désireux de dépister les modifications de l'habitus psychique qui amorcent le mouvement vers une « civilisation ». En réalité, ce mouvement s'accompagne d'une refonte complète du réseau social. Nous avons montré en détail pourquoi les organes d'une société dans laquelle la division des fonctions est peu développée se signalent, si la société en question a atteint un certain ordre de grandeur, par leur instabilité et leur fragilité relatives. Nous avons en effet montré que les tendances centrifuges et les mécanismes de la féodalisation sont peu à peu éliminés par un ensemble de contraintes relationnelles et remplacés par des organes centraux plus stables, par la monopolisation de la force militaire et policière. Or, la stabilité particulière des mécanismes d'autocontrainte psychique qui constitue le trait typique de l'habitus de l'homme « civilisé » est étroitement liée à la monopolisation de la contrainte physique et à la solidité croissante des organes sociaux centraux. C'est précisément la formation de monopoles qui permet la mise en place d'un mécanisme de « conditionnement social », grâce auquel chaque individu est éduqué dans le sens d'un autocontrôle rigoureux. C'est là l'origine du mécanisme d'autocontrôle individuel permanent dont le fonctionnement est en partie automatique.

La mise en place d'un monopole militaire et policier donne en général lieu à la création d'espaces pacifiés, de champs sociaux à l'intérieur desquels l'emploi de la violence ne saurait être que l'exception. Les contraintes qui agissent sur l'homme à l'intérieur de ces espaces sont d'une nature tout à fait différente. Des formes de violence qui ont toujours existé, mais qui jusque-là étaient intégrées à un complexe de violences physiques et psychiques, se maintiennent isolées ; la conscience des nouvelles normes s'incarne notamment dans la « violence économique », dans les contraintes économiques. En réalité, on observe dans les espaces humains où la violence physique n'occupe plus le devant de la scène et contribue tout au plus à inculquer aux individus des habitudes nouvelles, tout un ensemble de *violences* et de *contraintes*.

D'une manière générale, on peut affirmer que les modifications du comportement et de l'économie émotionnelle qui accompagnent la transformation des interrelations sociales impriment à l'évolution une direction bien déterminée : les sociétés au sein desquelles la violence n'est pas monopolisée sont toujours des sociétés où la division des fonctions est peu développée, où les chaînes d'actions qui lient leurs membres les uns aux autres sont courtes. Inversement, les sociétés dotées de monopoles de la contrainte physique plus consolidés – monopoles incarnés d'abord par les grandes cours princières ou royales – sont des sociétés où la division des fonctions est développée, où les chaînes d'actions sont longues, les interdépendances fonctionnelles des différents individus marquées. Dans de telles sociétés, l'individu est à peu près à l'abri d'une attaque subite, d'une atteinte brutale à son intégrité physique ; mais il est aussi forcé de refouler ses propres passions, ses pulsions agressives qui le poussent à faire violence à ses semblables. Les autres formes de contrainte qui prédominent dans les espaces pacifiés modèlent le comportement et les manifestations pulsionnelles des individus dans le même sens. Dans la mesure où s'amplifie le réseau d'interdépendances dans lequel la division des fonctions engage les individus ; où il s'étend à de nouveaux espaces humains, qui se fondent, par les effets de l'interdépendance, en une unité fonctionnelle ou institutionnelle, l'homme incapable de réprimer ses impulsions et passions spontanées compromet son existence sociale ; l'homme qui sait dominer ses émotions bénéficie au contraire d'avantages sociaux évidents, et chacun est amené à réfléchir, avant d'agir, aux conséquences de ses actes. Le refoulement des impulsions spontanées, la maîtrise des émotions, l'élargissement de l'espace mental, c'est-à-dire l'habitude de songer aux causes passées et aux conséquences futures de ses actes, voilà quelques aspects de la transformation qui suit nécessairement la monopolisation de la violence et l'élargissement du réseau des interdépendances. Il s'agit donc bien d'une transformation du comportement dans le sens de la « civilisation ».

La transformation de la noblesse, couche de chevaliers, en une couche de courtisans nous en fournit un exemple. Dans un champ où la violence est un événement inévitable et quotidien, où les chaînes de dépendance de l'individu sont relativement courtes, puisque la plupart des gens vivent des produits de leurs terres, le refoulement des pulsions et émotions n'est ni nécessaire, ni utile, ni même possible. La vie des guerriers, comme celle des autres personnes vivant dans une société de guerriers, est constamment menacée par des agressions brutales. Si l'on compare l'existence des membres d'une telle société à celle des membres d'une société pacifiée, on constate qu'elle incline aux extrêmes. Les guerriers ont toute latitude d'extérioriser leurs sentiments et leurs passions, ils peuvent se livrer à des joies sauvages, assouvir leurs appétits sexuels, donner libre cours à leur haine en dévastant tout ce qui appartient, de près ou de loin, à l'ennemi. Mais s'ils sont vaincus, ils sont exposés à la vengeance et à la cruauté du vainqueur, ils risquent d'être soumis à des tortures qui seront exclues des rapports quotidiens entre les hommes, le jour où le pouvoir central se réservera seul le droit d'infliger des souffrances, l'humiliation et la captivité. Par le fait même de cette monopolisation, la menace physique qui pèse sur chacun prend une allure plus impersonnelle ; elle ne dépend plus directement d'émotions spontanées ; elle est de plus en plus soumise à des règles et à des lois précises ; pour finir, elle s'adoucit – dans certaines limites et avec certaines fluctuations – même en cas de transgression de la loi.

II

ORIGINE ET FONDEMENT DE LA SOCIÉTÉ

IX

ARISTOTE

LA CITÉ, FIN DE TOUTES LES ASSOCIATIONS HUMAINES

Aristote, *Les Politiques*, trad. P. Pellegrin, GF-Flammarion, 1993, p. 85-93.

Dans l'extrait qui suit, Aristote énonce la proposition célèbre selon laquelle « l'homme est par nature un animal politique ». La cité se trouve présentée comme la quintessence de toutes les associations humaines, ce vers quoi toutes tendent. Il faut préciser qu'Aristote entend ici par « naturel » ce qui découle de l'« essence » d'un être, dans la mesure où celui-ci est animé par un mouvement immanent vers une fin déterminée (*telos*).

Ce passage, qui ouvre *Les Politiques*, peut se lire comme la suite immédiate de l'*Éthique à Nicomaque*. Aristote y montrait que le bien propre à l'homme ne peut être atteint qu'à travers la politique. L'exercice de la vertu supposait en effet que l'homme ait acquis des dispositions vertueuses, à force de pratique. D'où une sorte de genèse circulaire de la vertu (c'est en pratiquant la vertu qu'elle s'acquiert) qui nécessitait un agent extérieur, en l'occurrence le législateur, véritable précepteur du peuple. La cité, en gouvernant les citoyens par ses lois, les éduque moralement.

Ici, Aristote retrouve cette primauté de la cité, par une nouvelle argumentation. La cité apparaît désormais comme le terme ultime d'un enchaînement de « causes finales » : l'homme s'unit à une femme parce que c'est là une fin qui lui est immanente. Le couple ainsi constitué a pour fin propre la procréation et l'entretien d'une famille, et ainsi de suite jusqu'à la cité, qui se suffit à elle-même. Le finalisme d'Aristote, caractéristique de toute sa philosophie, est rendu manifeste par l'emploi d'une formule quasi proverbiale : « La nature ne fait rien en vain. »

C'est dans le passage du « village » à la « cité » qu'intervient une fin spécifique à l'homme. Alors que l'association de familles qu'est le village ne dépasse pas une finalité purement vitale, la cité a pour fin non pas simplement l'entretien de la vie, mais le « bien vivre ». Aussi la différence entre « village » et « cité » n'est pas une simple différence de taille, et « cité » signifie bien plus que « ville ». Le « bien vivre », conformément aux thèses défendues dans l'*Éthique à Nicomaque*, désigne une vie qui soit conforme à l'excellence de l'homme : « bien » prend un sens d'abord adverbial (au sens où un cithariste joue *bien* de son instrument). La cité est une « communauté achevée » dans la mesure même où elle est composée d'hommes achevés, au sens où il y a des « musiciens achevés », c'est-à-dire accomplissant *bien* les fonctions propres à leur nature. Le « bien proprement humain » – ni animal ni divin – doit donc être trouvé dans ce qui définit l'homme en propre : le langage, dont la fin ultime est la délibération publique en vue d'une vie conforme à la justice. Définir l'homme comme « animal politique » ou comme « animal qui parle » (autre définition admise par Aristote), c'est en fait tout un.

Certes, la cité est plus qu'une « société », et Aristote sait bien que tous les peuples ne sont pas organisés en cités. Mais c'est que les autres associations sont simplement moins parfaites. Dans l'esprit d'Aristote, les hommes sont plus ou moins aptes à bénéficier du « droit de cité » (d'où l'exclusion des « esclaves par nature »). Mais cette affirmation d'une inégalité entre les hommes peut être considérée comme contingente par rapport au propos général d'Aristote. La cité, même sans cette dernière hypothèse, peut continuer d'incarner la quintessence des communautés humaines, et le citoyen représenter l'homme accompli : l'exercice public de la parole en vue de dégager des principes de justice, « bien proprement humain », existe en effet en puissance chez tous les hommes, puisque tous parlent.

Puisque toute cité, nous le voyons, est une certaine communauté, et que toute communauté a été constituée en vue d'un certain bien (car c'est en vue de ce qui leur semble un bien que tous les hommes font ce qu'ils font), il est clair que toutes les communautés visent une certain bien, et que, avant tout, c'est le bien suprême entre tous que vise celle qui est la plus éminente de toutes et qui contient toutes les autres. Or c'est celle que l'on appelle la cité, c'est-à-dire la communauté politique.

Quant à ceux qui pensent qu'être homme politique, roi, chef de famille, maître d'esclave c'est la même chose, ils n'ont pas raison. C'est, en effet, selon le grand ou le petit nombre, pensent-ils, que chacune de ces fonctions diffère des autres, et non pas selon une différence spécifique : ainsi quand on commanderait à peu de gens on serait maître, à plus de gens chef de famille, et à encore plus homme politique ou roi, comme s'il n'y avait aucune différence entre une grande famille et une petite cité. Quant à la différence entre un homme politique et un roi, quand on a été placé soi-même au pouvoir on serait roi, mais quand on exerce le pouvoir selon les règles de la science qui fait que l'on est tour à tour gouvernant et gouverné on serait homme politique. Eh bien tout cela n'est pas vrai. Et ceci deviendra clair pour peu qu'on examine la question selon la méthode que nous suivons d'ordinaire. De même, en effet, que dans les autres domaines il est nécessaire de diviser le composé jusqu'à ses éléments non composés (c'est-à-dire les parties infimes du tout), de même aussi en considérant ce dont est formée la cité, nous verrons du même coup bien mieux en quoi ces différents pouvoirs diffèrent les uns des autres, et s'il est possible d'acquérir une conception technique de chacun de ceux que nous venons d'énumérer [...].

Ainsi, il est nécessaire tout d'abord que s'unissent les êtres qui ne peuvent exister l'un sans l'autre, par exemple la femme et l'homme en vue de la procréation (et il ne s'agit pas d'un choix réfléchi, mais comme aussi pour les autres animaux et les plantes d'une tendance naturelle à laisser après soi un autre semblable à soi) ; et celui qui commande et celui qui est commandé, et ce par nature, en vue de leur mutuelle sauvegarde. En effet, être capable de prévoir par la pensée c'est être par nature apte à commander c'est-à-dire être maître par nature, alors qu'être capable d'exécuter physiquement ces tâches c'est être destiné à être commandé c'est-à-dire être esclave par nature. C'est pourquoi la même chose est avantageuse à un maître et à un esclave.

Ainsi est-ce par nature que se distinguent la femme et l'esclave (car la nature ne fait rien chichement, comme le font les forgerons pour les couteaux de Delphes, mais elle fait une chose pour un seul usage ; car chaque instrument accomplira au mieux sa tâche s'il sert non à plusieurs fonctions mais à une seule). Chez les barbares pourtant la femme et l'esclave ont le même rang. La cause en est qu'ils n'ont pas la faculté naturelle de commander, mais il s'établit entre eux l'association d'une esclave et d'un esclave. C'est pourquoi, aux dires des poètes, « Aux barbares il convient que les Hellènes commandent » [Euripide, *Iphigénie à Aulis*, 1400], comme si par nature c'était la même chose qu'un barbare et un esclave. Ces deux communautés constituent la famille première, et c'est à juste titre qu'Hésiode a dit dans son poème : « D'abord une maison, une femme, un bœuf de labour » [*Les Travaux et les Jours*, 405], car le bœuf tient lieu de serviteur aux pauvres. D'une part, donc, la communauté naturelle constituée en vue de la vie de tous les jours c'est la famille, dont les membres sont appelés compagnons par Charondas et commensaux par Épiménide de Crète. D'autre part, la communauté première formée de plusieurs familles en vue de relations qui ne soient plus seulement celles de la vie quotidienne, c'est le village. Réalité tout à fait naturelle, le village semble être une colonie de la famille, et certains appellent ses membres des gens qui ont tété le même lait, des enfants et des petits-enfants. C'est aussi pourquoi les cités ont d'abord été gouvernées par des rois, et que c'est encore aujourd'hui le cas des peuplades. Elles se sont en effet constituées de gens soumis à un roi, car toute famille est régie par le plus âgé, de sorte que les colonies de familles le sont aussi du fait de la parenté de leurs membres. Et c'est ce que dit Homère : « Chacun fait la loi pour ses enfants et ses femmes » [*Odyssée*, IX, 114 : il s'agit des cyclopes], car les gens en question étaient dispersés : c'est ainsi que l'on vivait autrefois. Et des dieux eux aussi tous les hommes prétendent qu'ils sont soumis à un roi, parce que certains d'entre eux sont encore aujourd'hui soumis à des rois et que les autres l'ont été jadis, et de même que les hommes se les représentent à leur image, de même supposent-ils aux dieux une vie comparable à la leur.

Et la communauté achevée formée de plusieurs villages est une cité dès lors qu'elle a atteint le niveau de l'autarcie pour ainsi dire complète ; s'étant donc constituée pour permettre de vivre, elle permet, une fois qu'elle existe, de mener une vie heureuse. Voilà pourquoi toute cité est naturelle puisque les communautés antérieures dont elle procède le sont aussi. Car elle est leur fin, et la nature est fin : ce que chaque chose, en effet, est une fois que sa genèse est complètement achevée, c'est cela que nous disons être la nature de cette chose, par exemple la nature d'un homme, d'un cheval, d'une famille. De plus le ce en vue de quoi, c'est-à-dire la fin, c'est le meilleur, et l'autarcie est à la fois une fin et quelque chose d'excellent.

Il est manifeste, à partir de cela, que la cité fait partie des choses naturelles, et que l'homme est par nature un animal politique, et que celui qui est hors cité, naturellement bien sûr et non par le hasard des circonstances, est soit un être dégradé soit un être surhumain, et il est comme celui qui est injurié en ces termes par Homère : « sans lignage, sans loi, sans foyer » [*Iliade*, IX, 63].

Car un tel homme est du coup naturellement passionné de guerre, étant comme un pion isolé au jeu de trictrac. C'est pourquoi il est évident que l'homme est un animal politique plus que n'importe quelle abeille et que n'importe quel animal grégaire. Car, comme nous le disons, la nature ne fait rien en vain ; or seul parmi les animaux l'homme a un langage. Certes la voix est le signe du douloureux et de l'agréable, aussi la rencontre-t-on chez les animaux ; leur nature, en effet, est parvenue jusqu'au point d'éprouver la sensation du douloureux et de l'agréable et de se les signifier mutuellement. Mais le langage existe en vue de manifester l'avantageux et le nuisible, et par suite aussi le juste et l'injuste. Il n'y a en effet qu'une chose qui soit propre aux hommes par rapport aux autres animaux : le fait que seuls ils aient la perception du bien, du mal, du juste, de l'injuste et des autres notions de ce genre. Or avoir de telles notions en commun c'est ce qui fait une famille et une cité.

De plus une cité est par nature antérieure à une famille et à chacun de nous. Le tout, en effet, est nécessairement antérieur à la partie, car le corps entier une fois détruit, il n'y a plus ni pied ni main, sinon par homonymie, comme quand on parle d'une main de pierre, car c'est après la mort qu'une main sera telle, mais toutes les choses se définissent par leur fonction et leur vertu, de sorte que quand elles ne les ont plus il ne faut pas dire qu'elles sont les mêmes, mais qu'elles n'ont que le même nom. Que donc la cité soit à la fois par nature et antérieure à chacun de ses membres, c'est clair. S'il est vrai, en effet, que chacun pris séparément n'est pas autosuffisant, il sera dans la même situation que les autres parties vis-à-vis du tout, alors que celui qui n'est pas capable d'appartenir à une communauté ou qui n'en a pas besoin parce qu'il se suffit à lui-même n'est en rien une partie d'une cité, si bien que c'est soit une bête soit un dieu. C'est donc par nature qu'il y a chez tous les hommes la tendance vers une communauté de ce genre, mais le premier qui l'établit n'en fut pas moins cause des plus grands biens. De même, en effet, qu'un homme accompli est le meilleur des animaux, de même aussi quand il a rompu avec loi et justice est-il le pire de tous. Car la plus terrible des injustices c'est celle qui a des armes. Or l'homme naît pourvu d'armes en vue d'acquérir prudence et vertu, dont il peut se servir à des fins absolument inverses. C'est pourquoi il est le plus impie et le plus féroce quand il est sans vertu et il est le pire des animaux dans ses dérèglements sexuels et gloutons. Or la vertu de justice est politique, car la justice introduit un ordre dans la communauté politique, et la justice démarque le juste de l'injuste.

X

HOBBES

LE PACTE SOCIAL MET FIN À LA GUERRE DE TOUS CONTRE TOUS

Hobbes, *Le Citoyen*, trad. S. Sorbière, GF-Flammarion, 1982, p. 139-144.

Dans l'extrait précédent du *Citoyen* (texte n° 3), on a vu que Hobbes récusait l'idée de sociabilité naturelle, tout en décrivant comme conflictuelles, et donc déjà relationnelles, les passions qui agitent les hommes dans l'état de nature. La crainte apparaissait comme le seul fondement possible d'une vie sociale pacifique.

Pour Hobbes, il s'agit désormais de montrer l'enchaînement rationnel par lequel l'humanité passe de la guerre de tous contre tous à l'état de société. Gouverné par l'espérance et par la crainte, et disposant d'une raison calculatrice qui lui permet de comparer des coûts et des profits, l'homme, dans l'état de nature, est placé dans une insécurité permanente, et est capable de concevoir des lois, dites « lois de la nature », qui, si elles étaient respectées par tous, assureraient la paix et amélioreraient les chances de survie de chacun. Mais si tous ont connaissance de ces lois, leur effectivité n'est pourtant pas garantie. En effet, chacun a toujours intérêt à enfreindre pour son avantage des lois que tous les autres respecteraient. Aussi toute loi de la nature engendre une loi seconde, condition de l'effectivité de la première (par exemple, la loi selon laquelle « il faut chercher la paix » a pour condition d'effectivité la loi du respect des engagements, et ainsi de suite). Tous les hommes font le même « calcul » des lois de la nature, et c'est ce qui permet d'échapper à une régression indéfinie telle que nous l'avons esquissée : le terme du calcul, c'est en effet l'idée d'un pacte social, aux clauses bien déterminées, pacte qui fonderait l'effectivité des lois.

Ce texte présente la fin de cet enchaînement logique : pour rendre effective la paix, le contrat doit consister en l'aliénation totale à la communauté de la puissance et de la liberté de chacun. Cette aliénation produit une personne morale, le souverain, incarné par une ou plusieurs personnes physiques qui représentent l'unité de la société, et sont dotées d'un pouvoir absolu. Le souverain doit donc aussi n'être pas partie prenante au contrat, sans quoi son pouvoir ne serait plus absolu. Hobbes, parmi les premiers, identifie donc le pacte d'association qui donne naissance à la société à un pacte de soumission au souverain, alors que les auteurs antérieurs (Grotius, Pufendorf) distinguaient les deux. Le pacte social ne supprime donc pas la crainte qui a cours dans l'état de nature, mais fait passer d'un état où chacun craint tout le monde à un autre où il n'y a plus qu'un seul objet de crainte et une seule volonté, le souverain. La monopolisation de la violence fait advenir un monde social plus régulier, plus prévisible, de sorte que le pouvoir absolu du prince assure une forme de sécurité, quel que soit l'usage qu'il en fait. Dorénavant, les hommes sont tous également impuissants et dominés par le souverain. La suppression de la liberté des individus à user de leur puissance physique comme bon leur semble revient à supprimer un principe majeur d'incertitude, et donc, de crainte. La société politique s'établit sur la base des passions, des sentiments et des facultés qui caractérisent l'homme dans l'état de nature, mais en les ordonnant de façon à assurer des relations pacifiques – tout comme un ingénieur construit une machine en assemblant différents éléments afin de produire un phénomène nouveau, sans pour autant qu'ils cessent d'obéir aux mêmes lois physiques qu'auparavant.

I. C'est une chose évidente de soi-même, que toutes les actions que les hommes font, en tant qu'hommes, viennent de leur volonté et que cette volonté est gouvernée par l'espérance et par la crainte ; de sorte qu'ils se portent aisément à enfreindre les lois, toutes fois et quantes que, de cette enfreinte, ils peuvent espérer qu'il leur en réussira un *plus grand bien,* ou qu'il leur en arrivera un *moindre mal*. Par ainsi, toute l'espérance que quelqu'un a d'être en sûreté, et de bien établir sa conservation propre, est fondée en la force et en l'adresse, par lesquelles il espère d'éluder ou de prévenir les desseins de son prochain, ce qui prouve que les lois de nature n'obligent pas une personne à les observer incontinent qu'elles lui sont connues, comme si elles lui promettaient toute sorte de sûreté : mais que tandis que nous n'avons point d'autre précaution contre l'invasion d'autrui, nous devons nous tenir sur nos gardes, et jouir de ce *premier droit* que la nature donne *sur toutes choses*, et qui nous laisse dans l'*état de guerre* : car il suffit à quelqu'un pour accomplir la *loi de nature,* qu'il ait une disposition intérieure à la paix, lorsqu'il ne tiendra point aux autres qu'elle ne soit entretenue.

II. C'est un dire commun, que *les lois se taisent là où les armes parlent,* et qui n'est pas moins vrai de la loi de nature, que des lois civiles, si l'on regarde aux actions d'une personne ; plutôt que dans le fond de son âme [...], et si l'on considère les hommes en cet état de guerre, où ils sont tous armés naturellement les uns contre les autres. À la vérité, aux guerres qui se font de nation contre nation, il y a quelque réserve à faire ; et on a vu jadis en cette forme de vie, qui n'était que piraterie et brigandage, quelque espèce d'économie qui y était observée. Ces fameux voleurs pratiquaient cela, qu'enlevant tout ce qu'ils rencontraient, ils épargnaient la vie des personnes, et leur laissaient leurs bœufs et leurs instruments d'agriculture. L'état des choses humaines les tirait du blâme d'enfreindre la loi de nature, et ce n'était pas sans quelque gloire qu'ils exerçaient leurs rapines, pourvu qu'ils s'abstinssent des cruautés de la guerre. Toutefois, je n'avance pas cette clause comme si j'estimais qu'en l'état de nature les hommes soient obligés à aucunes lois de douceur et d'humanité ; mais parce que la cruauté étant un reflet de la crainte, ceux qui l'exercent effacent toute la gloire de leurs plus belles actions.

III. Puis donc qu'il est nécessaire pour l'entretien de la paix, de mettre en usage les *lois de nature*, et que cette pratique demande préalablement des *assurances* certaines, il faut voir d'où c'est que nous pourrons avoir cette *garantie*. Il ne se peut rien imaginer pour cet effet, que de donner à chacun de telles précautions, et de laisser prémunir d'un tel secours, que l'invasion du bien d'autrui soit rendue si dangereuse à celui qui la voudrait entreprendre, que chacun aime mieux se tenir dans l'ordre des lois, que de les enfreindre. Mais il est évident que le consentement de deux ou de trois personnes ne peut pas causer des assurances bien fermes, et telles que nous demandons, à cause que contre une si petite ligue il s'en trouverait aisément une plus forte ennemie, qui oserait tout entreprendre, sur l'espérance qu'elle aurait d'une victoire infaillible. C'est pourquoi il est nécessaire, afin de prendre de meilleures assurances, que le nombre de ceux qui forment une ligue défensive soit si grand, qu'un petit surcroît qui surviendra aux ennemis ne soit pas considérable, et ne leur rende pas la victoire infaillible.

IV. Mais quelque grand que soit le nombre de ceux qui s'unissent pour leur défense commune, ils n'avanceront guère, s'ils ne sont pas d'accord des moyens les plus propres, et si chacun veut employer ses forces à sa fantaisie. Les avis différents qu'ils apporteront aux délibérations leur serviront d'obstacle. Et bien que quelquefois l'espérance de la victoire, du butin ou de la vengeance, les fasse concourir en la résolution de quelque dessein ; toutefois quand il faudra ensuite en venir à l'exécution, les conseils ne seront pas moins divers que les esprits, l'émulation et l'envie, si ordinaires parmi les hommes, se mettront à la traverse et feront en sorte qu'ils ne se prêteront aucune assistance mutuelle, et qu'à peine ils voudront demeurer en paix entre eux-mêmes, si la crainte de quelque ennemi commun ne fait suspendre l'effet de leur mésintelligence. D'où je tire cette conséquence, que le *consentement* de plusieurs têtes (que je fais consister en cela seulement, qu'ils dirigent toutes leurs actions à une même fin et à un bien *commun),* qu'une ligue simplement défensive, ne donne pas aux confédérés une pleine assurance d'observer entre eux les lois de nature ci-dessus rapportées ; mais qu'il est de besoin que survienne quelque chose de plus pressant, afin que ceux qui auront une fois prêté leur consentement à la paix, et à un secours réciproque pour le *bien public,* n'entrent après cela derechef en dissension, lorsque leur intérêt particulier et celui du public se trouveront contraires. Il faut, dis-je, qu'il y ait quelque crainte qui les empêche de tomber dans ce désordre. [...]

VI. Puis donc que la *conspiration* de plusieurs volontés tendantes à une même fin ne suffit pas pour l'entretenement de la paix, et pour jouir d'une défense assurée ; qu'il faut qu'il y ait *une seule volonté* de tous, qui donne ordre aux choses nécessaires pour la manutention de cette paix et de cette commune défense. Or cela ne se peut faire, si chaque particulier ne soumet sa volonté propre à celle d'un certain autre, ou d'une certaine assemblée, dont l'avis sur les choses qui concernent la paix générale soit absolument suivi et tenu pour celui de tous ceux qui composent le corps de la république. Je définis ce conseil, une assemblée de plusieurs personnes qui délibèrent de ce qu'il faut faire, ou ne pas faire, pour le bien commun de tous les concitoyens.

VII. Cette *soumission de la volonté* de tous les particuliers *à celle d'un homme seul,* ou d'une assemblée, arrive lorsque chacun témoigne qu'il s'oblige à ne pas résister à la volonté de cet *homme* ou de cette *cour*, à laquelle il s'est soumis ; et cela en promettant qu'il ne lui refusera point son secours, ni l'usage de ses moyens contre quelque autre que ce soit (car on ne peut pas se dessaisir du droit naturel de se défendre, ni prêter la main contre soi-même), ce qui se nomme proprement *union.* Or, on entend que ce qui est l'avis de la plus grande partie du *conseil,* soit l'avis de toute l'assemblée.

VIII. Mais bien que la *volonté* ne puisse pas être dite volontaire et qu'elle soit tant seulement le principe des actions auxquelles on donne ce titre (car on ne veut pas vouloir et on ne veut que ce qu'il faut faire) ; et que par conséquent on ne puisse point faire d'accord, ni entrer en délibération des actes de la volonté ; si est-ce que celui qui soumet sa volonté à celle d'un autre, lui fait transport du droit qu'il a sur ses forces et sur ses facultés propres, de sorte que tous les autres faisant la même transaction, celui auquel on se soumet en acquiert de si grandes forces, qu'elles peuvent faire trembler tous ceux qui se voudraient désunir et rompre les liens de la concorde ; ce qui les retient dans le devoir et l'obéissance.

XI

SMITH

DU PRINCIPE QUI DONNE LIEU À LA DIVISION DU TRAVAIL

Smith, *Recherches sur la nature et les causes de la richesse des nations*, tome 1, trad. G. Garnier, revue par A. Blanqui, GF-Flammarion, 1991, p. 81-84.

Ce texte d'Adam Smith prend place au tout début de l'ouvrage. Il suit immédiatement le premier chapitre, dans lequel Smith montrait que la division du travail permet un accroissement immense de la richesse publique. Après avoir mis en évidence l'utilité, pour la société, de la division du travail, Smith cherche à remonter à son origine.

Le problème central de la philosophie politique moderne, tel que le développent les théories classiques du contrat social, est celui de l'opposition entre les intérêts privés et le bien public. Du point de vue de Smith, l'utilité collective de la division du travail ne suffit pas à elle seule à en comprendre l'origine. Il s'agit maintenant de se placer du point de vue de l'individu, sans voir dans la division du travail « l'effet d'une sagesse humaine qui ait prévu et qui ait eu pour but cette opulence générale qui en est le résultat ». C'est dans un penchant à trafiquer que Smith voit la source de la division du travail, sans qu'il se prononce sur le caractère naturel ou acquis de ce penchant, mais la fiction d'une société primitive où prévaut le troc, sans limitation aucune, montre bien que Smith conçoit les mécanismes du marché comme une sorte d'économie naturelle.

L'échange de biens entre deux individus ne peut se faire que si chacun trouve dans le bien qu'il acquiert quelque chose qui « vaut » autant que le bien qu'il aliène : cette mesure commune n'est autre que la quantité de travail nécessaire à la production d'un bien donné. Le penchant au trafic fait émerger un principe d'équivalence entre des biens de nature différente, ce qui rend possible la spécialisation dans une activité. Ce texte a une importance centrale dans l'histoire de la pensée économique, en ce qu'il énonce la *« théorie de la valeur-travail »*, théorie reprise par les économistes classiques, dont, sous ce rapport, Marx fait partie.

Mais la pensée d'Adam Smith prend son sens plein dans son rapport avec les questions soulevées par la philosophie politique au XVIIIe siècle. Adam Smith rompt ici avec la notion de contrat social, sous deux

aspects : premièrement, le « penchant au trafic » permet d'expliquer l'existence d'un ordre social spontané, hors de tout accord conscient entre les hommes, donc sans contrat social. Les échanges interindividuels suffisent à produire un *marché*, dans lequel le *prix*, et non pas, par exemple, le vote, suffit à mettre tout le monde d'accord. Deuxièmement, l'antagonisme tant redouté entre intérêt privé et intérêt public se trouve supprimé par l'analyse de Smith : en poursuivant leur intérêt propre, les hommes, à leur insu, contribuent à une division du travail toujours plus poussée, à l'avantage de la société tout entière.
Selon l'analyse proposée par Albert Hirschman dans *Les Passions et les Intérêts*, l'extrait suivant témoigne d'un véritable changement de paradigme : alors que la notion de contrat social apparaît comme une solution au désordre des passions, au moyen de ce ressort fondamental qu'est la crainte (passion qui vient s'opposer à d'autres passions, selon un modèle quasi mécanique), la notion de marché substitue au conflit des passions la diversité des intérêts, régulée par le mécanisme du prix. L'égoïsme privé n'apparaît plus comme ce que la société réfrène pour se conserver, mais, au contraire, comme la source même du bonheur collectif (pensé comme « somme » des bonheurs individuels).

Cette *division du travail*, de laquelle découlent tant d'avantages, ne doit pas être regardée dans son origine comme l'effet d'une sagesse humaine qui ait prévu et qui ait eu pour but cette opulence générale qui en est le résultat ; elle est la conséquence nécessaire, quoique lente et graduelle, d'un certain penchant naturel à tous les hommes qui ne se proposent pas des vues d'utilité aussi étendues : c'est le penchant qui les porte à trafiquer, à faire des trocs et des échanges d'une chose pour une autre.

Il n'est pas de notre sujet d'examiner si ce penchant est un de ces premiers principes de la nature humaine dont on ne peut pas rendre compte, ou bien, comme cela paraît plus probable, s'il est une conséquence nécessaire de l'usage de la raison et de la parole. Il est commun à tous les hommes, et on ne l'aperçoit dans aucune autre espèce d'animaux, pour lesquels ce genre de contrat est aussi inconnu que tous les autres. Deux lévriers qui courent le même lièvre ont quelquefois l'air d'agir de concert. Chacun d'eux renvoie le gibier vers son compagnon ou bien tâche de le saisir au passage quand il le lui renvoie. Ce n'est toutefois l'effet d'aucune convention entre ces animaux, mais seulement celui du concours accidentel de leurs passions vers un même objet. On n'a jamais vu de chien faire de propos délibéré l'échange d'un os avec un autre chien. On n'a jamais vu un animal chercher à faire entendre à un autre par sa voix ou ses gestes : *Ceci est à moi, cela est à toi ; je te donnerai l'un pour l'autre*. Quand un animal veut obtenir quelque chose d'un autre animal ou d'un homme, il n'a pas d'autre moyen que de chercher à gagner la faveur de celui dont il a besoin. Le petit caresse sa mère, et le chien qui assiste au dîner de son maître s'efforce par mille manières d'attirer son attention pour en obtenir à manger. L'homme en agit quelquefois de même avec ses semblables, et quand il n'a pas d'autre voie pour les engager à faire ce qu'il souhaite, il tâche de gagner leurs bonnes grâces par des flatteries et des attentions serviles. Il n'a cependant pas toujours le temps de mettre ce moyen en œuvre. Dans une société civilisée, il a besoin à tout moment de l'assistance et du concours d'une multitude d'hommes, tandis que toute sa vie suffirait à peine pour lui gagner l'amitié de quelques personnes. Dans presque toutes les espèces d'animaux, chaque individu, quand il est parvenu à sa pleine croissance, est tout à fait indépendant et, tant qu'il reste dans son état naturel, il peut se passer de l'aide de toute autre créature vivante. Mais l'homme a presque continuellement besoin du secours de ses semblables, et c'est en vain qu'il l'attendrait de leur seule bienveillance. Il sera bien plus sûr de réussir, s'il s'adresse à leur intérêt personnel et s'il leur persuade que leur propre avantage leur commande de faire ce qu'il souhaite d'eux. C'est ce que fait celui qui propose à un autre un marché quelconque ; le sens de sa proposition est ceci : *Donnez-moi ce dont j'ai besoin, et vous aurez de moi ce dont vous aurez besoin vous-mêmes* ; et la plus grande partie de ces bons offices qui nous sont nécessaires s'obtiennent de cette façon. Ce n'est pas de la bienveillance du boucher, du marchand de bière et du boulanger, que nous attendons notre dîner, mais bien du soin qu'ils apportent à leurs intérêts. Nous ne nous adressons pas à leur humanité, mais à leur égoïsme ; et ce n'est jamais de nos besoins que nous leur parlons, c'est toujours de leur avantage. Il n'y a qu'un mendiant qui puisse se résoudre à dépendre de la bienveillance d'autrui ; encore ce mendiant n'en dépend-il pas en tout ; c'est bien la bonne volonté des personnes charitables qui lui fournit le fonds entier de sa subsistance ; mais quoique ce soit là en dernière analyse le principe d'où il tire de quoi satisfaire aux besoins de sa vie, cependant ce n'est pas celui-là qui peut y pourvoir à mesure qu'ils se font sentir. La plus grande partie de ces besoins du moment se trouvent satisfaits, comme ceux des autres hommes, par traité, par échange et par achat. Avec l'argent que l'un lui donne, il achète du pain. Les vieux habits qu'il reçoit d'un autre, il les troque contre d'autres vieux habits qui l'accommodent mieux, ou bien contre un logement, contre des aliments, ou enfin contre de l'argent qui lui servira à se procurer un logement, des aliments ou des habits quand il en aura besoin.

Comme c'est ainsi par traité, par troc et par achat que nous obtenons la plupart de ces bons offices qui nous sont mutuellement nécessaires, c'est cette même disposition à trafiquer qui a dans l'origine donné lieu à la *division du travail*. Par exemple, dans une tribu de chasseurs ou de bergers, un individu fait des arcs et des flèches avec plus de célérité et d'adresse qu'un autre. Il troquera fréquemment ces objets avec ses compagnons contre du bétail ou du gibier, et il ne tarde pas à s'apercevoir que, par ce moyen, il pourra se procurer plus de bétail et de gibier que s'il allait lui-même à la chasse. Par calcul d'intérêt donc, il fait sa principale occupation des arcs et des flèches, et le voilà devenu une espèce d'armurier. Un autre excelle à bâtir et à couvrir les petites huttes ou cabanes mobiles ; ses voisins prennent l'habitude de l'employer à cette besogne, et de lui donner en récompense du bétail ou du gibier, de sorte qu'à la fin il trouve qu'il est de son intérêt de s'adonner exclusivement à cette besogne et de se faire en quelque sorte charpentier ou constructeur. Un troisième devient de la même manière forgeron ou cordonnier ; un quatrième est le tanneur ou le corroyeur des peaux ou cuirs qui forment le principal revêtement des sauvages. Ainsi, la certitude de pouvoir troquer tout le produit de son travail qui excède sa propre consommation, contre un pareil surplus du produit du travail des autres qui peut lui être nécessaire, encourage chaque homme à s'adonner à une occupation particulière, et à cultiver et perfectionner tout ce qu'il peut avoir de talent et d'intelligence pour cette espèce de travail.

Dans la réalité, la différence des talents naturels entre les individus est bien moindre que nous ne le croyons, et les aptitudes si différentes qui semblent distinguer les hommes de diverses professions quand ils sont parvenus à la maturité de l'âge ne sont pas tant la cause que l'effet de la *division du travail*, en beaucoup de circonstances. La différence entre les hommes adonnés aux professions les plus opposées, entre un philosophe, par exemple, et un portefaix, semble provenir beaucoup moins de la nature que de l'habitude et de l'éducation. Quand ils étaient l'un et l'autre au commencement de leur carrière, dans les six ou huit premières années de leur vie, il y avait peut-être entre eux une telle ressemblance que leurs parents ou camarades n'y auraient pas remarqué de différence sensible. Vers cet âge ou bientôt après, ils ont commencé à être employés à des occupations fort différentes. Dès lors a commencé entre eux cette disparité qui s'est augmentée insensiblement, au point qu'aujourd'hui la vanité du philosophe consentirait à peine à reconnaître un seul point de ressemblance. Mais, sans la disposition des hommes à trafiquer et à échanger, chacun aurait été obligé de se procurer lui-même toutes les nécessités et commodités de la vie. Chacun aurait eu la même tâche à remplir et le même ouvrage à faire, et il n'y aurait pas eu lieu à cette grande différence d'occupations, qui seule peut donner naissance à une grande différence de talents.

Comme c'est ce penchant à troquer qui donne lieu à cette diversité de talents, si remarquable entre hommes de différentes professions, c'est aussi ce même penchant qui rend cette diversité utile. Beaucoup de races d'animaux, qu'on reconnaît pour être de la même espèce, ont reçu de la nature des caractères distinctifs et des aptitudes différentes beaucoup plus sensibles que celles qu'on pourrait observer entre les hommes, antérieurement à l'effet des habitudes et de l'éducation. Par nature, un philosophe n'est pas de moitié aussi différent d'un portefaix, en aptitude et en intelligence, qu'un mâtin l'est d'un lévrier, un lévrier d'un épagneul, et celui-ci d'un chien de berger. Toutefois, ces différentes races d'animaux, quoique de même espèce, ne sont presque d'aucune utilité les uns pour les autres. Le mâtin ne peut pas ajouter aux avantages de sa force en s'aidant de la légèreté du lévrier, ou de la sagacité de l'épagneul, ou de la docilité du chien de berger. Les effets de ces différentes aptitudes ou degrés d'intelligence, faute d'une faculté ou d'un penchant au commerce et à l'échange, ne peuvent être mis en commun, et ne contribuent pas le moins du monde à l'avantage ou à la commodité commune de l'espèce. Chaque animal est toujours obligé de s'entretenir et de se défendre lui-même à part et indépendamment des autres, et il ne peut retirer la moindre utilité de cette variété d'aptitudes que la nature a réparties entre ses pareils. Parmi les hommes, au contraire, les talents les plus disparates sont utiles les uns aux autres ; les différents produits de leur industrie respective, au moyen de ce penchant universel à troquer et à commercer, se trouvent mis, pour ainsi dire, en une masse commune où chaque homme peut aller acheter, suivant ses besoins, une portion quelconque du produit de l'industrie des autres.

XII

FREUD

L'ORIGINE DU TABOU DE L'INCESTE

Freud, *Totem et Tabou*, trad. S. Jankélévitch,
© Payot, 1965, p. 194-198.

Dans *Totem et Tabou*, Freud s'efforce, d'une part, d'appliquer la psychanalyse à l'étude des sociétés « primitives », et, d'autre part, d'éclaircir certains concepts psychanalytiques à l'aide de données ethnographiques. L'ensemble prend son sens dans une conception évolutionniste des sociétés, laquelle permet de penser les sociétés « primitives » comme représentant une sorte d'enfance de l'humanité (d'où une comparaison possible entre la névrose comprise comme régression infantile et le psychisme des « primitifs »).

Pour contestable que soit cette approche du point de vue de l'ethnologie contemporaine, elle nous intéresse dans la mesure où s'y manifeste la tentative d'établir des liens précis entre les interdits collectifs (au premier rang desquels figure la prohibition de l'inceste) et le mécanisme du refoulement au sein du psychisme individuel, tel que le comprend la psychanalyse.

L'extrait proposé vise à rendre compte du complexe d'Œdipe, complexe fondamental de la névrose, à partir d'une hypothèse historique que Freud juge lui-même « fantaisiste ». L'hypothèse avancée est celle d'une horde primitive tuant le père pour s'approprier les femmes, puis instituant des restrictions sexuelles pour mettre fin aux conflits, le tout conduisant à un sentiment de culpabilité relatif au meurtre du père.

Ce que Freud représente par son hypothèse, c'est un conflit affectif entre la pulsion sexuelle qui tend à l'appropriation des femmes et le sentiment de crainte produit par la situation de rivalité dans laquelle les hommes seraient placés dans un hypothétique « état de nature ». L'institution d'un « tabou » de l'inceste vient résoudre ce conflit, en refoulant la pulsion incestueuse. Freud insiste ici sur le rôle social joué par ce refoulement : c'est tout simplement la condition, selon des termes empruntés à Lévi-Strauss, pour que la société soit.

Pour l'intelligence du passage, on doit préciser le sens des concepts de « totem » et de « tabou ». Le *totémisme* caractérise une organisation sociale dans laquelle chaque individu appartient à un groupe représenté par un *totem* – être vivant ou force naturelle, considéré comme l'ancêtre de tous les membres du groupe. L'appartenance à un groupe totémique détermine un certain nombre d'obligations et d'interdits vis-à-vis des membres du groupe comme de ceux qui y sont extérieurs. En particulier, tout individu doit se marier en dehors de son groupe totémique (règle d'*exogamie*), ce qui est la version la plus générale de la prohibition de l'inceste. Le *tabou* désigne tout objet à la fois sacré, consacré, inquiétant et dangereux. Tout contact avec le tabou se trouve proscrit. Le totem, précisément, est tabou, ce dont le « tabou de l'inceste » est la lointaine expression. Freud développe, au début de l'ouvrage, une analogie entre les mécanismes du tabou et les symptômes de la névrose obsessionnelle : le névrosé se crée, en effet, ses propres tabous, inventant des rites et des interdits relatifs à des comportements et des objets. Le tabou des peuples « primitifs » est alors pensé comme l'expression d'une névrose collective, que l'hypothèse de la horde primitive est chargée d'expliquer, en même temps qu'elle éclaire la névrose obsessionnelle dans les sociétés avancées, expression, elle aussi, du complexe d'Œdipe.

La psychanalyse nous a révélé que l'animal totémique servait en réalité de substitution au père, et ceci nous explique la contradiction que nous avons signalée plus haut : d'une part, la défense de tuer l'animal ; d'autre part, la fête qui suit sa mort, fête précédée d'une explosion de tristesse. L'attitude affective ambivalente qui, aujourd'hui encore, caractérise le complexe paternel chez nos enfants et se prolonge quelquefois jusque dans la vie adulte, s'étendrait également à l'animal totémique qui sert de substitution au père...

En confrontant la conception du totem, suggérée par la psychanalyse, avec le fait du repas totémique et avec l'hypothèse darwinienne concernant l'état primitif de la société humaine, on obtient la possibilité d'une compréhension plus profonde et on entrevoit la perspective d'une hypothèse qui peut paraître fantaisiste, mais présente l'avantage de réaliser, entre des séries de phénomènes isolées et séparées, une unité jusqu'alors insoupçonnée.

Il va sans dire que la théorie darwinienne n'accorde pas la moindre place aux débuts du totémisme. Un père violent, jaloux, gardant pour lui toutes les femelles et chassant ses fils, à mesure qu'ils grandissent : voilà tout ce qu'elle suppose. Cet état primitif de la société n'a été observé nulle part. L'organisation la plus primitive que nous connaissions et qui existe encore actuellement chez certaines tribus consiste en *associations d'hommes* jouissant de droits égaux et soumis aux limitations du système totémique, y compris l'hérédité en ligne maternelle. Cette organisation a-t-elle pu provenir de celle que postule l'hypothèse darwinienne et par quel moyen a-t-elle été obtenue ? En nous basant sur la fête du repas totémique, nous pouvons donner à cette question la réponse suivante : un jour, les frères chassés se sont réunis, ont tué et mangé le père, ce qui a mis fin à l'existence de la horde paternelle. Une fois réunis, ils sont devenus entreprenants et ont pu réaliser ce que chacun d'eux, pris individuellement, aurait été incapable de faire. Il est possible qu'un nouveau progrès de la civilisation, l'invention d'une nouvelle arme leur aient procuré le sentiment de leur supériorité. Qu'ils aient mangé le cadavre de leur père, – il n'y a à cela rien d'étonnant, étant donné qu'il s'agit de sauvages cannibales. L'aïeul violent était certainement le modèle envié et redouté de chacun des membres de cette association fraternelle.

Or, par l'acte de l'absorption ils réalisaient leur identification avec lui, s'appropriaient chacun une partie de sa force. Le repas totémique, qui est peut-être la première fête de l'humanité, serait la reproduction et comme la fête commémorative de cet acte mémorable et criminel qui a servi de point de départ à tant de choses : organisations sociales, restrictions morales, religions.

Pour trouver vraisemblables ces conséquences, en faisant abstraction de leurs prémisses, il suffit d'admettre que la bande fraternelle, en état de rébellion, était animée à l'égard du père des sentiments contradictoires qui, d'après ce que nous savons, forment le contenu ambivalent du complexe paternel chez chacun de nos enfants et de nos malades névrosés. Ils haïssaient le père, qui s'opposait si violemment à leur besoin de puissance et à leurs exigences sexuelles, mais tout en le haïssant ils l'aimaient et l'admiraient. Après avoir supprimé, après avoir assouvi leur haine et réalisé leur identification avec lui, ils ont dû se livrer à des manifestations affectives d'une tendresse exagérée. Ils le firent sous la forme du repentir ; ils éprouvèrent un sentiment de culpabilité qui se confond avec le sentiment du repentir communément éprouvé. Le mort devenait plus puissant qu'il ne l'avait jamais été de son vivant ; toutes choses que nous constatons encore aujourd'hui dans les destinées humaines. Ce que le père avait empêché autrefois, par le fait même de son existence, les fils se le défendaient à présent eux-mêmes, en vertu de cette « obéissance rétrospective », caractéristique d'une situation psychique, que la psychanalyse nous a rendue familière. Ils désavouaient leur acte, en prohibant la mise à mort du totem, substitution du père, et ils renonçaient à recueillir les fruits de cet acte, en refusant d'avoir des rapports sexuels avec les femmes qu'ils avaient libérées. C'est ainsi que le *sentiment de culpabilité* du fils a engendré les deux tabous fondamentaux du totémisme qui, pour cette raison, devaient se confondre avec les deux désirs réprimés de l'*Œdipe-complexe.* Celui qui agissait à l'encontre de ces tabous se rendait coupable des deux seuls crimes qui intéressaient la société primitive.

Les deux tabous du totémisme par lesquels débute la morale humaine, n'ont pas la même valeur psychologique. Seule l'attitude respectueuse à l'égard de l'animal totémique repose sur des mobiles affectifs : le père est mort et, puisqu'il en est ainsi, il n'y a plus rien à faire pratiquement. Mais l'autre tabou, la prohibition de l'inceste, avait aussi une grande importance pratique. Le besoin sexuel, loin d'unir des hommes, les divise. Si les frères étaient associés, tant qu'il s'agissait de supprimer le père, ils devenaient rivaux, dès qu'il s'agissait de s'emparer des femmes. Chacun aurait voulu, à l'exemple du père, les avoir toutes à lui, et la lutte générale qui en aurait résulté aurait amené la ruine de la société. Il n'y avait plus d'homme qui, dépassant tous les autres par sa puissance, aurait pu assumer le rôle du père. Aussi les frères, s'ils voulaient vivre ensemble, n'avaient-ils qu'un seul parti à prendre : après avoir, peut-être, surmonté de graves discordes, instituer la prohibition de l'inceste par laquelle ils renonçaient tous à la possession des femmes désirées, alors que c'était principalement pour s'assurer cette possession qu'ils avaient tué le père.

XIII

ARENDT

LE CONCEPT DE « SOCIÉTÉ », COROLLAIRE HISTORIQUE DE L'ÉTAT-NATION

Arendt, *Condition de l'homme moderne*, © Calmann-Lévy, 1961-1993, p. 65-68.

C'est à partir d'une interprétation de l'histoire de la philosophie qu'Hannah Arendt s'efforce de comprendre la *Condition de l'homme moderne*. Aussi fait-elle retour sur la philosophie grecque, dans le but de relativiser les conceptions modernes de la vie sociale. En insistant sur la spécificité grecque, sur la difficulté que représente, pour un moderne, le concept original de *cité*, Hannah Arendt invite son lecteur à ne plus considérer comme allant de soi la conception de la vie humaine qui s'est imposée avec la modernité.

Ce sur quoi insiste Hannah Arendt, c'est sur le fait que la notion même de « société » était inconnue des Anciens, du moins jusqu'à une certaine époque. Ce n'est pas simplement que les Anciens n'aient pas pensé la « société » : c'est surtout que cette notion elle-même doit être mise en question. Son évidence même devient suspecte dès lors que le retour réflexif sur l'histoire de la philosophie nous montre toute sa relativité. Parler de « société », ce n'est pas simplement proposer un certain découpage conceptuel destiné à isoler une certaine sphère de la vie humaine, car ce mot va de pair avec une certaine *évaluation*. Si les Anciens ignoraient ce que nous considérons comme relevant de la vie proprement

« sociale », intermédiaire entre le « public » et le « privé », c'est qu'ils n'accordaient aucune *valeur* à ce qui, dans les relations intersubjectives, ne relève pas de la politique au sens fort, c'est-à-dire de la participation active à la délibération collective en vue du « bien vivre ». L'avènement de la société correspond ainsi à un abaissement du politique, manifesté par la forme historique de l'État-nation. Hannah Arendt considère notamment les théories du contrat social comme le signe d'un véritable changement de paradigme : dorénavant, la politique est conçue comme un asservissement, et la pensée politique songe avant tout à libérer l'homme de toute considération à l'égard de la sphère publique. L'État lui-même n'est vu que comme la condition du bonheur privé et du développement des relations économiques, fondatrices de la « société ». Mais il ne s'agit là que d'un symptôme, puisque l'abaissement du politique au profit du « social » se traduit aussi dans l'économie politique moderne comme dans le marxisme : toutes ces approches ont en commun de concevoir la liberté humaine comme liberté purement individuelle, tournée vers la recherche du bonheur personnel, quand la liberté des Anciens était une liberté entièrement politique, corrélative du *droit de cité*.

En relativisant, par cette interprétation historique, la notion de société, Hannah Arendt vise, c'est très manifeste, à étayer son évaluation profondément négative de la modernité. Si nous comprenons à peine les Grecs, c'est finalement en raison d'un véritable renversement des valeurs : quand ceux-ci considéraient comme indigne de l'homme ce qui relève uniquement des besoins, la modernité tend au contraire à réduire l'homme à sa dimension de « travailleur » ou d'« employé », c'est-à-dire à la sphère du besoin, au détriment de ce qui caractérise l'homme en propre, à savoir sa capacité à agir au sens le plus plein du mot. Cette évaluation n'est jamais aussi nette que lorsqu'il s'agit de commenter l'essor contemporain des « sciences sociales ». Hannah Arendt va en effet jusqu'à affirmer, quelques pages plus loin, que les « lois de la statistique » ne s'appliquent désormais à l'homme que parce que celui-ci n'est plus capable de véritables *actions*, la modernité ayant réduit sa vie à un *comportement* routinier.

Si l'on a mal compris le politique, si on l'a assimilé au social dès que les termes grecs ont été traduits en latin, dès qu'on les a adaptés à la pensée romano-chrétienne, la confusion n'a fait qu'augmenter dans l'usage moderne et dans la conception moderne de la société. La distinction entre la vie privée et la vie publique correspond aux domaines familial et politique, entités distinctes, séparées au moins depuis l'avènement de la Cité antique ; mais l'apparition du domaine social qui n'est, à proprement parler, ni privé ni public, est un phénomène relativement nouveau dont l'origine a coïncidé avec la naissance des temps modernes et qui a trouvé dans l'État-nation sa forme politique.

Ce qui nous intéresse ici, c'est l'extraordinaire difficulté que, en raison de cette évolution, nous avons à comprendre la division capitale entre domaine public et domaine privé, entre la sphère de la *polis* et celle du ménage, de la famille, et finalement entre les activités relatives à un monde commun et celles qui concernent l'entretien de la vie : sur ces divisions, considérées comme des postulats, comme des axiomes, reposait toute la pensée politique des Anciens. Dans nos conceptions, la frontière s'efface parce que nous imaginons les peuples, les collectivités politiques comme des familles dont les affaires quotidiennes relèvent de la sollicitude d'une gigantesque administration ménagère. La réflexion scientifique qui correspond à cette évolution ne s'appelle plus science politique mais « économie nationale », « économie sociale » ou *Volkwirtschaft*, et il s'agit là d'une sorte de « ménage collectif » ; nous appelons « société » un ensemble de familles économiquement organisées en un fac-similé de famille supra-humaine, dont la forme politique d'organisation se nomme « nation ». Nous avons donc du mal à nous rendre compte que pour les Anciens le terme même d'« économie politique » eût été une contradiction dans les termes : tout ce qui était « économique », tout ce qui concernait la vie de l'individu et de l'espèce, était par définition non politique, affaire de famille.

Historiquement, il est fort probable que la croissance de la cité et du domaine public s'opéra aux dépens du domaine privé du foyer, de la maison. Toutefois, l'antique sainteté du foyer, moins prononcée d'ailleurs dans la Grèce classique que dans l'ancienne Rome, ne disparut jamais complètement. Ce qui empêcha la *polis* de violer la vie privée de ses citoyens, ce qui lui fit tenir pour sacrées les limites de leurs champs, ce ne fut pas le respect de la propriété individuelle telle que nous l'entendons : c'est qu'à moins de posséder une maison, nul ne pouvait participer aux affaires du monde, n'y ayant point de place à soi. Platon lui-même, dont les plans prévoyaient l'abolition de la propriété individuelle et qui eût étendu le domaine public au point d'anéantir totalement la vie privée, parle encore avec vénération de Zeus Herkeios, protecteur des bornes marquant les limites des propriétés, et ne voit pas la moindre contradiction à dire que ces bornes, ces *horoi*, sont divines.

Le trait distinctif du domaine familial était que les humains y vivaient ensemble à cause des nécessités et des besoins qui les y poussaient. Ils obéissaient ainsi à une force qui était la vie elle-même (les pénates, les dieux du foyer étant, selon Plutarque, « les dieux qui nous font vivre et nourrissent notre corps ») qui, pour subsister dans l'individu et dans l'espèce, exige la compagnie. La subsistance individuelle était la tâche de l'homme, la perpétuation de l'espèce celle de la femme, voilà qui était évident ; et ces deux fonctions naturelles, travail masculin des nourritures à produire, travail féminin de la procréation, étaient soumises aux mêmes contraintes vitales. La communauté naturelle du foyer naissait, par conséquent, de la nécessité, et la nécessité en régissait toutes les activités.

Le domaine de la *polis,* au contraire, était celui de la liberté ; s'il y avait un rapport entre les deux domaines, il allait de soi que la famille devait assumer les nécessités de la vie comme de la condition de la liberté de la *polis*. En aucun cas, la politique ne pouvait se borner à être un moyen de protéger la société – société des fidèles comme au Moyen Âge, société de propriétaires comme chez

Locke, société engagée dans un processus sans fin d'acquisition comme chez Hobbes, société de producteurs comme chez Marx, société d'employés comme la nôtre, ou société de travailleurs comme dans les pays socialistes et communistes. Dans tous les cas, c'est la liberté (parfois la prétendue liberté) de la société qui requiert et justifie une certaine restriction de l'autorité politique. La liberté se situe dans le domaine du social, la force ou la violence devient le monopole du gouvernement.

XIV

LÉVI-STRAUSS

LA PROHIBITION DE L'INCESTE INSTITUE LA SOCIÉTÉ

Lévi-Strauss, *Les Structures élémentaires de la parenté*, © Mouton De Gruyter/ Maison des sciences de l'homme, 1967, p. 49-52.

Les Structures élémentaires de la parenté présentent une tentative pour ramener les différents systèmes de parenté à quelques principes élémentaires. Un système de parenté est à la fois un système linguistique et un système de normes prescriptives : dans certaines langues, on trouvera plusieurs termes pour désigner des parents qui, en français, seront rangés dans la même classe, ou bien, au contraire, un même mot servira à désigner l'oncle et le père. Ces terminologies sont souvent associées à des règles qui déterminent plus ou moins strictement les mariages autorisés et ceux qui ne le sont pas.

La problématique de Lévi-Strauss part de l'existence, dans toutes les sociétés connues, d'une règle de prohibition de l'inceste, qui interdit l'union de certains de ses membres, en fonction du degré de parenté. Si ce ne sont pas toujours les mêmes unions qui sont considérées comme incestueuses (l'inceste n'est donc pas une réalité biologique, mais une notion juridique, culturelle), en revanche, le fait de l'interdiction est universel. Certaines sociétés ajoutent aux interdictions des prescriptions positives, enjoignant par exemple le mariage des « cousins croisés » (mariage entre un garçon et la fille de son oncle maternel). C'est pour comprendre le sens de ces règles de parenté que Lévi-Strauss, dans le début de l'ouvrage, pro-

duit une *interprétation* de la prohibition de l'inceste, lui attribuant la fonction de réaliser le « passage de la nature à la culture ».
Lévi-Strauss définit les concepts de nature et de culture d'un point de vue logique : est naturel tout ce qui est universel, et culturel ce qui fait l'objet de normes sociales et juridiques. Or la prohibition de l'inceste présente ces deux aspects : universelle, elle est aussi un fait culturel, puisqu'elle fait l'objet de règles variables selon les sociétés ; elle constitue donc une sorte d'énigme. En vertu de sa double dimension, naturelle et culturelle, la prohibition de l'inceste peut être interprétée comme réalisant le « passage de la nature à la culture ».
Dans les chapitres qui précèdent notre texte, Lévi-Strauss a montré que la prohibition de l'inceste constitue la « règle » par excellence, et qu'elle s'enracine dans l'indétermination laissée par la nature en ce qui touche à l'alliance des sexes. La division sexuelle du travail, de plus, rend l'état de célibat particulièrement dangereux pour les hommes, d'où un conflit latent en vue de la possession des femmes. La prohibition de l'inceste vient résoudre ce conflit en permettant la circulation des femmes, en obligeant à des alliances exogamiques (hors du groupe). La monogamie apparaît aussi comme un moyen d'assurer cette circulation, en interdisant tout « monopole ».
Le texte qui suit explicite cette analyse, sous une forme qui rappelle à certains égards les théories du contrat social ; en particulier, la fin du texte, qui porte sur le privilège polygame du chef, en donne une interprétation quasi contractualiste, qui évoque Hobbes : les hommes accordent au chef le droit d'être polygame (comme le souverain chez Hobbes, le « chef » n'est pas partie prenante au contrat qui limite la liberté des individus, son droit est un *droit d'exception*), en échange d'une « sécurité collective ». Plus généralement, la réglementation sur l'alliance sexuelle permet de réduire l'insécurité liée à la concurrence pour les femmes.
On voit donc ici, dans un texte à visée scientifique, l'intérêt heuristique de l'approche *génétique* développée notamment par les penseurs du contrat social. En montrant, hypothétiquement, le pourquoi des choses, elle apporte un surcroît d'intelligibilité pour l'analyse du monde social.

En établissant une règle d'obédience générale – et quelle que soit cette règle – le groupe affirme son droit de regard sur ce qu'il considère légitimement comme une valeur essentielle. Il refuse de sanctionner l'inégalité naturelle de la distribution des sexes au sein des familles, et établit, sur le seul fondement possible, la liberté d'accès aux femmes du groupe, reconnue à tous les individus. Ce fondement est, en somme, le suivant : que ni l'état de fraternité ni celui de paternité ne peuvent être invoqués pour revendiquer une épouse, mais que cette revendication vaut seulement au titre par lequel tous les hommes se trouvent égaux dans leur compétition pour toutes les femmes : celui de leurs relations respectives définies en termes de groupe, et non pas de famille.

Cette règle se montre, en même temps, avantageuse pour les individus, puisqu'en les obligeant à renoncer à un lot de femmes immédiatement disponibles, mais limité ou même très restreint, elle ouvre à tous un droit de revendication sur un nombre de femmes dont la disponibilité est, il est vrai, différée par les exigences de la coutume, mais qui est théoriquement aussi élevé que possible, et qui est le même pour tous. Si l'on objecte qu'un tel raisonnement est trop abstrait et artificiel pour venir à l'esprit d'une humanité très primitive, il suffira de remarquer que le résultat, qui seul importe, ne suppose pas un raisonnement en forme, mais seulement la résolution spontanée de tensions psycho-sociales qui, elles, constituent des données immédiates de la vie collective. Dans ces formes non cristallisées de vie sociale dont l'investigation psychologique reste encore à faire, et qui sont si riches en processus à la fois élémentaires et universels, telles les communautés spontanées qui se forment au hasard des circonstances (bombardements, tremblements de terre, camps de concentration, bandes enfantines, etc.), on apprend vite à connaître que la perception de l'envie d'autrui, la crainte d'être dépossédé par la violence, l'angoisse résultant de l'hostilité collective, etc., peuvent inhiber entièrement la jouissance d'un privilège. Et la renonciation au privilège ne requiert pas nécessairement, pour son explication, l'intervention du calcul ou de l'autorité : elle peut n'être que la résolution d'un conflit affectif dont on observe déjà le modèle à l'échelle de la vie animale.

Même ainsi rectifiée, cette façon de poser le problème reste grossière et provisoire. Nous aurons, par la suite, l'occasion de la préciser et de l'approfondir. Mais même sous cette forme approchée, elle suffit à montrer qu'on n'a pas besoin d'invoquer un apprentissage s'étendant sur des millénaires pour comprendre – selon l'expression vigoureuse et intraduisible de Tylor – qu'au cours de l'histoire, les peuples sauvages ont dû avoir, constamment et clairement devant les yeux, le choix simple et brutal « between marrying-out and being killed-out [1] ».

Mais pour que la démonstration soit efficace, il faut qu'elle s'étende à tous les membres du groupe : c'est la condition dont la prohibition de l'inceste fournit, sous une forme plus évoluée, l'inéluctable expression. Le mariage n'apparaît pas seulement dans les pièces de vaudeville comme une institution à trois : il l'est toujours et partout, et par définition. Parce que les femmes constituent une valeur essentielle à la vie du groupe, en tout mariage intervient nécessairement le groupe sous une double forme : celle du « rival », qui, par l'intermédiaire du groupe, affirme qu'il possédait un droit d'accès égal à celui du conjoint, droit dont les conditions dans lesquelles se fait l'union doivent établir qu'il a été respecté ; et celle du groupe en tant que groupe, qui affirme que la relation qui rend le mariage possible doit être sociale, c'est-à-dire définie dans les termes du groupe – et non pas naturelle – avec toutes les conséquences, incompatibles avec la vie collective, que nous avons indiquées. Envisagée sous son aspect purement formel, la prohibition de l'inceste n'est donc que l'affirmation, par le groupe, qu'en matière de relations entre les sexes, *on ne*

1. Bien que jugée, avec juste raison, intraduisible par Lévi-Strauss, nous proposons une traduction approximative de cette expression : « se marier hors de chez soi et se faire tuer ».

peut faire n'importe quoi. L'aspect positif de l'interdiction est d'amorcer un début d'organisation.

On objectera sans doute que la prohibition de l'inceste ne remplit en rien une fonction d'organisation. Ne s'accommode-t-elle pas, dans certaines régions de l'Australie et de la Mélanésie, d'un véritable monopole des femmes instauré au bénéfice des vieillards, et, plus généralement, de la polygamie dont nous avons nous-mêmes souligné les résultats ?

Mais ces « avantages », si on veut les considérer comme tels, ne sont pas unilatéraux ; l'analyse montre, au contraire, qu'ils comportent toujours une contrepartie positive. Reprenons l'exemple, cité plus haut, du chef Nambikwara qui compromet l'équilibre démographique de sa petite bande en monopolisant plusieurs femmes, qui eussent fait normalement autant d'épouses monogames à la disposition des hommes de la génération suivante. Il serait arbitraire d'isoler l'institution de son contexte : le chef de bande a de lourdes responsabilités, le groupe s'en remet entièrement à lui pour fixer l'itinéraire de la vie nomade, en choisir les étapes, connaître chaque pouce du territoire et les ressources naturelles qu'on y trouve à chaque saison ; déterminer l'emplacement et le trajet des bandes hostiles ; négocier avec elles ou les combattre, selon l'occasion ; constituer, enfin, des réserves suffisantes d'armes et d'objets d'usage courant, pour que chacun obtienne éventuellement de lui ce dont il a besoin. Sans ses femmes polygames, compagnes plutôt qu'épouses, et libérées par leur statut spécial des servitudes de leur sexe, toujours prêtes à l'accompagner et l'assister dans ses expéditions de reconnaissance et dans ses travaux agricoles et artisanaux, le chef ne pourrait faire face à toutes ses obligations. La pluralité des femmes est donc, à la fois, la récompense du pouvoir et son instrument.

Poussons un peu plus loin l'analyse. Si les Nambikwara avaient combiné leur règle du mariage entre cousins croisés bilatéraux avec une stricte monogamie, on trouverait chez eux un système de réciprocité parfaitement simple, à la fois du point de vue qualitatif et du point de vue quantitatif ; quantitativement, puisque le système garantirait à chaque homme une épouse ; et qualitativement, puisque cette garantie générale résulterait d'un réseau d'obligations réciproques, établi sur le plan des relations individuelles de parenté. Mais le privilège polygame du chef vient bouleverser cette formule idéale ; il en résulte, pour chaque individu, un élément d'insécurité qui ne serait jamais apparu autrement. Quelle est donc l'origine du privilège, et quelle est sa signification ? En le reconnaissant, le groupe a échangé les *éléments de sécurité individuelle* qui s'attachaient à la règle monogame contre une *sécurité collective* qui découle de l'organisation politique. Sous forme de fille ou de sœur, chaque homme reçoit son épouse d'un autre homme ; le chef, lui, reçoit plusieurs femmes du groupe. En échange, il apporte une garantie contre le besoin et le danger, non certes aux individus particuliers dont il épouse les sœurs et les filles, non pas même à ceux que l'exercice de son droit polygame condamne, peut-être définitivement, au célibat, mais au groupe considéré comme groupe. Car c'est le groupe lui-même qui a suspendu le droit commun à son profit.

La polygamie ne contredit donc pas l'exigence d'une équitable répartition des femmes ; elle superpose seulement une règle de répartition à une autre. En fait, monogamie et polygamie correspondent à deux types de relations complémentaires : d'une part, le système de prestations et de contre-prestations qui lie entre eux les membres individuels du groupe ; d'autre part, le système de prestations et de contre-prestations qui lie entre eux l'ensemble du groupe et son chef. Ce parallélisme peut devenir si transparent qu'aux îles Trobriand, par exemple, le chef, recevant une femme de tous les sous-clans, est traité comme une sorte de « beau-frère universel ». L'allégeance politique et la prestation du tribut ne sont plus qu'un cas particulier de la relation spéciale qui, dans cette région du monde, oblige le frère de la femme envers le mari de sa sœur.

III

CONVENTIONS, JUSTICE ET LÉGITIMITÉ

XV

PASCAL

COUTUME, IMAGINATION ET JUSTICE

Pascal, *Pensées*, GF-Flammarion, 1976,
pensées n° 92-125, 93-126, 294-60, 298-103,
299-81, 304-828, 325-525, p. 77 et p. 136-138.

Dans les *Discours sur la condition des grands*, s'adressant à un jeune prince, Pascal s'efforce de le convaincre du caractère fondamentalement contingent des valeurs sociales : l'orgueil de l'aristocrate n'a aucun fondement réel, car l'« état » (la position sociale) n'est jamais la preuve d'aucun mérite, et ne représente rien par rapport à l'universalité de la *condition* humaine, laquelle fait l'homme misérable sans le secours de la foi. Comme on peut le lire dans une des *Pensées*, « le dernier acte est sanglant, quelque belle que soit la comédie en tout le reste : on jette enfin de la terre sur la tête, et en voilà pour jamais » (210-165).

Un certain nombre des *Pensées*, parmi lesquelles celles que nous proposons au lecteur, tendent, dans le même esprit, à la critique de l'idée de justice, en ce qui touche aux affaires humaines. Ce parti pris, tout en relevant d'une intention apologétique (il s'agit de nier la possibilité de valeurs purement humaines et terrestres, afin de montrer en Dieu la seule source de salut), conduit Pascal à rompre avec la réflexion classique sur la justice : il faut dégager les principes de la croyance en la justice de l'ordre social, c'est-à-dire analyser les mécanismes de légitimation, plutôt que de rechercher des normes de justice fondées en raison.

Les textes suivants permettent de comprendre la marche de l'argumentation pascalienne : tout d'abord, Pascal fait porter le doute sur la distinction entre ce qui, dans la conduite humaine, relèverait de la nature, et ce qui ne résulterait que de la seule coutume. Pascal met en évidence la puissance de la coutume, laquelle finit toujours par être vécue comme naturelle. Le « naturel » n'est autre, alors, que « nos principes accoutumés ». Aussi, bien des conduites socialement valorisées ont leur source non dans une incertaine justice naturelle, mais simplement dans la force de l'habitude, propre à faire oublier leur caractère arbitraire.

Pour autant, la croyance dans la légitimité de l'ordre social constitue un des fondements essentiels du respect des normes imposées par les puissants : « Ne pouvant faire que ce qui est juste fût fort, on a fait que ce qui est fort fût juste. » Or, pour assurer cette justification de la force, la force seule ne suffit pas. C'est là qu'intervient l'imagination, cette « superbe puissance, maîtresse d'erreur et de fausseté ». Ce qui assure le maintien d'un certain ordre, sans qu'ait lieu une lutte perpétuelle pour la domination, ce sont des idoles imaginaires qui transmutent le fait en droit : « l'élection des peuples », « la succession de naissance » n'ont en elles-mêmes aucune valeur, mais donnent une apparence de légitimité à l'ordre social. Pascal préfigure ici certaines analyses de Max Weber sur la légitimité (voir le texte n° 19). Lorsqu'il note que « l'antiquité des lois est pour le peuple la preuve de leur vérité », il décrit ce que Weber nommera quant à lui « légitimité traditionnelle ». La « nécessité » des « cordes » qui lient les hommes entre eux est donc d'une nature spécifique : ce sont « des cordes d'imagination ».

C'est pourquoi, précisément, la croyance en la justice est un ressort essentiel de la paix civile. Il est bon que le peuple croit les lois justes, car les motifs rationnels d'obéissance aux lois (le maintien de la paix) sont de peu d'influence chez des hommes gouvernés par l'imagination. La démystification pascalienne des valeurs sociales atteint tout, et rend contradictoire l'idée que les rapports sociaux puissent être davantage fondés en raison que ceux qui existent en fait. La critique de l'idée de justice dans les affaires humaines conduit ainsi à justifier, bien singulièrement il est vrai, le conformisme, et n'a rien d'une contestation de l'ordre social.

92-125. – Qu'est-ce que nos principes naturels, sinon nos principes accoutumés ? Et dans les enfants, ceux qu'ils ont reçus de la coutume de leurs pères, comme la chasse dans les animaux ?

Une différente coutume nous donnera d'autres principes naturels, cela se voit par expérience ; et s'il y en a d'ineffaçables à la coutume, il y en a aussi de la coutume contre la nature, ineffaçables à la nature, et à une seconde coutume. Cela dépend de la disposition.

93-126. – Les pères craignent que l'amour naturel des enfants ne s'efface. Quelle est donc cette nature, sujette à être effacée ? La coutume est une seconde nature qui détruit la première. Mais qu'est-ce que nature ? Pourquoi la coutume n'est-elle pas naturelle ? J'ai grand-peur que cette nature ne soit elle-même qu'une première coutume, comme la coutume est une seconde nature.

294-60. – [...] Ils confessent que la justice n'est pas dans ces coutumes, qu'elle réside dans les lois naturelles, connues en tout pays. Certainement ils le soutiendraient opiniâtrement, si la témérité du hasard qui a semé les lois humaines en avait rencontré au moins une qui fût universelle ; mais la plaisanterie est telle, que le caprice des hommes s'est si bien diversifié, qu'il n'y en a point. Le larcin, l'inceste, le meurtre des enfants et des pères, tout a eu sa place entre les actions vertueuses. Se peut-il rien de plus plaisant, qu'un homme ait droit de me tuer parce qu'il demeure au-delà de l'eau, et que son prince a querelle contre le mien, quoique je n'en aie aucune avec lui ? Il y a sans doute des lois naturelles ; mais cette belle raison corrompue a tout corrompu [...].

De cette confusion arrive que l'un dit que l'essence de la justice est l'autorité du législateur, l'autre la commodité du souverain, l'autre la coutume présente ; et c'est le plus sûr : rien, suivant la seule raison, n'est juste de soi, tout branle avec le temps. La coutume fait toute l'équité, par cette seule raison qu'elle est reçue ; c'est le fondement mystique de son autorité. Qui la ramène à son principe, l'anéantit. Rien n'est si fautif que ces lois qui redressent les fautes ; qui leur obéit parce qu'elles sont justes, obéit à la justice qu'il imagine, mais non pas à l'essence de la loi ; elle est toute ramassée en soi ; elle est loi, et rien davantage. Qui voudra en examiner le motif le trouvera si faible et si léger, que, s'il n'est accoutumé à contempler les prodiges de l'imagination humaine, il admirera qu'un siècle lui ait tant acquis de pompe et de révérence. L'art de fronder, bouleverser les États, est d'ébranler les coutumes établies, en sondant jusque dans leur source, pour marquer leur défaut d'autorité et de justice. « Il faut, dit-on, recourir aux lois fondamentales et primitives de l'État, qu'une coutume injuste a abolies. » C'est un jeu sûr pour tout perdre ; rien ne sera juste à cette balance [...].

298-103. – *Justice, force.* – Il est juste que ce qui est juste soit suivi, il est nécessaire que ce qui est le plus fort soit suivi. La justice sans la force est impuissante : la force sans la justice est tyrannique. La justice sans force est contredite, parce qu'il y a toujours des méchants ; la force sans la justice est accusée. Il faut donc mettre ensemble la justice et la force ; et pour cela faire que ce qui est juste soit fort, ou que ce qui est fort soit juste.

La justice est sujette à dispute, la force est très reconnaissable et sans dispute. Ainsi on n'a pu donner la force à la justice, parce que la force a contredit la justice et a dit qu'elle était injuste, et a dit que c'était elle qui était juste. Et ainsi ne pouvant faire que ce qui est juste fût fort, on a fait que ce qui est fort est juste.

299-81. – Les seules règles universelles sont les lois du pays aux choses ordinaires, et la pluralité aux autres. D'où vient cela ? de la force qui y est. Et de là vient que les rois, qui ont la force d'ailleurs, ne suivent pas la pluralité de leurs ministres.

Sans doute l'égalité des biens est juste ; mais, ne pouvant faire qu'il soit force d'obéir à la justice, on a fait qu'il soit juste d'obéir à la force ; ne pouvant fortifier la justice, on a justifié la force, afin que le juste et le fort fussent ensemble, et que la paix fût, qui est le souverain bien.

304-828. – Les cordes qui attachent le respect des uns envers les autres, en général, sont cordes de nécessité ; car il faut qu'il y ait différents degrés, tous les hommes voulant dominer, et tous ne le pouvant pas, mais quelques-uns le pouvant.

Figurons-nous donc que nous les voyons commençant à se former. Il est sans doute qu'ils se battront jusqu'à ce que la plus forte partie opprime la plus faible, et qu'enfin il y ait un parti dominant. Mais quand cela est une fois déterminé, alors les maîtres, qui ne veulent pas que la guerre continue, ordonnent que la force qui est entre leurs mains succédera comme il leur plaît ; les uns la remettent à l'élection des peuples, les autres à la succession de naissance, etc.

Et c'est là où l'imagination commence à jouer son rôle. Jusque-là le pouvoir force le fait : ici c'est la force qui se tient par l'imagination en un certain parti, en France des gentilshommes, en Suisse des roturiers, etc.

Ces cordes qui attachent donc le respect à tel et à tel en particulier, sont des cordes d'imagination.

325-525. – Montaigne a tort : la coutume ne doit être suivie que parce qu'elle est coutume, et non parce qu'elle soit raisonnable ou juste ; mais le peuple la suit par cette seule raison qu'il la croit juste. Sinon, il ne la suivrait plus, quoiqu'elle fût coutume ; car on ne veut être assujetti qu'à la raison ou à la justice. La coutume, sans cela, passerait pour tyrannie ; mais l'empire de la raison et de la justice n'est non plus tyrannique que celui de la délectation ; ce sont les principes naturels à l'homme.

Il serait donc bon qu'on obéît aux lois et aux coutumes, parce qu'elles sont lois ; qu'il sût qu'il n'y en a aucune vraie et juste à introduire, que nous n'y connaissons rien, et qu'ainsi il faut seulement suivre les reçues : par ce moyen on ne les quitterait jamais. Mais le peuple n'est pas susceptible de cette doctrine ; et ainsi, comme il croit que la vérité se peut trouver, et qu'elle est dans les lois et les coutumes, il les croit, et prend leur antiquité comme une preuve de leur vérité (et non de leur seule autorité sans vérité). Ainsi il y obéit ; mais il est sujet à se révolter dès qu'on lui montre qu'elles ne valent rien ; ce qui se peut faire voir de toutes, en les regardant d'un certain côté.

XVI

LOCKE

LIMITES ET FONCTIONS DE LA SOCIÉTÉ POLITIQUE

Locke, *Traité du gouvernement civil*, trad. D. Mazel, GF-Flammarion, 1984, p. 241-244.

La philosophie politique de Locke est fondée, comme celle de Hobbes, sur l'idée de contrat social, mais elle prend néanmoins un sens très différent. Pour Hobbes, il s'agissait de comprendre la nature de la société sur le mode des sciences naturelles, et la notion de contrat apparaissait comme l'unique voie pour parvenir à une telle intelligibilité. En revanche, Locke pose avant tout, dans le *Second Traité du gouvernement civil*, la question de la source de la légitimité. Pour Hobbes, la légitimité du souverain se déduisait de la nécessité d'un contrat par lequel les hommes remettaient à une entité unique toute leur puissance. Droits et puissance naturelle ne font qu'un, dans cette perspective, ce qui rendait tout pouvoir politique légitime. Locke, en revanche, s'intéresse d'abord aux limites inhérentes au « pouvoir politique », limites normatives posées à travers la notion de droit naturel. La société politique n'y est considérée que comme seconde, en fait et en droit, par rapport à une société « naturelle », régie par la loi de la nature, que l'homme connaît grâce à la raison, faculté spécifique que Dieu lui a donné en vue de cette connaissance. Dans l'état de nature, les hommes sont déjà en rapport les uns avec les autres ; ils s'approprient des biens et passent des contrats. L'état de guerre, considéré comme fait premier par Hobbes (ce qui avait pour conséquence que toute société politique, même la plus despotique, était préférable à l'état de nature), est pour Locke la conséquence d'une violation de la loi naturelle, et ne peut s'imposer que lorsque l'interprétation de la loi est laissée à la liberté de chacun. Ce qui, dans l'état de nature, fragilise la paix, c'est moins une hostilité fondamentale entre les hommes que l'absence d'une interprétation publique du droit naturel et d'un juge reconnu. La société politique reçoit, dès lors, une fonction précise : elle supplée aux insuffisances du pur état de nature en établissant un législateur reconnu, un juge auquel on peut recourir en cas de litige, ainsi qu'un pouvoir exécutif capable de mettre en œuvre les lois et

les décisions de justice. Dès lors, la légitimité de toute institution politique réside dans une fin précise : la société politique n'existe comme telle que lorsqu'elle protège les propriétés des individus (la personne et ses biens), et fait place à l'état de guerre dès qu'elle outrepasse ses limites.
Aussi, avec Locke (engagé dans la lutte contre l'absolutisme en Grande-Bretagne, à la fin du XVIIe siècle), se met en place de façon très explicite la philosophie libérale de l'État : la vie sociale n'a pas de fondement politique, et l'État, n'étant établi que pour donner une assise plus sûre à la liberté naturelle, doit toujours être cantonné dans des limites bien déterminées. Notamment, tout impôt levé par l'État doit contribuer à la fin de la société politique, qui est l'effectuation de la loi naturelle et la conservation des personnes et des biens.
Notre texte manifeste bien ce mouvement : à partir d'une définition de la société politique fondée sur la remise à la collectivité des droits individuels, en vue de l'effectuation de la loi naturelle, Locke dégage les normes propres à une société politique. Il montre en un premier temps les devoirs qu'implique, pour l'individu, l'appartenance à une société politique, puis il fait valoir que la définition de la société civile lui assigne des limites propres, excluant notamment tout despotisme. C'est toujours au nom du droit naturel que la société civile existe, et elle se détruit elle-même dès qu'elle y déroge. Cette « société » est toujours seconde par rapport au droit naturel, qu'elle a pour seule fonction d'accomplir.

87. Les hommes étant nés tous également, ainsi qu'il a été prouvé, dans une *liberté* parfaite, et avec le droit de jouir paisiblement et sans contradiction, de tous les droits et de tous les privilèges des *lois de la nature* ; chacun a, par la *nature*, le pouvoir, non seulement de conserver ses biens propres, c'est-à-dire sa vie, sa *liberté* et ses richesses, contre toutes les entreprises, toutes les injures et tous les attentats des autres ; mais encore de juger et de punir ceux qui violent les *lois de la nature*, selon qu'il croit que l'offense le mérite, de punir même de mort, lorsqu'il s'agit de quelque crime énorme, qu'il pense mériter la mort. Or, parce qu'il ne peut y avoir de *société politique*, et qu'une telle société ne peut subsister, si elle n'a en soi le pouvoir de conserver ce qui lui appar-

tient en propre, et, pour cela, de punir les fautes de ses membres ; là seulement se trouve une *société politique*, où *chacun des membres s'est dépouillé de son pouvoir naturel, et l'a remis entre les mains de la société, afin qu'elle en dispose dans toutes sortes de causes, qui n'empêchent point d'appeler toujours aux lois établies par elle.* Par ce moyen, tout jugement des particuliers étant exclu, la *société* acquiert le droit de souveraineté ; et certaines lois étant établies, et certains hommes autorisés par toute la communauté pour les faire exécuter, ils terminent tous les différends qui peuvent arriver entre les membres de cette *société*-là, touchant quelque matière de droit, et punissent les fautes que quelque membre aura commises contre la *société* en général, ou contre quelqu'un de son corps, conformément aux peines marquées par les lois. Et par là, il est aisé de discerner ceux qui sont ou qui ne sont pas ensemble en *société politique*. Ceux qui composent un seul et même corps, qui ont des lois communes établies et des juges auxquels ils peuvent appeler, et qui ont l'autorité de terminer les disputes et les procès, qui peuvent être parmi eux et de punir ceux qui font tort aux autres et commettent quelque crime : ceux-là sont en *société civile* les uns avec les autres ; mais ceux qui ne peuvent appeler de même à aucun tribunal sur la terre, ni à aucunes *lois positives*, sont toujours dans l'*état de nature* ; chacun, où il n'y a pas d'autre juge, étant juge et exécuteur pour soi-même, ce qui est, comme je l'ai montré auparavant, le véritable et parfait *état de nature*.

88. Une *société* vient donc, par les voies que nous venons de marquer, à avoir le pouvoir de régler quelles sortes de punitions sont dues aux diverses offenses et aux divers crimes, qui peuvent se commettre contre ses membres, ce qui est le pouvoir *législatif* : comme elle acquiert de même par là le pouvoir de punir les injures faites à quelqu'un de ses membres par quelque personne qui n'en est point ; ce qui est le *droit de la guerre et de la paix*. Tout cela ne tend qu'à conserver, autant qu'il est possible, ce qui appartient en propre aux membres de

cette *société*. Mais quoique chacun de ceux qui sont entrés en société ait abandonné le pouvoir qu'il avait de punir les infractions des *lois de la nature*, et de juger lui-même des cas qui pouvaient se présenter, il faut remarquer néanmoins qu'avec le droit de juger les offenses, qu'il a remis à l'*autorité législative*, pour toutes les causes dans lesquelles il peut en appeler au Magistrat, il a remis en même temps à la *société* le droit d'employer toute sa force pour l'exécution des jugements de la *société*, toutes les fois que la nécessité le requerra : en sorte que ces jugements sont au fond ses propres jugements, puisqu'ils sont faits par lui-même ou par ceux qui le représentent. Et ici nous voyons la vraie origine du *pouvoir législatif et exécutif* de la *société civile*, lequel consiste à juger par des lois établies et constantes, de quelle manière les offenses, commises dans la *société*, doivent être punies ; et aussi, par des jugements occasionnels fondés sur les présentes circonstances du fait, de quelle manière doivent être punies les injures de dehors, et, à l'égard des unes et des autres, à employer toutes les forces de tous les membres, lorsqu'il est nécessaire.

89. C'est pourquoi, partout où il y a un certain nombre de gens unis de telle sorte en société, que chacun d'eux ait renoncé à son *pouvoir exécutif des lois de la nature* et l'ait remis au public, là et là seulement, se trouve une société politique ou *civile*. Et au nombre des membres d'une telle société, doivent être mises non seulement ces diverses personnes, qui, étant dans l'*état de nature*, ont voulu rentrer en société, pour composer un peuple et un *corps politique, sous un gouvernement souverain, mais aussi tous* ceux qui se sont joints ensuite à ces gens-là, qui se sont incorporés à la même *société*, qui se sont soumis à un gouvernement déjà établi. Car de cette manière, ils autorisent la *société* dans laquelle ils entrent volontairement, confirment le pouvoir qu'y ont les Magistrats et les princes, et s'engagent encore à joindre leur secours à celui des autres s'il est nécessaire, pour la sûreté des lois et l'exécution des jugements, qu'ils doivent regarder comme leurs jugements et leurs arrêts propres. Les

hommes sortent donc de l'*état de nature*, et entrent dans une *société politique*, lorsqu'ils créent et établissent des Juges et des Souverains sur la terre, à qui ils communiquent l'autorité de terminer tous les différends, et de punir toutes les injures qui peuvent être faites à quelqu'un des membres de la société ; et partout où l'on voit un certain nombre d'hommes, de quelque manière d'ailleurs qu'ils soient associés, parmi lesquels ne se trouve pas un tel pouvoir décisif, auquel on puisse appeler, on doit regarder l'état où ils sont, comme étant toujours l'*état de nature*.

90. Il paraît évidemment, par tout ce qu'on vient de lire, que la *monarchie absolue*, qui semble être considérée par quelques-uns comme le seul gouvernement qui doive avoir lieu dans le monde, est, à vrai dire, incompatible avec la *société civile*, et ne peut nullement être réputée une forme de *gouvernement civil*. Car la fin de la société civile étant de remédier aux inconvénients qui se trouvent dans l'*état de nature*, et qui naissent de la *liberté* où chacun est, d'être juge dans sa propre cause ; et dans cette vue, d'établir une certaine autorité publique et approuvée, à laquelle chaque membre de la *société* puisse appeler et avoir recours, pour des injures reçues, ou pour des disputes et des procès qui peuvent s'élever, et être obligés d'obéir ; partout où il y a des gens qui ne peuvent point appeler et avoir recours à une autorité de cette sorte, et faire terminer par elle leurs différends, ces gens-là sont assurément toujours dans l'*état de nature*, aussi bien que tout *Prince absolu* y est, à l'égard de ceux qui sont sous sa domination.

XVII

HUME

LA JUSTICE, VERTU ARTIFICIELLE ET CONVENTIONNELLE

Hume, *Traité de la nature humaine*, tome III, *La Morale*, trad. Ph. Saltel, GF-Flammarion, 1993, p. 85-91.

Après avoir observé que les normes morales ne peuvent pas provenir de la raison, Hume a posé l'existence, en l'homme, d'un *sens moral*. Mais si c'est bien naturellement que nous tirons une certaine satisfaction du bien d'autrui – disposition naturelle que Hume nomme *sympathie* –, il ne s'ensuit pas que toutes les distinctions morales aient une origine naturelle. Ainsi, la *justice*, vertu essentielle dans la vie sociale – c'est elle qui nous commande de respecter le bien d'autrui – ne saurait, selon Hume, avoir une origine naturelle : le sens de l'intérêt public, en quoi consiste la justice, dépasse de loin le sens moral naturel, qui n'a d'efficace que dans les rapports que nous entretenons pratiquement avec nos proches. C'est précisément tout le problème de Hume, dans le passage suivant, que de comprendre comment le respect de normes collectives (comme les normes de justice), qui n'a d'utilité que collective, peut être assuré chez les individus singuliers. L'altruisme naturel de l'homme, nous dit Hume, n'est en fait qu'une extension de son égoïsme : la sympathie dont l'homme est capable s'exerce d'abord au bénéfice des proches, parfois même au point de supplanter l'instinct de conservation. Aussi cette sympathie naturelle, bien loin de constituer la base d'une vie sociale pacifique, est plutôt de nature à éloigner l'homme de la considération de la justice (risque de *partialité*).

C'est pour cette raison que Hume est amené à affirmer que la justice, et tous les principes qui gouvernent la vie de l'homme en société, sont de nature *conventionnelle*, et produits par l'artifice (l'artifice est, avec l'habitude, l'un des grands principes de la nature humaine selon Hume). Encore les conventions sociales ne peuvent-elles pas être expliquées, pour Hume, par l'obscure doctrine du contrat social. Dans ses *Essais politiques*, en effet, Hume dénonce dans le concept du contrat social une pure fiction, qu'aucune observation empirique ne justifie. Il y discerne aussi un cercle vicieux, tout contrat supposant préalablement l'assurance du respect des clauses du contrat, ce qui n'est pas possible sans un début de sociabilité. La convention n'est pas, précise Hume, « de la nature d'une promesse ». Hume propose donc de concevoir les règles permettant la vie en société comme le produit d'un développement progressif de la sociabilité : à force d'étendre leurs relations mutuelles, les hommes prennent conscience des avantages de la vie en société, et souscrivent *implicitement* à un certains nombre de conventions. Hume définit ici la convention non comme le produit d'une décision rationnelle, mais comme un accord *pratique* entre les hommes, de la même façon que deux rameurs accordent leurs mouvements sans promesse explicite, mais de façon conventionnelle. C'est « peu à peu », nous dit Hume, qu'émerge une certaine régularité dans les actions humaines, fondée sur les anticipations pratiques que chacun produit à propos des autres (je m'attends à ce que l'autre respecte ma propriété, et j'en fais de même, sans accord explicite). Si difficile à concevoir que soit une telle genèse des conventions sociales, Hume donne en faveur de sa thèse un exemple particulièrement convaincant : le langage semble bien reposer sur des « conventions » (en effet, le signe linguistique est arbitraire), et pourtant, l'hypothèse d'un accord explicite entre les hommes portant sur le langage paraît clairement infondée. La convention linguistique, précisément, découle, au niveau individuel, d'un apprentissage pratique, et, au niveau collectif, résulte d'un long processus historique, sans que jamais il n'y ait eu aucune décision ni promesse explicite.

Mais pour qu'une société puisse se former, il est nécessaire, non seulement qu'elle soit avantageuse, mais encore que les hommes soient conscients de ces avantages ; et il est impossible, en leur état sauvage et inculte, que par l'étude et la réflexion seules, ils soient jamais capables de parvenir à ce savoir. C'est donc très heureusement qu'il y a, à côté de ces besoins dont la satisfaction est éloignée et complexe, une autre nécessité que l'on peut considérer à juste titre comme le principe premier et originel de la société humaine, car elle trouve une réponse immédiate et plus évidente. Cette nécessité n'est autre que l'appétit naturel des deux sexes l'un pour l'autre, qui les unit l'un à l'autre et préserve leur union jusqu'à ce que s'établisse un nouveau lien, le souci qu'ils ont de leur progéniture commune. [...]

Il y a cependant d'autres particularités, qui appartiennent à notre *tempérament naturel* et aux *circonstances extérieures* où nous sommes, qui sont très préjudiciables et même contraires à l'association requise. Parmi les premières, nous pouvons à juste titre estimer que notre *égoïsme* est la plus importante. J'ai l'impression que, généralement parlant, les représentations de cette caractéristique ont été poussées beaucoup trop loin et que les descriptions que certains philosophes prennent tant de plaisir à faire de l'humanité sur ce point sont aussi éloignées de la nature que le sont des histoires de monstres que nous trouvons dans les fables et les romans. Si loin de penser que les hommes n'ont d'affection pour rien d'autre qu'eux-mêmes, j'ai comme opinion que, bien qu'il soit rare de rencontrer un homme qui en aime un autre mieux que lui-même, il est pourtant tout aussi rare de rencontrer un homme chez qui l'ensemble des inclinations altruistes ne surpasse pas la totalité des penchants égoïstes. Consultez l'expérience courante : ne constatez-vous pas que, si toutes les dépenses familiales sont, en général, sous l'autorité du chef de famille, ils sont pourtant peu nombreux, ceux qui ne consacrent pas la plus grande partie de leur fortune aux plaisirs de leur épouse et à l'éducation de leurs enfants, ne réservant que la part la plus modeste à leur propre usage et à leurs distractions personnelles ? C'est ce que nous pouvons observer au sujet des hommes tenus par ces liens aimables, et nous pouvons présumer qu'il en serait de même pour les autres, s'ils se trouvaient dans une situation identique.

Mais, s'il faut reconnaître que cette générosité est à l'honneur de la nature humaine, nous pouvons en même temps remarquer qu'au lieu de former les hommes à la société, une si noble affection lui est presque aussi contraire que l'égoïsme le plus étroit. En effet, tant que chaque personne s'aime mieux qu'elle n'aime aucune autre et, dans son amour pour les autres, porte à sa famille et à ses relations l'affection la plus grande, cette situation doit nécessairement produire une divergence des passions et, par conséquent, une divergence des actions, ce qui ne peut qu'être dangereux pour l'union nouvellement établie. [...]

C'est en vain que nous nous attendrions à trouver dans une *nature inculte* un remède à cet inconvénient, ou que nous espérerions d'un principe non artificiel de l'esprit humain qu'il puisse contrôler ces affections partiales et nous permettre de vaincre les tentations nées des circonstances où nous sommes. L'idée de la justice ne peut jamais servir à cette fin ou être considérée comme un principe naturel susceptible d'inspirer aux hommes une conduite équitable l'un pour l'autre. Cette vertu, telle qu'on la comprend maintenant, ne serait jamais venue à l'idée d'hommes sauvages et primitifs. En effet, la notion de préjudice ou d'injustice implique qu'une immoralité ou un vice s'exerce à l'encontre de quelqu'un d'autre et, puisque toute immoralité provient d'une imperfection ou d'un désordre des passions, et qu'il faut juger cette imperfection en la rapportant, en grande partie, à ce qui est pour l'esprit le cours ordinaire de la nature, il sera facile de savoir si nous sommes coupables d'une immoralité quelconque à l'égard des autres, en considérant la force naturelle et habituelle des diverses passions qui sont tournées vers eux. Or, il apparaît que dans la structure originelle de notre esprit, notre attention la plus forte est réservée à notre personne, celle qui suit est étendue à notre famille et à nos relations et ce n'est que la plus faible qui se porte jusqu'aux personnes qui nous sont étrangères et indifférentes. Cette partialité et cette affection inégale doivent alors avoir une influence, non seulement sur notre comportement et notre conduite en société, mais aussi sur nos idées du vice et de la vertu, de telle sorte qu'elle nous fait considérer comme vicieuse et immorale toute transgression notable de ce degré de partialité, qu'il s'agisse d'une extension exagérée ou d'une restriction de nos affections. Cela, nous pouvons l'observer dans nos jugements ordinaires sur les actions, quand nous blâmons une personne qui concentre toutes ses affections sur sa famille ou qui la néglige à ce point qu'elle donne la préférence, en cas de conflit d'intérêts, à un étranger ou à une personne qu'elle ne connaît que par hasard. Il suit de tout cela que nos idées naturelles et incultes de la moralité, au lieu de fournir un remède à la partialité de nos affections, se conforment à cette partialité et lui procurent une force et une influence supplémentaires.

Le remède, dès lors, ne provient pas de la nature mais de l'*artifice* ou, pour parler plus exactement, la nature fournit, dans le jugement et l'entendement, un remède à ce qui est irrégulier et malencontreux dans les affections. En effet, lorsque les hommes, par leur première éducation en société, sont devenus conscients des avantages infinis qu'elle procure et ont, par ailleurs, acquis une inclination nouvelle qui tend à la compagnie et à la conversation, lorsqu'ils ont observé que les principaux troubles sociaux viennent de ces biens que nous nommons externes, de leur relâchement et de leur facilité à passer d'une personne à une autre, il faut qu'ils cherchent un recours, en mettant ces biens à égalité avec les avantages établis et constants de l'esprit et du corps. Cela ne peut être fait d'aucune autre manière que par une convention souscrite par tous les membres de la société afin de conférer de la stabilité à la possession de ces biens extérieurs et de laisser chacun dans la paisible jouissance de ce qu'il a pu acquérir par sa bonne fortune ou son labeur. Par ce moyen, chacun sait ce qu'il peut posséder en toute sécurité, et les passions sont limitées dans leurs mouvements partiaux et contradictoires. Ce n'est pas qu'une telle contrainte soit opposée à ces passions ; car si cela était, elle n'aurait jamais pu être acceptée ni maintenue ; mais elle est uniquement contraire à leur mouvement irréfléchi et impétueux. Loin de nous détourner de notre intérêt propre et de celui de nos amis les plus proches en nous abstenant de ce qui appartient à d'autres, nous ne pouvons mieux satisfaire ces deux intérêts que par une telle convention, qui est si nécessaire à la vie et au bien-être de nos amis, comme elle l'est aux nôtres.

Cette convention n'est pas de la nature d'une *promesse*, car les promesses elles-mêmes, comme nous le verrons plus loin, naissent des conventions humaines. Ce n'est qu'un sens général de l'intérêt commun, sens que les membres de la société s'expriment les uns aux autres, et qui les conduit à régler leur comportement selon certaines règles. J'observe qu'il sera de mon intérêt de laisser autrui en possession de ses biens, *pourvu* qu'il agisse de même avec moi. Il a conscience d'avoir un intérêt semblable à régler sa conduite. Quand ce sens commun de l'intérêt est mutuellement formulé et qu'il est connu des deux, il produit une résolution et un comportement qui lui correspondent. Et cela, on peut l'appeler avec assez d'à-propos une convention ou un accord entre nous, bien que fasse défaut la médiation d'une promesse, puisque les actions de chacun d'entre nous font référence à celles de l'autre et sont accomplies en supposant que de l'autre côté, on doit aussi accomplir quelque chose. Deux hommes qui tirent aux avirons d'une barque le font selon un accord ou une convention, bien qu'ils n'aient jamais échangé de promesses. De même, la règle qui porte sur la stabilité des possessions découle moins de conventions humaines qu'elle ne se développe peu à peu, acquérant des forces en progressant lentement et par l'expérience répétée des inconvénients liés à sa transgression. Cette expérience nous procure, au contraire, encore plus l'assurance que le sens de l'intérêt est devenu commun à tous nos semblables et nous donne confiance quant à la régularité de leur conduite dans l'avenir ; et notre modération comme notre abstention ne se fondent que sur l'attente de cette régularité. C'est d'une manière semblable que les langues se sont graduellement établies par des conventions humaines, sans aucune promesse.

XVIII

ROUSSEAU

LE « CONTRAT SOCIAL », SEUL FONDEMENT POSSIBLE DE LA LÉGITIMITÉ

Rousseau, *Du contrat social*, GF-Flammarion, 1992, p. 37-40.

Si, dans le *Discours sur l'origine et les fondements de l'inégalité parmi les hommes*, Rousseau s'attachait à la genèse progressive de la sociabilité et au développement corrélatif des passions sociales, le *Contrat social* s'inscrit dans une autre perspective : il s'agit désormais de revenir au fondement *rationnel* de la société civile, par-delà toute spéculation sur ses commencements. Par rapport au *Discours*, la pensée de Rousseau prend, dans le *Contrat social*, un contenu nettement plus normatif.

En effet, en distinguant, comme dans notre texte, la « société » de la simple « multitude », Rousseau veut montrer que l'unité et la stabilité de la société, son existence comme véritable « corps social » suppose des relations fondées sur le *droit* : la sujétion commune à un despote ne constitue pas une véritable société civile, car il s'agit là d'une agrégation qui existe en fait, mais ne dépasse pas l'état de nature. S'il faut toujours « remonter à une première convention », c'est que la société, parce qu'elle fait peser une contrainte sur l'individu (par exemple, le vote impose à une minorité la loi de la majorité), ne peut être pleinement acceptée que si chaque individu a souscrit préalablement à ses principes fondamentaux. Si, par exemple, je reconnais la légitimité des lois, quand bien même je ne les ai pas choisies, c'est seulement dans la mesure où j'ai adhéré aux principes selon lesquels les lois sont élaborées. C'est pour cette raison, d'ailleurs, que Rousseau pense le contrat social comme étant simultanément un contrat politique, contre Grotius qui distinguait le contrat d'association et le pacte de soumission au souverain : entrer en société, c'est toujours adopter une convention qui rend légitime, parce que acceptable, la soumission de la volonté particulière à la volonté générale.

Rousseau montre ensuite qu'une telle convention passe par un contrat social dont les clauses, strictement déterminées, définissent les conditions qui rendent la soumission de l'individu à la communauté rationnellement acceptables : je ne puis abandonner ma « liberté naturelle » au profit du corps social que si j'y trouve une « liberté conventionnelle » qui lui est préférable. Comment « l'aliénation totale de chaque associé et de tout ces droits » au profit de la communauté peut-elle garantir cela ? C'est que seul un tel contrat assure l'*égalité* des contractants : ce que la société m'impose s'impose aussi à tous les autres, de sorte que nul n'a intérêt à rendre ces conditions « onéreuses ».

C'est ici que Rousseau se distingue de Hobbes : comme lui, il affirme que l'unité de la société, son existence en tant que corps (doté d'un « moi commun »), suppose une aliénation totale au profit du souverain. Mais Hobbes concevait ce souverain comme une ou plusieurs personnes physiques dotées d'un pouvoir absolu, et extérieures au contrat. Pour Rousseau, le rapport ainsi institué est un rapport de domination, ce qui supprime l'universalité d'une loi qui doit s'appliquer à tous. Aussi est-ce le peuple constitué en corps qui se trouve dépositaire de la puissance de faire les lois : c'est pour cette raison, d'ailleurs, que Rousseau refuse que le pouvoir législatif puisse être délégué, par le biais, par exemple, de l'élection d'une assemblée représentative.

Chapitre V

QU'IL FAUT TOUJOURS REMONTER À UNE PREMIÈRE CONVENTION

Quand j'accorderais tout ce que j'ai réfuté jusqu'ici, les fauteurs du despotisme n'en seraient pas plus avancés. Il y aura toujours une grande différence entre soumettre une multitude et régir une société. Que des hommes épars soient successivement asservis à un seul, en quelque nombre qu'ils puissent être, je ne vois là qu'un maître et des esclaves, je n'y vois point un peuple et son chef ; c'est si l'on veut une agrégation, mais non pas une association ; il n'y a là ni bien public ni corps politique. Cet homme, eût-il asservi la moitié du monde, n'est toujours qu'un particulier ; son intérêt, séparé de celui des autres, n'est toujours qu'un intérêt privé. Si ce même homme vient à périr, son empire après lui reste épars et sans liaison, comme un chêne se dissout et tombe en un tas de cendres, après que le feu l'a consumé.

Un peuple, dit Grotius, peut se donner à un roi. Selon Grotius un peuple est donc un peuple avant de se donner à un roi. Ce don même est un acte civil, il suppose une délibération publique. Avant donc que d'examiner l'acte par lequel un peuple élit un roi, il serait bon d'examiner l'acte par lequel un peuple est un peuple. Car cet acte étant nécessairement antérieur à l'autre est le vrai fondement de la société.

En effet, s'il n'y avait point de convention antérieure, où serait, à moins que l'élection ne fût unanime, l'obligation pour le petit nombre de se soumettre au choix du grand, et d'où cent qui veulent un maître ont-ils le droit de voter pour dix qui n'en veulent point ? La loi de la pluralité des suffrages est elle-même un établissement de convention, et suppose au moins une fois l'unanimité.

CHAPITRE VI

DU PACTE SOCIAL

Je suppose les hommes parvenus à ce point où les obstacles qui nuisent à leur conservation dans l'état de nature l'emportent par leur résistance sur les forces que chaque individu peut employer pour se maintenir dans cet état. Alors cet état primitif ne peut plus subsister, et le genre humain périrait s'il ne changeait sa manière d'être.

Or comme les hommes ne peuvent engendrer de nouvelles forces, mais seulement unir et diriger celles qui existent, ils n'ont plus d'autre moyen pour se conserver que de former par agrégation une somme de forces qui puisse l'emporter sur la résistance, de les mettre en jeu par un seul mobile et de les faire agir de concert.

Cette somme de forces ne peut naître que du concours de plusieurs : mais la force et la liberté de chaque homme étant les premiers instruments de sa conservation, comment les engagera-t-il sans se nuire, et sans négliger les soins qu'il se doit ? Cette difficulté ramenée à mon sujet peut s'énoncer en ces termes :

« Trouver une forme d'association qui défende et protège de toute la force commune la personne et les biens de chaque associé, et par laquelle chacun s'unissant à tous n'obéisse pourtant qu'à lui-même et reste aussi libre qu'auparavant. » Tel est le problème fondamental dont le contrat social donne la solution.

Les clauses de ce contrat sont tellement déterminées par la nature de l'acte que la moindre modification les rendrait vaines et de nul effet ; en sorte que, bien qu'elles n'aient peut-être jamais été formellement énoncées, elles sont partout tacitement admises et reconnues ; jusqu'à ce que, le pacte social étant violé, chacun rentre alors dans ses premiers droits et reprenne sa liberté naturelle, en perdant la liberté conventionnelle pour laquelle il y renonça.

Ces clauses bien entendues se réduisent toutes à une seule, savoir l'aliénation totale de chaque associé avec tous ses droits à toute la communauté. Car, premièrement, chacun se donnant tout entier, la condition est égale pour tous, et la condition étant égale pour tous, nul n'a intérêt de la rendre onéreuse aux autres.

De plus, l'aliénation se faisant sans réserve, l'union est aussi parfaite qu'elle ne peut l'être et nul associé n'a plus rien à réclamer : car s'il restait quelques droits aux particuliers, comme il n'y aurait aucun supérieur commun qui pût prononcer entre eux et le public, chacun étant en quelque point son propre juge prétendrait bientôt l'être en tous, l'état de nature subsisterait et l'association deviendrait nécessairement tyrannique ou vaine.

Enfin, chacun se donnant à tous ne se donne à personne, et comme il n'y a pas un associé sur lequel on n'acquière le même droit qu'on lui cède sur soi, on gagne l'équivalent de tout ce qu'on perd, et plus de force pour conserver ce qu'on a.

Si donc on écarte du pacte social ce qui n'est pas de son essence, on trouvera qu'il se réduit aux termes suivants : *Chacun de nous met en commun sa personne et toute sa puissance sous la suprême direction de la volonté générale ; et nous recevons en corps chaque membre comme partie indivisible du tout.*

À l'instant, au lieu de la personne particulière de chaque contractant, cet acte d'association produit un corps moral et collectif composé d'autant de membres que l'assemblée a de voix, lequel reçoit de ce même acte son unité, son *moi* commun, sa vie et sa volonté. Cette personne publique qui se forme ainsi par l'union de toutes les autres prenait autrefois le nom de *Cité*, et prend maintenant celui de *République* ou de *corps politique*, lequel est appelé par ses membres *État* quand il est passif, *Souverain* quand il est actif, *Puissance* en le comparant à ses semblables. À l'égard des associés ils prennent collectivement le nom de *Peuple*, et s'appellent en particulier *citoyens* comme participant à l'autorité souveraine, et *sujets* comme soumis aux lois de l'État. Mais ces termes se confondent souvent et se prennent l'un pour l'autre ; il suffit de les savoir distinguer quand ils sont employés dans toute leur précision.

XIX

WEBER

RÉGULARITÉS SOCIALES ET TYPES D'ORDRES LÉGITIMES

Weber, *Économie et société*, t. I, trad. sous la direction de J. Chavy, E. de Dampierre, Plon, 1971, p. 61-72.

Dans *Économie et société*, Max Weber expose les « concepts fondamentaux » des sciences sociales telles qu'il les conçoit. Pour Weber, les sciences sociales visent la *compréhension* des phénomènes, plutôt que leur *explication* causale, à la façon des sciences de la nature. Comprendre, c'est alors se donner les moyens de mettre en relation de façon intelligible un ensemble d'activités humaines, aux moyens de modèles (Weber parle d'« idéal-type ») qui, sans correspondre à rien d'empirique, isolent les aspects les plus significatifs de certaines configurations. Il s'agit toujours d'accéder au sens que les agents donnent à leur propre action.

La sociologie, nous dit Max Weber, a pour objet propre les

activités qui présentent une certaine régularité. Mais il faut bien noter qu'il n'y a de régularité pertinente que si le « sens visé » par l'activité connaît lui-même une certaine régularité. C'est que, pour Weber, il n'y a d'activité sociale que s'il s'agit d'un comportement humain finalisé. C'est précisément en raison de cette attention au sens visé par les agents que Weber refuse de passer, comme le fait Durkheim, de l'observation de régularités empiriques à l'idée de faits sociaux dotés d'une réalité propre, qui transcenderaient les individus (voir le texte n° 24). En particulier, on remarque que, dans tout le passage, Weber prend bien soin de ne pas assimiler ce qui est régulier et ce qui est le produit d'une « règle ». En effet, dans sa typologie des différents types de régularités, Weber distingue notamment la « coutume » de la « convention » et du « droit » : la première n'implique aucune conscience de se conformer à une norme, à la différence des secondes, qui sont « obligatoirement valables ». Et d'autres régularités, notamment économiques, peuvent être simplement conditionnées par l'intérêt, sans qu'intervienne la représentation d'un « ordre légitime ».

C'est précisément l'un des aspects majeurs de l'entreprise de Weber que de dégager, du point de vue même des agents, les conditions pour qu'une activité régulière soit conditionnée avant tout par la représentation d'une *valeur*. Weber propose donc, et de façon parallèle, une typologie des activités sociales et une typologie des principes de légitimité qui garantissent un certain ordre social (§ 6). Les distinctions de Weber entre légitimité traditionnelle (qui repose sur l'antiquité de l'ordre jugé légitime), légitimité religieuse, charismatique ou « rationnelle » ont été, pour de nombreux sociologues, des outils précieux. En particulier, le thème du *désenchantement* traverse toute la réflexion sur la société contemporaine : les sociétés industrielles voient de plus en plus prévaloir la « légitimité rationnelle » comme principe de domination, au détriment du rôle de la tradition et de la religion, qui pouvaient produire un type de subordination « enchanté ». Cela dit, beaucoup d'auteurs ont retenu avant tout de Max Weber l'idée que les rapports sociaux ne pouvaient se réduire à leur composante purement matérielle et économique, au sens où tout pouvoir contient toujours une dimension *symbolique*, sans laquelle il ne serait pas reconnu comme légitime. La réflexion sur les valeurs se trouve ainsi mise au premier plan.

On peut observer au sein de l'activité de réelles régularités, c'est-à-dire des développements de l'activité qui se répètent ou (éventuellement : en même temps) ont cours chez de nombreux individus en un *sens* visé typiquement similaire durant une même activité. C'est de ces *types* de développements de l'activité que s'occupe la sociologie, à l'opposé de l'histoire qui s'intéresse à l'imputation causale d'ensembles singuliers importants, c'est-à-dire liés à un destin.

La chance réellement existante d'une *régularité* dans la disposition de l'activité sociale, nous l'appelons *usage* [*Brauch*] lorsque et tant que la chance de persister au sein d'un groupe d'hommes est donnée *purement et simplement* par une pratique effective. L'usage devient *coutume* [*Sitte*] lorsque la pratique effective repose sur une *routine ancienne*. Nous dirons par contre qu'elle est conditionnée par une situation d'intérêts (elle est alors « conditionnée par l'intérêt » [*interessenbedingt*]) lorsque et tant que la chance de sa persistance empirique est conditionnée *purement et simplement* par une orientation purement rationnelle en finalité de l'activité des divers individus d'après des *expectations* similaires.

1. La « mode » fait partie de l'usage. À la différence de la « coutume », la mode s'appellera usage lorsque (à l'inverse de ce qui caractérise la coutume) le fait de la *nouveauté* du comportement en question est la source de l'activité qui s'y oriente. La mode est assez voisine de la « convention » puisque, tout comme celle-ci, elle procède (fréquemment) des intérêts du prestige attaché à une *couche sociale.* Nous ne nous en occuperons pas plus longtemps ici.

2. Par « coutume » nous entendons, à la différence de la « convention » et du « droit », une règle *sans* garantie extérieure que l'agent observe librement, que ce soit d'une façon simplement « machinale », par « commodité » ou pour toutes sortes d'autres raisons, en même temps qu'il peut s'attendre pour ces raisons à ce que les autres membres qui appartiennent au groupe la respec-

tent vraisemblablement. Ainsi comprise, la coutume n'a rien d'« obligatoirement valable » [*nichts Geltendes*] : on n'« exige » de personne qu'il la suive. La transition de la coutume à la *convention* et au *droit* est évidemment absolument flottante. Ce qui est de coutume [*Hergebrachte*] a été partout à l'origine de ce qui est « obligatoirement valable ». On a « coutume » de prendre le matin le petit déjeuner dans des formes à peu près déterminées ; mais il n'existe aucune « obligation » à ce sujet (sauf pour les touristes à l'hôtel) ; d'ailleurs cette coutume n'a pas toujours existé. Par contre la façon de nous habiller, même là où elle a procédé d'une « coutume », ne consiste plus seulement aujourd'hui, dans une large mesure, en une coutume, mais en une convention [...].

§ 5. *Concept de l'ordre légitime*

L'activité, et tout particulièrement l'activité sociale, et plus spécialement encore une relation sociale, peut s'orienter, du coté de ceux qui y participent, d'après la *représentation* de l'existence d'un *ordre légitime* [*legitime Ordnung*]. La chance que les choses se passent réellement ainsi, nous l'appelons « validité » [*Geltung*] de l'ordre en question.

À notre sens, la « validité » d'un *ordre* signifie quelque chose de plus qu'une simple régularité dans le déroulement de l'activité sociale, conditionnée par une coutume ou par une situation commandée par l'intérêt. Lorsque les compagnies de déménagement mettent régulièrement une petite annonce dans les journaux à l'époque où les loyers viennent à terme, cette régularité est uniquement commandée par l'intérêt. Lorsqu'un représentant fait une visite à une clientèle déterminée à des jours déterminés de la semaine ou du mois, il s'agit ou bien d'une coutume machinale, ou bien d'un effet de l'intérêt. Par contre, lorsqu'un fonctionnaire apparaît journellement à heure fixe à son bureau, il ne le fait pas *uniquement* (bien qu'aussi) par habitude prise (coutume), ni *uniquement* (bien qu'aussi) parce que ses propres intérêts le lui commandent, encore qu'il pourrait s'y conformer ou non à son gré, mais il le fait (en règle générale : aussi) parce qu'il respecte par devoir la « validité » de l'ordre (les règlements de service) qui, s'il les violait, non seulement lui causeraient certains préjudices, mais encore lui inspireraient – normalement – du point de vue de la rationalité en valeur (quand bien même dans une mesure très variable), un remords pour n'avoir pas accompli son « devoir » [...].

§ 6. *Sortes d'ordres légitimes : convention et droit*

La légitimité d'un ordre peut être *garantie* :

A. De façon purement intime et dans ce cas :

(1) de façon purement affective, par un abandon d'ordre sentimental ;

(2) de façon rationnelle en valeur, par la foi en sa validité absolue, en tant qu'il est l'expression de valeurs ultimes obligatoires (d'ordre éthique, esthétique ou autre) ;

(3) de façon religieuse, par la croyance dans le fait que la possession de biens du salut dépend de l'observation de l'ordre ;

B. Ou (et même uniquement) par les expectations de certaines conséquences spécifiques externes, par exemple l'intérêt. Il s'agit cependant d'expectations d'une certaine *espèce.*

Cet ordre nous l'appelons :

1. *Convention* [*Konvention*], lorsque sa validité est garantie extérieurement par la chance que, si on s'en écarte à l'intérieur d'un groupe d'hommes déterminé, on s'expose à une *réprobation* [*Mißbilligung*] générale et pratiquement perceptible ;

2. *Droit* [*Recht*], lorsque la validité est garantie extérieurement par la chance d'une *contrainte* (physique ou psychique), grâce à l'activité d'une *instance* humaine, *spécialement* instituée à cet effet, qui force au respect de l'ordre et châtie la violation.

XX

RAWLS

LES DEUX PRINCIPES DE LA JUSTICE

Rawls, *Théorie de la justice*, trad. C. Audard, Seuil, 1987, p. 91-96.

Les deux « principes de justice » que John Rawls formule dans les pages suivantes doivent se comprendre à la lumière du débat qu'il engage, d'une part, avec l'utilitarisme, et, d'autre part, avec la conception de la justice qu'il nomme « intuitionnisme ». Il s'agit moins de démontrer ces principes que d'élaborer rationnellement une *justification* cohérente des normes de justice tacitement admises dans l'idée commune d'État de droit.

Pour l'utilitarisme classique, la justice se réduit à la maximisation du bien-être de l'ensemble de la société, c'est-à-dire de la somme des « utilités » individuelles. Rawls critique cette conception qui contredit l'idée commune de justice : celle-ci suppose la détermination d'une proportion juste entre les biens et les personnes, et porte donc autant d'intérêt à la répartition des biens qu'à leur quantité totale. À cette objection s'en ajoute une autre ; la conception utilitariste de la justice repose sur l'hypothèse que les « utilités » de différents individus peuvent se comparer, condition nécessaire à ce qu'on parle de leur « somme ».

L'« intuition », quant à elle, suggère de définir la justice comme un certain équilibre entre le souci de maximiser le « volume » total de bien-être et celui d'assurer un certain degré d'égalité. Mais cette approche est manifestement insuffisante, parce qu'elle ne donne aucun moyen de départager deux conceptions qui accordent des poids différents à ces deux aspects constitutifs de l'idée de justice, si tant est qu'une telle quantification ait un sens clair.

Ce qui importe, donc, dans la présentation des deux principes de la justice, c'est d'abord la hiérarchie que Rawls établit par ce qu'il nomme « l'ordre lexicographique » : le premier principe (le système le plus étendu possible de libertés de base égales pour tous) ne peut en aucun cas être enfreint ou amendé au nom du second (inégalités sociales et économiques admises si elles sont à l'avantage du moins bien loti) : ainsi, par exemple, les politiques de redistribution ne doivent pas empiéter sur les « libertés de base ».

Le second principe requiert un éclaircissement, dans la mesure où on voit mal quel type d'inégalité il autorise dans la pratique. Rawls fait valoir qu'une certaine inégalité peut être préférable à l'égalité absolue si, comme on peut le penser, elle permet d'augmenter le volume de biens disponibles de telle sorte que le moins bien loti connaisse un meilleur sort que dans une situation égalitaire, mais miséreuse.

Cet extrait se trouve complété plus loin par une justification inspirée de la notion de contrat social. Rawls part d'une hypothétique « position originelle », dans laquelle les hommes sont placés derrière un « voile d'ignorance » : ils ignorent tout de leurs préférences subjectives et de leur position sociale et doivent, sur cette base minimale, choisir un certain type de structure sociale. Rawls s'efforce de montrer que des hommes placés dans cette situation opteraient pour les deux principes énoncés ici. À l'utilitarisme qui préconise la maximisation de la somme des utilités individuelles, la théorie de la justice oppose le principe du « *maximin* », version plus précise du second principe : la société doit maximiser (*maxi...*) l'utilité de l'individu le moins avantagé (... *min*).

On voit que le concept de contrat social est ici interprété d'un point de vue purement normatif, et sert à dégager les conditions qui permettent à chacun de pouvoir souhaiter entrer dans la société. La théorie de la justice emprunte à l'utilitarisme et à l'économie néoclassique ses termes et ses modes de raisonnement, mais en les détournant. Le paradigme du contrat social s'y substitue en effet à celui du marché, à l'utopie libérale d'un ordre social spontané et efficace dans l'allocation des ressources, laquelle ignore la dimension proprement politique de la justice.

Je présenterai, maintenant, sous une forme provisoire, les deux principes de la justice sur lesquels se ferait un accord dans la position originelle. La première formulation de ces principes est une simple esquisse. Au fur et à mesure, j'examinerai plusieurs formulations et ferai des approximations successives de la présentation finale qui, elle, doit être donnée beaucoup plus tard. Je crois que cette méthode permet à l'exposé de se dérouler de manière naturelle.

La première présentation des deux principes est la suivante :

En premier lieu : chaque personne doit avoir un droit égal au système le plus étendu de libertés de base égales pour tous qui soit compatible avec le même système pour les autres.

En second lieu : les inégalité sociales et économiques doivent être organisées de façon à ce que, à la fois, (a) l'on puisse raisonnablement s'attendre à ce qu'elles soient à l'avantage de chacun et (b) qu'elles soient attachées à des positions et à des fonctions ouvertes à tous.

Il y a deux expressions ambiguës dans le second principe, à savoir « l'avantage de chacun » et « ouvertes à tous ». Pour en déterminer le sens avec plus d'exactitude, nous serons conduits à une seconde formulation du principe [...].

Ces principes s'appliquent, en premier lieu, comme je l'ai dit, à la structure sociale de base ; ils commandent l'attribution des droits et des devoirs et déterminent la répartition des avantages économiques et sociaux. Leur formulation présuppose que, dans la perspective d'une théorie de la justice, on divise la structure sociale en deux parties plus ou moins distinctes, le premier principe s'appliquant à l'une, le second à l'autre. Ainsi, nous distinguons entre les aspects du système social qui définissent et garantissent l'égalité des libertés de base pour chacun et les aspects qui spécifient et établissent les inégalités sociales et économiques. Or, il est essentiel d'observer que l'on peut établir une liste de ces libertés de base. Parmi elles, les plus importantes sont les libertés politiques (droit de vote et d'occuper un emploi public), la liberté d'expression, de réunion, la liberté de pensée et de conscience ; la liberté de la personne qui comporte la protection à l'égard de l'oppression psychologique et de l'agression physique (intégrité de la personne) ; le droit de propriété personnelle et la protection à l'égard de l'arrestation et de l'emprisonnement arbitraires, tels qu'ils sont définis par le concept d'État de droit. Ces libertés doivent être égales pour tous d'après le premier principe.

Le second principe s'applique, dans la première approximation, à la répartition des revenus et des richesses et aux grandes lignes des organisations qui utilisent des différences d'autorité et de responsabilité. Si la répartition de la richesse et des revenus n'a pas besoin d'être égale, elle doit être à l'avantage de chacun et, en même temps, les positions d'autorité et de responsabilité doivent être accessibles à tous. On applique le second principe en gardant les positions ouvertes, puis, tout en respectant cette contrainte, on organise les inégalités économiques et sociales de manière à ce que chacun en bénéficie.

Ces principes doivent être disposés selon un ordre lexical, le premier principe étant antérieur au second. Cet ordre signifie que des atteintes aux libertés de base égales pour tous qui sont protégées par le premier principe, ne peuvent pas être justifiées ou compensées par des avantages sociaux et économiques plus grands. Ces libertés ont un domaine central d'application à l'intérieur duquel elles ne peuvent être limitées et remises en question que si elles entrent en conflit avec d'autres libertés de base. C'est pourquoi, d'ailleurs, aucune n'est absolue ; mais, même si elles doivent être modifiées de manière à former un système, ce système doit être le même pour tous. Il est difficile, et peut-être impossible, de donner une définition complète de ces libertés indépendamment des circonstances sociales, économiques et technologiques particulières à une société donnée. L'hypothèse est que l'on peut imaginer la forme générale d'un telle liste avec assez d'exactitude pour soutenir cette conception de la justice. Bien sûr, les libertés ne figurant pas sur cette liste, comme le droit de posséder certaines formes de propriétés (par exemple les moyens de production), la liberté de contrat, comme dans la doctrine du « laisser-faire », ne sont pas des libertés de base, et ainsi, elles ne sont protégées par la priorité du premier principe. En ce qui concerne finalement le second principe, la répartition de la richesse et des revenus ainsi que les positions d'autorité et de responsabilité doivent être compatibles aussi bien avec les libertés de base qu'avec l'égalité des chances. Pour l'instant, on devrait remarquer que ces principes sont un cas particulier d'une conception de la justice plus générale qui peut être exprimée de la façon suivante :

Toutes les valeurs sociales – libertés et possibilités offertes à l'individu, revenus et richesse, ainsi que les bases sociales du respect de soi-même – doivent être réparties également, à moins qu'une répartition inégale de l'une ou de toutes ces valeurs ne soient à l'avantage de chacun.

L'injustice, alors, est simplement constituée par les inégalités qui ne bénéficient pas à tous. Bien sûr, cette conception est extrêmement vague et a besoin d'une interprétation.

Comme première étape, supposons que la structure de base de la société répartisse certains biens premiers [*primary goods*], c'est-à-dire que tout homme rationnel est supposé désirer. Ces biens, normalement, sont utiles, quel que soit notre projet de vie rationnel. Pour simplifier, posons que les principaux biens premiers à la disposition de la société sont les droits, les libertés et les possibilités offertes à l'individu, les revenus et la richesse. (Plus loin, dans la troisième partie, le respect de soi-même comme bien premier a une place centrale.) Tels sont les biens sociaux premiers. D'autres biens premiers, comme la santé et la vigueur, l'intelligence et l'imagination, sont des biens naturels ; bien que leur possession soit influencée par la structure de base, ils ne sont pas aussi directement sous son contrôle. Imaginons, alors, une organisation initiale hypothétique où tous les biens premiers sociaux soient répartis de manière égale : chacun a des droits et des devoirs semblables, et les revenus et la richesse sont partagés sans inégalité. Cette situation fournit un point de repère pour évaluer les améliorations. Si certaines inégalités de richesse et des différences d'autorité amélioraient la situation de chacun par rapport à cette situation hypothétique de départ, alors elles s'accorderaient avec la conception générale de la justice.

Or, il est possible, du moins théoriquement, qu'en abandonnant certaines de leurs libertés fondamentales les hommes reçoivent pour elles une compensation suffisante grâce aux avantages sociaux et économiques qui en résultent. La conception générale de la justice n'impose aucune restriction quant aux formes d'inégalités permises ; elle exige simplement que la position de chacun soit améliorée. Nous n'avons pas besoin d'imaginer quoi que ce soit d'aussi terrible que le consentement à une condition d'esclave. Imaginons, plutôt, que les gens semblent désireux de se passer de certains droits politiques, quand les bénéfices économiques en sont importants. C'est ce genre d'échange qu'excluent les deux principes ; disposés dans un ordre lexical, ils interdisent les échanges entre les libertés de base et les gains socio-économiques, excepté dans des circonstances particulières.

Je laisserai de côté, pour l'essentiel, la conception générale de la justice et, au lieu de cela, j'examinerai les deux principes en ordre lexical. L'avantage de cette façon de procéder est que, dès le début, la question des priorités est reconnue, et un effort est fait pour trouver des principes pour y répondre. On est conduit à faire sans cesse attention aux conditions qui déterminent la part de relatif et la part d'absolu dans l'importance qu'il serait raisonnable, face aux avantages sociaux et économiques, d'accorder à la liberté, ceci étant défini par l'ordre lexical des deux principes. À première vue, cette hiérarchie paraît extrême, et un cas trop particulier pour avoir beaucoup d'intérêt ; mais, en réalité, on peut lui trouver plus de justification qu'il n'y paraît. C'est ce que, du moins, je soutiendrai. De plus, la distinction entre libertés et droits fondamentaux, d'une part, avantages sociaux et économiques, de l'autre, indique une différence entre les biens sociaux premiers qui suggère une division importante à l'intérieur du système social. Bien entendu, les distinctions esquissées et l'ordre proposé sont, au mieux, de simples approximations. Il existe sûrement des circonstances dans lesquelles elles sont inadéquates. Mais il est essentiel de tracer clairement les grandes lignes d'une conception raisonnable de la justice et, dans beaucoup de conditions, de toute façon, les deux principes placés en ordre lexical peuvent être fort utiles.

Le fait que les deux principes s'appliquent aux institutions a certaines conséquences. Tout d'abord, les droits et les libertés de base auxquels se réfèrent ces principes sont ceux qui sont définis par les règles publiques de la structure de base. La liberté ou l'absence de liberté des hommes est déterminée par les droits et les devoirs établis par les plus importantes institutions de la société. La liberté est un certain ensemble de formes sociales. Ce premier principe exige simplement que certaines sortes de règles, celles qui définissent les libertés de base, s'appliquent à chacun de manière égale et qu'elles permettent la liberté la plus étendue, compatible avec une même liberté pour tous. La seule raison pour mettre une limite aux libertés de base et les rendre moins étendues est que, sinon, elles s'entraveraient les unes les autres.

De plus, quand des principes se réfèrent à des personnes, ou exigent que chacun tire un gain d'une inégalité, on se réfère à des personnes représentatives occupant les différentes positions sociales ou les fonctions établies par la structure de base. C'est pourquoi, en appliquant le second principe, je suppose qu'il est possible d'attribuer aux individus représentatifs qui occupent ces positions une attente vis-à-vis du bien-être. Cette attente indique leurs perspectives de vie, envisagées à partir de leur position sociale. En général, les attentes de personnes représentatives dépendent de la répartition des droits et des devoirs partout dans la structure de base. Les attentes sont reliées entre elles ; en améliorant les perspectives de l'individu représentatif occupant une position donnée, il est probable que nous améliorons ou réduisons les perspectives de ceux qui sont dans d'autres positions. Puisqu'ils s'appliquent à des formes institutionnelles, le second principe (ou plutôt, la première partie de celui-ci) se réfère aux attentes des individus représentatifs. Comme je l'analyserai plus loin, aucun des deux principes ne s'appliquent à des répartitions de biens particuliers entre des individus particuliers qui pourraient être identifiés par leur nom propre. Le cas où quelqu'un doit réfléchir à l'attribution de certains biens à des personnes dans le besoin qu'il connaît n'entre pas dans le champ des principes. Ceux-ci sont faits pour gouverner des organisations institutionnelles de base. Il faut insister sur le fait que, du point de vue de la justice, il n'y a guère de point commun entre l'attribution de biens par l'administration à des personnes définies et la question de la bonne société. Nos intuitions du sens commun quant au premier cas peuvent être un mauvais guide pour le second.

Or, le second principe impose que chaque personne bénéficie des inégalités permises dans la structure de base. Cela signifie qu'il doit être raisonnable, pour chaque individu représentatif défini par cette structure et conscient qu'elle fonctionne bien, de préférer pour lui-même un avenir comportant des inégalités à un avenir sans elles. On n'a pas le droit de justifier des différences de revenus ou de positions d'autorité et de responsabilité en donnant comme raison que les désavantages de ceux qui occupent une certaine position sont compensés par les avantages plus grands par ceux qui occupent une autre position. Encore moins peut-on contrebalancer de cette façon des atteintes à la liberté. Il est évident que c'est de façon infiniment variée que tous peuvent trouver des avantages par rapport à la situation initiale d'égalité qui est prise comme point de repère. Comment, alors, choisir entre ces possibilités ? Les principes doivent être précisés de façon à aboutir à une conclusion déterminée.

IV

LE MONDE SOCIAL

XXI

HEGEL

LE MONDE SOCIAL, « RÉALITÉ MORALE », EST LA RÉALISATION EFFECTIVE DE LA LIBERTÉ

Hegel, *Principes de la philosophie du droit*, trad. J.-L. Vieillard-Baron, GF-Flammarion, 1999, p. 221-229.

Ce texte difficile inaugure la troisième partie des *Principes de la philosophie du droit*, consacré à la « réalité morale ». Hegel pense le droit comme le déploiement, la réalisation effective, du « concept de liberté ». En ce sens, la réalité morale se trouve caractérisée comme « l'Idée de la liberté » (l'*Idée*, chez Hegel, est le concept réalisé, c'est-à-dire existant « en soi et pour soi », à la fois subjectivement et objectivement).

La liberté, pour Hegel, est le procès par lequel la conscience subjective met à distance l'objectivité naturelle, rentre en elle-même en devenant sujet moral, puis, enfin, à travers le déploiement de l'histoire universelle, substitue à l'objectivité immédiate de la nature cette objectivité seconde qu'est le monde social, à la fois produit par l'action des hommes et existant objectivement dans l'extériorité.

Le « droit formel », fondé sur l'idée de propriété, était un début d'objectivation de la liberté : le droit de propriété institue en effet la personne juridique en lui subordonnant le monde naturel, et permet la transformation de la nature par le travail ainsi que le développement d'échanges commerciaux. Mais, dans le droit formel, la personne n'entretient qu'un rapport tout extérieur avec ses semblables, et n'est pas encore un sujet moral. C'est que, en effet, elle s'est formellement approprié le monde, et qu'elle doit maintenant prendre conscience de son infinie singularité : c'est le moment de la « moralité subjective ». La personne rentre en elle-même et se montre capable d'agir au nom de principes subjectifs qui valent plus que les lois de la nature.

Or, pour Hegel, la moralité subjective, dont la morale kantienne représente l'explicitation, tend à magnifier la « bonne volonté », aux dépens de la réalisation objective de la liberté. Elle ne livre jamais que des maximes générales, sans donner aucun contenu déterminé à la volonté, et risque de dégénérer en « anarchisme moral ».

La « réalité morale » est le moment de la réconciliation entre l'exigence d'une incarnation de la volonté dans l'extériorité – que manifestait déjà la propriété – et celle de la moralité subjective. La réalité morale comprend donc la totalité du monde social (famille, société civile et État), ensemble d'institutions qui s'imposent à l'individu singulier tout en étant le produit de la volonté humaine. C'est une véritable « seconde nature » (§ 151), la nature humaine fait nature objective, mais une nature plus élevée que la nature brute (§ 146).

Dans le monde social, tout homme a des obligations déterminées, en tant que père, époux, membre d'une corporation, citoyen d'un État. C'est en quelque sorte tout naturellement qu'il accomplit de bonnes actions (§ 147 : « un rapport qui est immédiat... »). Le Bien reçoit alors un contenu objectif tout en exprimant toujours la volonté humaine telle qu'elle s'est objectivée, incarnée, dans l'histoire. Le monde social est plus durable, plus stable, que ne peut l'être la conscience subjective, tout en faisant droit au sujet. L'histoire tend en effet à produire des institutions et des mœurs qui donnent un fondement concret aux droits de la personne, de sorte que, en réalité, le droit de propriété comme les revendications de la volonté subjective ont pour condition véritable la réalité morale (§ 155). C'est ainsi que la réalité morale représente une « libération », un affranchissement de la dépendance à l'égard des penchants naturels, et un dépassement de la « subjectivité indéterminée » (§ 149).

Hegel retrouve ici Aristote, lorsqu'il fait de la réalité morale la source de la « vertu », comprise comme *disposition éthique* produite par la *coutume* (§ 150). L'action juste devient toute naturelle, familière, parce qu'elle s'exerce dans le monde social familier. La réalité morale apparaît alors comme coutume (§ 151), conformément au terme allemand (*Sittlichkeit*).

En fin de compte, la réalité morale transforme le « devoir-être » de la moralité subjective en une réalité effective, c'est-à-dire accomplit la moralité en la faisant exister objectivement (§ 155).

Une fois présentée dans ses grandes lignes, la réalité morale se différencie elle-même, conformément à la logique hégélienne, en ces trois moments que sont la famille, la société civile, et l'État, objectivation ultime et fondement réel de la liberté.

§ 142

La réalité morale (*Sittlichkeit*) est l'*Idée de la liberté*, en tant qu'elle est le Bien vivant qui a son savoir, son vouloir, dans la conscience de soi, et par l'action de celle-ci, sa réalité effective, de même que cette action a dans l'être moral son but moteur et sa base fondamentale qui est en et pour soi, – le *concept de la liberté devenu monde présent et nature de la conscience de soi*. [...]

§ 144

α) La réalité morale objective, qui prend la place du bien abstrait, est la substance qui est *concrète* par le moyen de la subjectivité *comme forme infinie*. Elle pose donc en elle-même *les différences*, qui sont du coup déterminées par le concept, et par lesquelles la réalité morale a un *contenu* stable, qui est nécessaire pour soi, et de la préférence subjective, à savoir les *lois et les institutions qui sont en et pour soi*.

§ 145

Le fait que la réalité morale est le *système* de ces déterminations de l'Idée constitue sa *rationalité*. Elle est de cette façon la liberté ou la volonté qui est en et pour soi en tant que l'élément objectif, le cercle de la nécessité, dont les facteurs sont les *forces morales*, qui régissent la vie des individus, et ont en ceux-ci, en tant qu'ils sont leur accident, leur représentation, leur réalité effective, et leur figure phénoménale.

§ 146

β) La substance, dans sa *conscience de soi effective*, se sait elle-même et est par là un objet de savoir. Pour le sujet, la substance morale, ses lois et ses pouvoirs, ont, d'une part, pour objet, le rapport qu'*ils sont*, au sens supérieur de l'autonomie, – une autorité absolue et une force infiniment plus stable que l'être même de la nature.

R. Le soleil, la lune, les montagnes, les fleuves, sont en somme les objets de la nature environnante, ils ont pour la conscience l'autorité, non seulement d'*être* en général, mais encore d'avoir une nature particulière, que la conscience reconnaît, en s'orientant d'après elle dans son comportement envers eux, dans son souci à leur égard et dans l'usage qu'elle en fait. L'autorité des lois morales est infiniment plus haute, parce que les objets naturels ne représentent la rationalité que d'une manière tout à fait *extérieure* et *singularisée,* et qu'ils la cachent sous la figure de la contingence.

§ 147

D'un autre côté, ces lois morales ne sont pas pour le sujet quelque chose d'*étranger*, mais *l'Esprit témoigne* à leur sujet qu'elles sont *sa propre essence*, dans laquelle il a son *sentiment de soi*, et vit comme en son élément indifférencié de lui, – un rapport qui est immédiat, encore plus identique même que la *foi* et la *confiance*. [...]

§ 149

Le devoir qui oblige ne peut apparaître que comme *limitation* à l'encontre de la subjectivité indéterminée ou de la liberté abstraite, et à l'encontre des tendances de la volonté naturelle ou de la volonté morale qui détermine à partir de son choix son bien indéterminé. Or l'individu a plutôt dans le devoir sa *libération*, d'une part, par rapport à la dépendance dans laquelle il est à l'égard de la tendance naturelle, de même que de la situation d'oppression dans laquelle il est, en tant que particularité subjective, dans les réflexions moralistes sur le devoir et le pouvoir ; et le devoir est d'autre part sa libération par rapport à la subjectivité indéterminée, qui ne parvient pas à l'existence et à la détermination objective de l'action, et reste *en soi* et en tant qu'ineffectivité. Dans le devoir, l'individu se libère en vue de la liberté substantielle.

§ 150

La réalité morale, dans la mesure où elle se réfléchit dans le caractère individuel déterminé par la nature en tant que tel, est la *vertu*, qui, dans la mesure où elle ne montre rien, sinon la simple conformité de l'individu aux devoirs dérivant des situations dont il relève, est la *rectitude*. [...]

§ 151

Mais dans l'*identité* simple avec la réalité effective des individus, la réalité morale apparaît en tant que leur manière générale d'agir – en tant que *coutume morale*, – et l'*habitude* de cette réalité morale apparaît comme une *seconde nature*, qui est mise à la place de la première volonté simplement naturelle, et qui est l'âme pénétrante, la signification, la réalité effective de leur existence, l'*Esprit* présent et vivant comme un monde, Esprit dont, pour la première fois, la substance est ainsi comme l'Esprit. [...]

§ 153

Le *droit qu'ont les individus* de se *déterminer subjectivement* à la *liberté* a son accomplissement dans le fait qu'ils appartiennent à l'effectivité morale, dès le moment que la *certitude* de sa liberté a sa *vérité* dans une telle objectivité, et qu'ils possèdent *effectivement* dans la réalité morale *leur propre* essence, leur universalité *interne* (§ 147).

R. À la question d'un père sur la meilleure façon d'éduquer moralement son fils, un pythagoricien donna la réponse suivante (qui a été mise dans la bouche d'autres aussi) : en faisant de lui le *citoyen d'un État dont les lois sont bonnes*.

§ 154

Le droit des individus dans leur *particularité* est tout autant contenu dans la substantialité morale, car la particularité est la manière phénoménale dont la réalité morale existe à l'extérieur.

§ 155

Dans cette identité de la volonté universelle et particulière, le *devoir* et le *droit* ne font qu'un, et l'être humain, par la réalité morale, a des droits dans la mesure où il a des devoirs, et des devoirs dans la mesure où il a des droits. Dans le droit abstrait, Moi, j'ai le droit, et un autre a le devoir correspondant à ce même droit. Dans la moralité, le droit de mon savoir et de mon vouloir propre, ainsi que de mon bien-être, *doit* seulement être objectif et uni avec les devoirs.

§ 156

La substance morale, en tant qu'elle contient, unie avec son concept, la conscience de soi qui est pour soi, est l'*Esprit effectif* d'une famille et d'un peuple.

§ 157

Le concept de cette Idée est tant qu'Esprit, en tant que quelque chose qui se sait et est effectif, seulement dès le moment qu'il est l'objectivation de soi-même, le mouvement de ses éléments au travers de la forme. Il est donc :

A) L'Esprit moral immédiat ou *naturel* – la *famille*. La substantialité passe à la perte de son unité, à la scission, et au point de vue du relatif, et elle est ainsi

B) *société bourgeoise*, liaison des membres – en tant que *particuliers indépendants* dans une *universalité formelle* –, par le moyen de leurs *besoins*, de la *constitution juridique* en tant que moyen de la sécurité des personnes et de la propriété, et d'un *ordre extérieur* pour leurs intérêts particuliers et communs ; et cet *État extérieur*

C) se reprend et se rassemble dans le but et la réalité effective de l'universel substantiel, et de la vie publique vouée à ce dernier, c'est-à-dire dans la *constitution politique* (*Staatverfassung*).

XXII
COMTE

SOCIABILITÉ DOMESTIQUE ET COOPÉRATION SOCIALE

Comte, *Leçons de sociologie*, GF-Flammarion, 1995, p. 264-269.

La « physique sociale », qu'Auguste Comte nomme « sociologie » (c'est lui qui invente le mot), parachève le *Cours de philosophie positive*. La philosophie de l'histoire professée par Comte identifie l'époque contemporaine à la dernière période de l'histoire de l'humanité, dans une optique résolument téléologique : la « loi des trois états » énonce que l'humanité passe successivement par un « âge théologique », dans lequel les hommes conçoivent les phénomènes comme produits directement par des agents surnaturels, puis par l'âge « métaphysique » dans lequel les régularités naturelles sont rapportées à des forces et des entités « abstraites », et enfin par « l'âge positif », époque de maturité de l'esprit humain, qui devient capable de s'en tenir aux phénomènes observables et d'en établir les lois. À cet affranchissement intellectuel correspond, dans l'esprit de Comte, un affranchissement de la société, laquelle tend vers une organisation de plus en plus rationnelle. Dans cette perspective, la « sociologie », ou science de la société, doit être la connaissance qu'une telle société acquiert d'elle-même, substituant la science aux doctrines métaphysiques.

Aussi Comte s'oppose-t-il d'abord aux théories sociales du siècle des Lumières qui, en usant du concept de contrat social, méconnaissaient le caractère tout à fait objectif des phénomènes sociaux, indépendant des volontés particulières, en pensant une institution volontaire de la société. Comte s'inspire ici de penseurs réactionnaires comme Joseph de Maistre ou Louis de Bonald : comme eux, il met l'accent sur le fait que l'individu vit toujours en société, qu'il naît non pas comme personne isolée mais au sein d'une famille ; les théories du contrat social, comme d'ailleurs les économistes classiques, abstraient de façon arbitraire l'individu du groupe pour imaginer ensuite la société comme produite par des individus autonomes. Mais Auguste Comte conserve de la philosophie des Lumières l'idée de progrès, que les auteurs contre-révolutionnaires récusaient.

Pour faire valoir le primat de la société sur l'individu, Comte est amené à concevoir la société comme un *organisme*, comme on le voit dans le début de notre texte. La biologie naissante apparaît comme un bon modèle pour la sociologie, et suggère d'interpréter les institutions sociales du point de vue de leur *fonction*. Cette comparaison de la société à un organisme connaîtra une fortune considérable, qu'il s'agisse de la définition, par Durkheim, de la « solidarité organique » (voir le texte n° 25) ou de l'école dite fonctionnaliste (voir Vade-mecum). Sa limite, néanmoins (Durkheim le verra bien), est que cet organicisme dévie constamment, chez Comte, vers une vision finaliste qui tend à « expliquer » les phénomènes par leur finalité supposée.

Dans le second moment du passage, Comte s'intéresse plus spécifiquement aux rapports entre l'institution familiale et la société dans son ensemble. Si, de façon générale, Comte considère la famille comme l'unité sociale élémentaire (au lieu, justement, de l'individu), on voit ici qu'il est sensible à la distance qui sépare la vie familiale de la vie sociale proprement dite. Affirmant, à la suite de bien d'autres, le caractère naturel de la sociabilité (sous la forme de « l'instinct sympathique »), Comte considère que la vie sociale transforme cette donnée affective qu'est la sympathie en un principe rationnel de coopération. De ce point de vue, la famille, lieu par excellence où se réalisent les penchants sociaux, représente certes une « préparation » à la vie sociale, mais en même temps se distingue tout particulièrement des autres formations sociales. Et c'est précisément parce qu'il existe une sociabilité domestique précédant la sociabilité fondée sur « le principe de coopération » que la société n'a pas pour origine ni pour fondement un hypothétique contrat.

Bien loin que la simplicité constitue la mesure principale de la perfection réelle, le système entier des études biologiques concourt à montrer, au contraire, que la perfection croissante de l'organisme animal consiste surtout dans la spécialité de plus en plus prononcée des diverses fonctions accomplies par les organes de plus en plus distincts, et néanmoins toujours exactement solidaires, dont il devient graduellement composé en se rapprochant davantage de l'organisme humain, combinant ainsi de plus en plus l'unité du but avec la diversité des moyens. Or, tel est éminemment le caractère propre de notre organisme social, et la principale cause de sa supériorité nécessaire sur tout organisme individuel. Nous ne pouvons, sans doute, admirer convenablement un phénomène continuellement accompli sous nos yeux, et auquel nous participons nous-mêmes nécessairement. Mais, en s'isolant, autant que possible, par la pensée, du système habituel de l'économie sociale, peut-on réellement concevoir, dans l'ensemble des phénomènes naturels, un plus merveilleux spectacle que cette convergence régulière et continue d'une immensité d'individus, doués chacun d'une existence pleinement distincte et, à un certain degré, indépendante, et néanmoins tous disposés sans cesse, malgré les différences plus ou moins discordantes de leurs talents et surtout de leurs caractères, à concourir spontanément, par une multitude de moyens divers, à un même développement général, sans s'être d'ordinaire nullement concertés, et le plus souvent à l'insu de la plupart d'entre eux, qui ne croient obéir qu'à leurs impulsions personnelles ? Telle est, du moins, l'idéalité scientifique du phénomène, en le dégageant abstraitement des chocs et des incohérences journellement inséparables d'un organisme aussi profondément compliqué, et qui, dans les temps même de plus grande perturbation maladive, n'empêchent point l'accomplissement essentiel et permanent des fonctions principales. Cette invariable conciliation de la séparation des travaux avec la coopération des efforts, d'autant plus prononcée et plus admirable que la société se complique et s'étend davantage, constitue, en effet, le caractère fondamental des opérations humaines, quand on s'élève du simple point de vue domestique au vrai point de vue social. Les sociétés plus ou moins complexes qu'on peut observer chez beaucoup d'animaux supérieurs présentent déjà, sans doute, en certain cas, et surtout, comme chez l'homme sauvage, pour la chasse ou pour la guerre, une première ébauche rudimentaire d'une coordination plus ou moins volontaire, mais à un degré trop partiel, trop circonscrit, et d'ailleurs trop temporaire, pour être convenablement assimilées à l'état même le plus imparfait de l'association propre à notre espèce. Notre simple vie domestique, qui, à tous égards, contient nécessairement le germe essentiel de la vie sociale proprement dite, a dû toujours manifester bien davantage le développement spontané d'une certaine spécialisation individuelle des diverses fonctions communes, sans laquelle la famille humaine ne pourrait suffisamment remplir sa destination caractéristique. On doit néanmoins reconnaître que la séparation des travaux n'y saurait jamais être directement très prononcée, soit à raison du trop petit nombre des individus, soit surtout, par un motif plus profond et moins connu, parce qu'une telle division tendrait bientôt à devenir antipathique à l'esprit fondamental de la famille. Car, d'un côté, l'éducation domestique, essentiellement fondée par l'imitation, doit naturellement disposer les enfants à poursuivre les opérations paternelles, au lien d'entreprendre de nouvelles fonctions ; et, en même temps, il n'est pas douteux que toute séparation très marquée dans les occupations habituelles des différents membres n'y doive nécessairement altérer l'unité domestique, objet capital de cette association élémentaire. Plus on méditera sur ce grand sujet, mieux on sentira que la spécialisation des travaux, qui constitue le principe élémentaire de la société générale ne saurait être, au fond, celui de la simple famille, quoique devant s'y trouver à un certain degré. Malgré l'imperfection du langage, qui porte souvent à confondre l'idée de famille dans celle de société, il est incontestable que l'ensemble des relations domestiques ne correspond point à une association proprement dite, mais qu'il compose une véritable *union,* en attribuant à ce terme toute son énergie intrinsèque. À raison de sa profonde intimité, la liaison domestique est donc d'une tout autre nature que la liaison sociale. Son vrai caractère est essentiellement moral, et très accessoirement intellectuel ; ou, en termes anatomiques, elle correspond bien davantage à la région moyenne du cerveau humain qu'à la région antérieure. Fondée principalement sur l'attachement et la reconnaissance, l'union domestique est surtout destinée à satisfaire directement, par sa seule existence, l'ensemble de nos instincts sympathiques, indépendamment de toute pensée de coopération active et continue à un but quelconque, si ce n'est à celui même de sa propre institution. [...]

Ainsi, malgré l'indispensable participation directe, soit primitive, soit continue, de l'instinct sympathique à tous les cas possibles d'association humaine, il doit rester incontestable que, lorsqu'on passe de la considération d'une famille unique à la coordination générale des diverses familles, le principe de la coopération finit nécessairement par prévaloir. La philosophie métaphysique du siècle dernier, surtout dans l'école française, a sans doute commis une erreur capitale en attribuant à ce principe la création même de l'état social, puisqu'il est, au contraire, évident que la coopération, bien loin d'avoir pu produire la société, en suppose nécessairement le préalable établissement spontané. Toutefois, la gravité d'une telle aberration me paraît éminemment tenir à une confusion radicale entre la vie domestique et la vie sociale, trop ordinaire aux spéculations métaphysiques. Car, en séparant convenablement deux modes d'association aussi différents, cette assertion, soigneusement restreinte à la combinaison la plus compliquée, paraîtrait certainement peu choquante, malgré qu'elle y constituât encore une irrationnelle exagération. Quoique la participation distincte et simultanée à une opération commune n'ait aucunement pu déterminer le rapprochement primitif des familles humaines, elle seule a pu cependant imprimer à leur association spontanée un caractère prononcé et une consistance durable. L'étude attentive des moindres degrés de la vie sauvage nous montre clairement cette situation primordiale, où les diverses familles, quelquefois fortement liées pour un but temporaire, retournent presque comme les animaux, à leur indépendance isolée aussitôt que l'expédition, ordinairement de guerre ou de chasse, est suffisamment accomplie, quoique déjà quelques opinions communes, formulées dans un certain langage uniforme, tendent à les réunir, d'une manière permanente, en tribus plus ou moins nombreuses. C'est donc sur le principe de la coopération, spontanée ou concertée, d'ailleurs toujours conçu dans son entière extension philosophique, que devra surtout reposer désormais notre analyse scientifique pour cette ébauche préliminaire de la dernière partie de la statique sociale, où nous considérons directement la coordination fondamentale des familles, dont le vrai caractère propre dépend essentiellement d'un tel principe, quoique son établissement et son maintien n'aient pu avoir lieu sans la participation préalable et permanente de l'instinct sympathique, destiné, en outre, à répandre sur tous les actes de la vie sociale un indispensable charme moral.

XXIII
MARX et ENGELS

LUTTE DES CLASSES ET RÉVOLUTION BOURGEOISE

Marx et Engels, *Manifeste du parti communiste*,
trad. É. Bottigelli, éd. revue et augmentée
par G. Raulet, GF-Flammarion, 1998, p. 73-80.

Le texte suivant ouvre le *Manifeste du parti communiste*, rédigé par Marx et Engels en 1848. Son appartenance à la philosophie ou aux sciences sociales pose problème, puisqu'il s'agit là d'un texte à visée d'abord pratique, d'un acte militant. Mais on pourrait en dire autant de beaucoup d'autres ouvrages de Marx : un des apports philosophiques de Marx est précisément la tentative d'établir un lien nouveau entre théorie et pratique, par un dépassement du concept classique de philosophie. Selon une formule bien connue, Marx souhaitait substituer à l'interprétation philosophique du monde une entreprise de transformation du monde. Ce projet s'incarne de façon très évidente dans le *Manifeste*, dont le style même, très incisif et parfois lapidaire, révèle la portée proprement militante. En même temps, Marx et Engels parviennent en très peu de pages à condenser plusieurs aspects majeurs d'une doctrine en cours d'élaboration : ils énoncent à la fois une philosophie de l'histoire, une théorie des classes sociales, une description de l'état des forces à un moment historique précis, et esquissent aussi la notion d'idéologie.

On peut donc dégager plusieurs thèses fondatrices du marxisme dans ces quelques pages : 1) Une philosophie de l'histoire qui accorde à la « lutte des classes » un rôle moteur. 2) Une théorie des classes sociales et des « rapports de production », sous-jacente à cette première thèse : chaque période historique correspond à un certain mode de production (esclavagiste, féodal, capitaliste...), lequel s'exprime juridiquement dans le statut de la propriété, et détermine réellement les conditions matérielles de l'existence. La lutte des classes est le moteur de l'histoire dans le double sens qu'elle est omniprésente et que les rapports de productions tendent à entrer en conflit avec leur expression juridique, en raison de leur dynamique propre. L'appartenance de classe est ainsi objectivement déterminée par la place dans les « rapports de production ». À l'époque capitaliste, c'est la propriété ou l'absence de propriété de moyens de production qui constitue le critère décisif, d'où la tendance à une simplification des antagonismes sociaux vers une opposition binaire entre prolétaires et capitalistes. Il s'agit d'une définition matérialiste des classes sociales, qui donne le premier rôle aux conditions matérielles de l'existence et de la production, plutôt qu'aux représentations des agents. Celles-ci n'interviennent que secondairement, en ce que, à mesure que l'opposition des intérêts progresse objectivement, se développe une « conscience de classe » capable de constituer le prolétariat, par exemple, en agent historique.

3) Une réflexion sur l'*idéologie* : si les représentations, la religion, ou le droit, sont, d'un point de vue marxiste, l'expression du mode de production, ils connaissent des évolutions majeures à l'époque moderne, en relation avec le progrès de l'industrie et du « marché mondial ». En particulier, Marx esquisse ici le thème du « désenchantement », tel que le développera Max Weber : le capitalisme ramène des relations autrefois enchantées à des rapports purement économiques et pensés comme tels. Son rôle révolutionnaire est ainsi double : non seulement il a révolutionné les moyens de production, mais il a aussi contribué à une révolution idéologique propre à détruire les illusions religieuses et toute forme enchantée de subordination. Mais la bourgeoisie engendre aussi sa propre idéologie : en magnifiant la liberté, elle ne pense en fait qu'à la « liberté du commerce », et le « gouvernement représentatif » n'est que la forme politique qu'a prise sa domination.

Le caractère militant du texte, sa valeur rhétorique évidente, le distinguent de textes plus « scientifiques » de Marx, mais révèlent aussi la vérité du projet marxiste comme projet éminemment pratique.

L'histoire de toute société jusqu'à nos jours est l'histoire de luttes de classes.

Homme libre et esclave, patricien et plébéien, baron et serf, maître d'un corps de métier et compagnon, bref, oppresseurs et opprimés ont été en opposition constante, ils ont mené une lutte ininterrompue, tantôt cachée, tantôt ouverte, lutte qui chaque fois s'est terminée par une transformation révolutionnaire de la société tout entière ou par la ruine commune des classes en lutte.

Aux époques antérieures de l'histoire, nous trouvons presque partout toute une organisation de la société en ordres divers, une hiérarchie complexe des conditions sociales. Dans la Rome antique, nous avons des patriciens, des chevaliers, des plébéiens, des esclaves ; au Moyen Âge des seigneurs féodaux, des vassaux, des maîtres de corps de métier, des compagnons, des serfs et en outre, dans presque chacune de ces classes à leur tour, des hiérarchies particulières.

La société bourgeoise moderne, issue de la ruine de la société féodale, n'a pas aboli les oppositions de classes. Elle n'a fait que substituer aux anciennes des classes nouvelles, des conditions d'oppression nouvelles, de nouvelles formes de lutte.

Notre époque, l'époque de la bourgeoisie, a cependant pour signe distinctif qu'elle a simplifié les oppositions de classes. La société entière se scinde de plus en plus en deux grands camps hostiles, en deux grandes classes qui s'affrontent directement : la bourgeoisie et le prolétariat.

Des serfs du Moyen Âge sont issus les citoyens hors les murs des premières villes ; de ces citoyens habitant en dehors des enceintes sont sortis les premiers éléments de la bourgeoisie.

La découverte de l'Amérique, le tour du cap de Bonne-Espérance ont ouvert à la bourgeoisie montante un champ d'action nouveau. Les marchés des Indes orientales et de la Chine, la colonisation de l'Amérique, le commerce avec les colonies, l'accroissement des moyens d'échange et des marchandises en général ont donné au négoce, à la navigation, à l'industrie un essor qu'ils n'avaient jamais connu et entraîné du même coup le développement rapide de l'élément révolutionnaire dans la société féodale chancelante.

La manière féodale ou corporative dont avait jusqu'alors fonctionné l'industrie ne suffisait plus à couvrir les besoins qui croissaient à mesure que s'ouvraient les marchés nouveaux. La manufacture s'y substitua. Le maître des corps de métier fut supplanté par la classe moyenne industrielle ; la division du travail entre différentes corporations céda la place à la division du travail au sein des divers ateliers.

Mais les marchés grandissaient toujours, les besoins continuaient à s'accroître. La manufacture à son tour ne suffit plus. Alors la vapeur et les machines révolutionnèrent la production industrielle. À la manufacture se substitua la grande industrie moderne, à la classe moyenne industrielle se substituèrent les millionnaires de l'industrie, les chefs d'armées industrielles entières, les bourgeois modernes.

La grande industrie a crée le marché mondial, préparé par la découverte de l'Amérique. Le marché mondial a donné un immense développement au commerce, à la navigation, aux communications terrestres. Ce développement a réagi à son tour sur l'extension de l'industrie et à mesure que l'industrie, le commerce, la navigation et les chemins de fer prenaient de l'extension, la bourgeoisie se développait, elle accroissait ses capitaux, elle rejetait à l'arrière-plan toutes les classes héritées du Moyen Âge.

Nous voyons donc que la bourgeoisie moderne est elle-même le produit d'un long processus de développement, d'une série de bouleversements dans le mode de production et de circulation.

Chacun de ces stades de développement de la bourgeoisie s'accompagna d'un progrès politique correspondant. Ordre opprimé lorsque régnaient les seigneurs féodaux, associations armées s'administrant elles-mêmes dans la commune, ici république urbaine indépendante, là tiers ordre taillable de la monarchie, puis, à l'époque de la manufacture, contrepoids à la noblesse dans la monarchie appuyée sur les divers ordres ou absolue, et principale assise des grandes monarchies en général, la bourgeoisie s'est enfin arrogé depuis la création de la grande industrie et du marché mondial la suprématie politique exclusive dans l'État représentatif moderne. Les pouvoirs publics modernes ne sont qu'un comité qui administre les affaires communes de la classe bourgeoise tout entière.

La bourgeoisie a joué dans l'histoire un rôle hautement révolutionnaire.

Là où elle est arrivée au pouvoir, la bourgeoisie a détruit tous les rapports féodaux, patriarcaux, idylliques. Elle a impitoyablement déchiré la variété bariolée des liens féodaux qui unissaient l'homme à ses supérieurs naturels et n'a laissé subsister d'autre lien entre l'homme et l'homme que l'intérêt tout nu, le dur « paiement comptant ». Elle a noyé dans les eaux glacées du calcul égoïste les frissons sacrés de l'exaltation religieuse, de l'enthousiasme chevaleresque, de la mélancolie sentimentale des petits-bourgeois. Elle a dissous la dignité personnelle dans la valeur d'échange et substitué aux innombrables libertés reconnues par lettres patentes et chèrement acquises la *seule* liberté sans scrupule du commerce. En un mot, elle a substitué à l'exploitation que voilaient les illusions religieuses et politiques l'exploitation ouverte, cynique, directe et toute crue.

La bourgeoisie a dépouillé de leur auréole toutes les activités tenues jusqu'ici pour vénérables et considérées avec une piété mêlée de crainte. Elle a transformé le médecin, le juriste, le prêtre, le poète, l'homme de science, en salariés à ses gages.

La bourgeoisie a arraché aux relations familiales leur voile sentimental attendrissant et les a ramenées à un pur rapport d'argent.

La bourgeoisie a révélé comment la manifestation de la force brutale que la réaction admire tant dans le Moyen Âge trouvait son complément approprié dans la fainéantise la plus crasse. Elle a été la première à montrer ce dont est capable l'activité des hommes. Elle a accompli de tout autres merveilles que les pyramides d'Égypte, les aqueducs romains et les cathédrales gothiques, elle a réalisé de tout autres expéditions que les grandes invasions et les croisades.

La bourgeoisie ne peut exister sans révolutionner en permanence les instruments de production, donc les conditions de la production, donc l'ensemble des rapports sociaux. Le maintien sans changement de l'ancien mode de production était au contraire la condition d'existence première de toutes les classes industrielles antérieures. Le bouleversement constant de la production, l'ébranlement incessant de toutes les conditions sociales, l'insécurité et l'agitation perpétuelles distinguent l'époque bourgeoise de toutes les époques antérieures. Tous les rapports bien établis, figés par la rouille, avec leur cortège d'idées et de conceptions antiques et vénérables sont dissous ; tous les rapports nouveaux tombent en désuétude avant d'avoir pu se scléroser. Toute hiérarchie sociale et tout ordre établi se volatilisent, tout ce qui est sacré est profané et les hommes sont enfin contraints de considérer d'un œil froid leur position dans la vie, leurs relations mutuelles [...].

La bourgeoisie supprime de plus en plus l'éparpillement des moyens de production, de la propriété et de la population. Elle a aggloméré la population, centralisé les moyens de production et concentré la propriété en un petit nombre de mains. La conséquence nécessaire en a été la centralisation politique. Des provinces indépendantes, tout juste liées par des alliances, ayant des intérêt, des lois, des gouvernements et des systèmes douaniers différents, ont été concentrées en une nation *unique*, avec un gouvernement *unique*, une législation *unique*, un *seul* intérêt national de classe, une *seule* frontière douanière. [...]

Or, nous l'avons vu : les moyens de production et d'échange sur la base desquels la bourgeoisie a commencé à s'édifier ont été produits au sein de la société féodale. À un certain stade de développement de ces moyens de production et d'échange, les conditions dans lesquelles la société féodale produisait et échangeait, l'organisation féodale de l'agriculture et de la manufacture, en un mot les rapports de propriété féodaux ne correspondaient plus aux forces productives déjà développées. Ils paralysaient la production au lieu de la faire progresser. Ils se transformèrent en autant d'entraves. Il fallait les faire sauter, on les fit sauter.

XXIV
DURKHEIM

QU'EST-CE QU'UN FAIT SOCIAL ?

Durkheim, *Les Règles de la méthode sociologique*, Champs-Flammarion, 1988, p. 95-98.

Dans *Les Règles de la méthode sociologique* (1894), Durkheim cherche à fonder la sociologie naissante sur une épistémologie rigoureuse. Il s'agit, d'une part, de s'affranchir d'une philosophie de l'histoire téléologique, telle qu'elle s'exprimait, par exemple, chez Comte, et, d'autre part, de se donner un objet clairement délimité. La perspective générale de l'ouvrage s'inscrit dans la volonté de rompre aussi bien avec les « prénotions » qui ont cours dans l'appréhension ordinaire du monde social qu'avec les discours normatifs de la philosophie sociale.

Le fondement épistémologique que se donne Durkheim est le concept de *fait social*, susceptible d'une définition rigoureuse – ce ne serait pas le cas du concept de « société ». Le fait social se définit en premier lieu par sa transcendance à l'égard de l'individu : il désigne ce qui, dans les conduites individuelles, relève d'une contrainte collective. On qualifie souvent la sociologie durkheimienne de « holiste », signifiant par là que, selon elle, le « tout » social n'est pas réductible à la somme des parties, ni les faits sociaux explicables à partir des individus. Pour Durkheim, il s'agit de produire une définition objectiviste des faits sociaux, dans le but de fonder une fois pour toutes la « rupture épistémologique » par laquelle le sujet de science s'arrache au sens commun. En posant une distance irréductible entre les représentations individuelles et les faits sociaux, on pose un ordre de réalité qui, en principe, peut être l'objet, comme dans les sciences les mieux établies, de prévisions. La définition que donne Durkheim du fait social justifie en effet le précepte de « traiter les faits sociaux comme des choses », formule qui implique au moins les deux principes suivants : 1) une sociologie scientifique ne doit pas avoir pour but premier de formuler une philosophie de la société définissant des normes ; 2) une telle sociologie doit procéder selon la méthode de toute science, c'est-à-dire établir des régularités concernant des phénomènes observables et mesurables (la

statistique est son outil principal), toujours appréhendés de l'extérieur (l'extériorité étant la première qualité de la « chose » pour Durkheim), de sorte que les faits sociaux soient rapportés uniquement à d'autres faits sociaux.
L'épistémologie durkheimienne a ceci de révolutionnaire qu'elle représente une vision extrêmement ambitieuse de la sociologie, prenant au mot la dénomination plus ancienne de « physique sociale ». L'étude de Durkheim sur le suicide a choqué de nombreux contemporains, parce qu'il s'y efforçait de mettre au jour les déterminants sociaux objectifs du taux de suicide en excluant toute considération psychologique, et sans avoir égard aux mobiles subjectifs des suicidés, alors que, pour le sens commun, le suicide représente souvent l'acte individuel et libre par excellence.
Le holisme et l'objectivisme de Durkheim ont été fortement critiqués par de nombreux courants sociologiques, y compris au sein même de la tradition qu'il a fondée, mais son œuvre constitue en même temps l'une des références majeures de la discipline.

Avant de chercher quelle est la méthode qui convient à l'étude des faits sociaux, il importe de savoir quels sont les faits que l'on appelle ainsi.

La question est d'autant plus nécessaire que l'on se sert de cette qualification sans beaucoup de précision. On l'emploie couramment pour désigner tous les phénomènes qui se passent à l'intérieur de la société, pour peu qu'ils présentent, avec une certaine généralité, quelque intérêt social. Mais, à ce compte, il n'y a, pour ainsi dire, pas d'événements humains qui ne puissent être appelés sociaux. Chaque individu boit, dort, mange, raisonne et la société a tout intérêt à ce que ces fonctions s'exercent régulièrement. Si donc ces faits étaient sociaux, la sociologie n'aurait pas d'objet qui lui fût propre, et son domaine se confondrait avec celui de la biologie et de la psychologie.

Mais, en réalité, il y a dans toute société un groupe déterminé de phénomènes qui se distinguent par des caractères tranchés de ceux qu'étudient les autres sciences de la nature.

Quand je m'acquitte de ma tâche de frère, d'époux ou de citoyen, quand j'exécute les engagements que j'ai contractés, je remplis des devoirs qui sont définis, en dehors de moi et de mes actes, dans le droit et dans les mœurs. Alors même qu'ils sont d'accord avec mes sentiments propres et que j'en suis intérieurement la réalité, celle-ci ne laisse pas d'être objective ; car ce n'est pas moi qui les ai faits, mais je les ai reçus par l'éducation. Que de fois, d'ailleurs, il arrive que nous ignorons le détail des obligations qui nous incombent et que, pour les connaître, il nous faut consulter le Code et ses interprètes autorisés ! De même, les croyances et les pratiques de sa vie religieuse, le fidèle les a trouvées toutes faites en naissant ; si elles existaient avant lui, c'est qu'elles existent en dehors de lui. Le système de signes dont je me sers pour exprimer ma pensée, le système de monnaies que j'emploie pour payer mes dettes, les instruments de crédit que j'utilise dans mes relations commerciales, les pratiques suivies dans ma profession, etc., etc., fonctionnent indépendamment des usages que j'en fais. Qu'on prenne les uns après les autres tous les membres dont est composée la société, ce qui précède pourra être répété à propos de chacun d'eux. Voilà des manières d'agir, de penser et de sentir qui présentent cette remarquable propriété qu'elles existent en dehors des consciences individuelles.

Non seulement ces types de conduite ou de pensées sont extérieurs à l'individu, mais ils sont doués d'une puissance impérative et coercitive en vertu de laquelle ils s'imposent à lui, qu'il le veuille ou non. Sans doute, quand je m'y conforme de mon plein gré, cette coercition ne se fait pas ou se fait peu sentir, étant inutile. Mais elle n'en est pas moins un caractère intrinsèque de ces faits, et la preuve, c'est qu'elle s'affirme dès que je tente de résister. Si j'essaie de violer les règles du droit, elles réagissent contre moi de manière à empêcher mon acte s'il en est temps, ou à l'annuler et à le rétablir sous sa forme normale s'il est accompli et réparable, ou à me le faire expier s'il ne peut être réparé autrement. S'agit-il de maximes purement morales ? La conscience publique contient tout acte qui les offense par la surveillance qu'elle exerce sur la conduite des citoyens et les peines spéciales dont elle dispose. Dans d'autres cas, la contrainte est moins violente ; elle ne laisse pas d'exister. Si je ne me soumets pas aux conventions du monde, si, en m'habillant, je ne tiens aucun compte des usages suivis dans mon pays et dans ma classe, le rire que je provoque, l'éloignement où l'on me tient, produisent, quoique d'une manière plus atténuée, les mêmes effets qu'une peine proprement dite. Ailleurs, la contrainte, pour n'être qu'indirecte, n'en est pas moins efficace. Je ne suis pas obligé de parler français avec mes compatriotes, ni d'employer les monnaies légales ; mais il est impossible que je fasse autrement. Si j'essayais d'échapper à cette nécessité, ma tentative échouerait misérablement. Industriel, rien ne m'interdit de travailler avec des procédés et des méthodes de l'autre siècle ; mais si je le fais, je me ruinerai à coup sûr. Alors même que, en fait, je puis m'affranchir de ces règles et les violer avec succès, ce n'est jamais sans être obligé de lutter contre elles. Quand même elles sont finalement vaincues, elles font suffisamment sentir leur puissance contraignante par la résistance qu'elles opposent. Il n'y a pas de novateur, même heureux, dont les entreprises ne viennent se heurter à des oppositions de ce genre.

Voilà donc un ordre de fait qui présentent des caractères très spéciaux : ils consistent en des manières d'agir, de penser et de sentir, extérieures à l'individu, et qui sont douées d'un pouvoir de coercition en vertu duquel ils s'imposent à lui. Par suite, ils ne sauraient se confondre avec les phénomènes organiques, puisqu'ils consistent en représentations et en actions ; ni avec les phénomènes psychiques, lesquels n'ont d'existence que dans la conscience individuelle et par elle. Ils constituent donc une espèce nouvelle et c'est à eux que doit être donnée et réservée la qualification de *sociaux*. Elle leur convient ;

car il est clair que, n'ayant pas l'individu pour substrat, ils ne peuvent en avoir d'autre que la société, soit la société politique dans son intégralité, soit quelqu'un des groupes qu'elle renferme, confessions religieuses, écoles politiques, littéraires, corporations professionnelles, etc. D'autre part, c'est à eux seuls qu'elle convient ; car le mot de social n'a de sens défini qu'à condition de désigner uniquement des phénomènes qui ne rentrent dans aucune des catégories de faits déjà constituées et dénommées. Ils sont donc le domaine propre de la sociologie. Il est vrai que ce mot de contrainte, par lequel nous les définissons, risque d'effaroucher les zélés partisans d'un individualisme absolu. Comme ils professent que l'individu est parfaitement autonome, il leur semble qu'on le diminue toutes les fois qu'on lui fait sentir qu'il ne dépend pas seulement de lui-même. Mais puisqu'il est aujourd'hui incontestable que la plupart de nos idées et de nos tendances ne sont pas élaborées par nous, mais nous viennent du dehors, elles ne peuvent pénétrer en nous qu'en s'imposant ; c'est tout ce que signifie notre définition. On sait, d'ailleurs, que toute contrainte sociale n'est pas nécessairement exclusive de la personnalité individuelle.

XXV

DURKHEIM

LES DEUX FORMES DE SOLIDARITÉ SOCIALE

Durkheim, *De la division du travail social,* Alcan, 1893, p. 138-141 (rééd. PUF, 1930, p. 98-102).

De la division du travail social est l'un des ouvrages fondateurs de la sociologie de Durkheim. À partir de l'analyse des institutions juridiques d'un certain nombre de sociétés, Durkheim en vient à définir les deux concepts fondamentaux de sa sociologie : ceux d'« intégration » et de « solidarité ». Un des buts de Durkheim est de proposer une alternative à l'explication donnée par les économistes classiques de la division du travail. Contre l'hypothèse selon laquelle la division du travail s'explique par un penchant naturel au commerce (voir le texte n° 11, d'Adam Smith), Durkheim fait notamment valoir que cette division du travail, caractéristique des sociétés « avancées », va de pair avec un ensemble de représentations culturelles qui n'ont rien d'originel.

Durkheim distingue dans notre texte deux types de solidarité : la solidarité *mécanique*, qui domine dans les sociétés dites « primitives », caractérise des groupes humains dont l'intégration est assurée par la quasi-identité des représentations et pratiques individuelles. Au contraire, la solidarité *organique*, comme le dit bien le terme, assure l'intégration du groupe à travers une diversification des *fonctions* sociales, de même qu'un organisme intègre plusieurs organes dans une unité fonctionnelle (on aperçoit ici l'influence de Comte). Alors que, pour les économistes classiques, la division du travail se comprend sur la base d'une anthropologie préalable de type individualiste, Durkheim considère au contraire que l'individualisme est la conséquence plutôt que la cause de la division du travail – laquelle fait advenir une organisation sociale garantissant une certaine autonomie aux consciences. On voit au passage que le holisme durkheimien ne consiste pas à nier l'importance des représentations individuelles, mais à les rapporter à leurs causes sociales.

On notera que Durkheim n'oppose pas radicalement les sociétés « primitives » et les sociétés « avancées ». Toutes doivent leur intégration aux deux formes de solidarité, mais dans des proportions différentes.

Conformément à la méthode de Durkheim, c'est à partir des faits sociaux les plus solides, comme le droit, que le sociologue travaille : ici, les deux types de solidarité sont rapportés l'un au « droit restitutif » (en gros, le droit civil, qui édicte des sanctions « restitutives », et non pénales, et découle de la solidarité organique), l'autre au droit pénal (expression de la conscience collective, produite par la solidarité mécanique, et qui sanctionne par des peines les manquements individuels à la norme).

Cette distinction conceptuelle montrera sa fécondité dans l'étude de Durkheim sur *Le Suicide* (voir l'Introduction).

Puisque la solidarité négative ne produit par elle-même aucune intégration, et que d'ailleurs elle n'a rien de spécifique, nous reconnaîtrons deux sortes seulement de solidarité positive, que distinguent les caractères suivants :

1. La première relie directement l'individu à la société sans aucun intermédiaire. Dans la seconde, il dépend de la société parce qu'il dépend des parties qui la composent.

2. La société n'est pas vue sous le même aspect dans les deux cas. Dans le premier, ce que l'on appelle de ce nom, c'est un ensemble plus ou moins organisé de croyances et de sentiments communs à tous les membres du groupe : c'est le type collectif. Au contraire, la société dont nous sommes solidaires dans le second cas est un système de fonctions différentes et spéciales qu'unissent des rapports définis. Ces deux sociétés n'en font d'ailleurs qu'une. Ce sont deux faces d'une seule et même réalité, mais qui n'en demandent pas moins à être distinguées.

3. De cette seconde différence en découle une autre qui va nous servir à caractériser et à dénommer ces deux sortes de solidarité.

La première ne peut être forte que dans la mesure où les idées et les tendances communes à tous les membres de la société dépassent en nombre et en intensité celles qui appartiennent personnellement à chacun d'eux. Elle est d'autant plus énergique que cet excédent est plus considérable. Or, ce qui fait notre personnalité, c'est ce que chacun de nous a de propre et de caractéristique, ce qui le distingue des autres. Cette solidarité ne peut donc s'accroître qu'en raison inverse de la personnalité. Il y a dans chacune de nos consciences, avons-nous dit, deux consciences : l'une, qui nous est commune avec notre groupe tout entier, qui par conséquent n'est pas nous-mêmes, mais la société et agissant en nous ; l'autre, qui ne représente au contraire que nous dans ce que nous avons de personnel et de distinct, dans ce qui fait de nous un individu. La solidarité qui dérive des ressemblances est à son *maximum* quand la conscience collective recouvre exactement notre conscience totale et coïncide de tous points avec elle ; mais à ce moment notre individualité est nulle. Elle ne peut naître que si la communauté prend moins de place en nous. Il y a là deux forces contraires, l'une centripète, l'autre centrifuge, qui ne peuvent pas croître en même temps. Nous ne pouvons pas nous développer à la fois dans deux sens aussi opposés. Si nous avons un vif penchant à penser et à agir par nous-mêmes, nous ne pouvons pas être fortement enclins à penser et à agir comme les autres. Si l'idéal est de se faire une physionomie propre et personnelle, il ne saurait être de ressembler à tout le monde. De plus, au moment où cette solidarité exerce son action, notre personnalité s'évanouit, peut-on dire, par définition ; car nous ne sommes plus nous-mêmes, mais l'être collectif.

Les molécules sociales qui ne seraient cohérentes que de cette seule manière ne pourraient donc se mouvoir avec l'ensemble que dans la mesure où elles n'ont pas de mouvement propre, comme font les molécules des corps inorganiques. C'est pourquoi nous proposons d'appeler mécanique cette espèce de solidarité. Ce mot ne signifie pas qu'elle soit produite par des moyens mécaniques et artificiellement. Nous ne la nommons ainsi que par analogie avec la cohésion qui unit entre eux les éléments des corps bruts, par opposition à celle qui fait l'unité des corps vivants. Ce qui achève de justifier cette dénomination, c'est que le lien qui unit ainsi l'individu à la société est tout à fait analogue à celui qui rattache la chose à la personne. La conscience individuelle, considérée sous cet aspect, est une simple dépendance du type collectif et en suit tous les mouvements, comme l'objet possédé suit ceux que lui imprime son propriétaire. Dans les sociétés où cette solidarité est très développée, l'individu ne s'appartient pas, nous le verrons plus loin ; c'est littéralement une chose dont dispose la société. Aussi, dans ces mêmes types sociaux, les droits personnels ne sont-ils pas encore distingués des droits réels.

Il en est tout autrement de la solidarité que produit la division du travail. Tandis que la précédente implique

que les individus se ressemblent, celle-ci suppose qu'ils diffèrent les uns des autres. La première n'est possible que dans la mesure où la personnalité individuelle est absorbée dans la personnalité collective ; la seconde n'est possible que si chacun a une sphère d'action qui lui est propre, par conséquent une personnalité. Il faut donc que la conscience collective laisse découverte une partie de la conscience individuelle, pour que s'y établissent ces fonctions spéciales qu'elle ne peut pas réglementer ; et plus cette région est étendue, plus est forte la cohésion qui résulte de cette solidarité. En effet, d'une part, chacun dépend d'autant plus étroitement de la société que le travail est plus divisé, et d'autre part, l'activité de chacun est d'autant plus personnelle qu'elle est plus spécialisée. Sans doute, si circonscrite qu'elle soit, elle n'est jamais complètement originale ; même dans l'exercice de notre profession nous nous conformons à des usages, à des pratiques qui nous sont communes avec toute notre corporation. Mais, même dans ce cas, le joug que nous subissons est autrement moins lourd que quand la société tout entière pèse sur nous, et il laisse bien plus de place au libre jeu de notre initiative. Ici donc, l'individualité du tout s'accroît en même temps que celle des parties ; la société devient plus capable de se mouvoir avec ensemble, en même temps que chacun de ses éléments a plus de mouvements propres. Cette solidarité ressemble à celle que l'on observe chez les animaux supérieurs. Chaque organe, en effet, y a sa physionomie spéciale, son anatomie, et pourtant l'unité de l'organisme est d'autant plus grande que cette individuation des parties est plus marquée. En raison de cette analogie, nous proposons d'appeler organique la solidarité qui est due à la division du travail.

En même temps, ce chapitre et le précédent nous fournissent les moyens de calculer la part qui revient à chacun de ces deux liens sociaux dans le résultat total et commun qu'ils concourent à produire par des voies différentes. Nous savons en effet sous quelles formes extérieures se symbolisent ces deux sortes de solidarités, c'est-à-dire quel est le corps de règles juridiques qui correspond à chacune d'elles. Par conséquent, pour connaître leur importance respective dans un type social qui est donné, il suffit de comparer l'étendue respective des deux sortes de droits qui les expriment, puisque le droit varie toujours comme les relations sociales qu'il règle.

XXVI

MAUSS

ÉCHANGES DE DONS, RIVALITÉ ET OBLIGATION SOCIALE

Mauss, *Essai sur le don*, in *Sociologie et anthropologie*,
PUF, « Quadrige », 8e éd. 1999, p. 148-153.

Durkheim caractérisait les faits sociaux par leur extériorité et leur objectivité, manifestées par la contrainte qu'ils exercent sur les individus (voir le texte n° 24). Aussi est-ce à travers les réalités sociales les plus solides – vie sociale faite choses – que la réflexion sociologique se développait. De ce point de vue, les obligations juridiques et morales liant l'individu à la société pouvaient s'analyser comme l'intériorisation de contraintes tout extérieures et collectives.

C'est cette conception de l'obligation sociale que Marcel Mauss, disciple de Durkheim, amende dans son *Essai sur le don*. Dans le cas des institutions d'échanges fondées sur la notion de « dons », les représentations subjectives ne peuvent être tenues pour de simples conséquences d'une contrainte extérieure, parce que seules ces représentations distinguent les échanges de dons d'échanges purement commerciaux (troc ou échanges monétaires). Le « potlatch » nord-américain – destruction massive de richesse, au cours de rites festifs, en vue de la primauté politique – ou le « kula » mélanésien – échanges réglés, mais non commerciaux, de biens pouvant assurer aux participants un certain prestige – se distinguent des échanges commerciaux en ce que les participants n'y recherchent pas un profit matériel, mais plutôt « symbolique » : il s'agit de faire valoir, en quelque sorte, sa générosité. Donner, c'est obliger autrui, le contraindre à la reconnaissance, et le contre-don intervient non pas comme un équivalent économique du premier don, mais comme une repartie dans une lutte de pur prestige (ce pourquoi Mauss parle de « prestations de type agonistique », du terme grec *agôn*, désignant le conflit). Cependant, pour qu'un tel dispositif fonctionne, pour que le don puisse faire honneur au donneur et obliger celui qui le reçoit, son caractère gratuit, libre, est crucial. Aussi la représentation du don comme vrai don a une efficacité causale qu'une investigation purement objectiviste risque de méconnaître. Mauss est amené, quant à lui, à rendre compte du phénomène de l'échange de dons à partir des représentations que les sociétés « archaïques » se font de la « personne » et des « biens personnels » (représentations qui rapprochent le droit « réel » – droit des biens – du droit « personnel »).

Marcel Mauss caractérise le phénomène du don comme « phénomène social total » – phénomène qui met en branle toutes les institutions sociales, et révèle le « ciment » qui fait « tenir » une société. Les échanges de dons et de contre-dons ont cette fonction essentielle d'établir des liens d'obligation entre les groupes qui composent une société.

Un des enjeux de l'*Essai sur le don* est de proposer une alternative à la conception utilitariste des échanges qui prévaut chez les économistes classiques. Dans notre passage, Mauss note le fait que le marché est une des institutions les plus universelles, à condition toutefois de ne pas l'assimiler à cette « économie naturelle » postulée par Adam Smith : la cause première des échanges de biens n'est pas la recherche sans règle du profit maximal, mais réside plutôt dans des institutions qui font du don la source du prestige social.

Quelle est la règle de droit et d'intérêt qui, dans les sociétés de type arriéré ou archaïque, fait que le présent reçu est obligatoirement rendu ? Quelle force y a-t-il dans la chose qu'on donne qui fait que le donataire la rend ? Voilà le problème auquel nous nous attachons plus spécialement tout en indiquant les autres. Nous espérons donner, par un assez grand nombre de faits, une réponse à cette question précise et montrer dans quelle direction on peut engager toute une étude des questions connexes. On verra aussi à quels problèmes nouveaux nous sommes amenés : les uns concernant une forme permanente de la morale contractuelle, à savoir : la façon dont le droit réel reste encore de nos jours attaché au droit personnel ; les autres concernant les formes et les idées qui ont toujours présidé, au moins en partie, à l'échange et qui, encore maintenant, suppléent en partie la notion d'intérêt individuel.

Ainsi, nous atteindrons un double but. D'une part, nous arriverons à des conclusions en quelque sorte archéologiques sur la nature des transactions humaines sur les sociétés qui nous entourent ou nous ont immédiatement précédés. Nous décrirons les phénomènes d'échange et de contrat dans ces sociétés qui sont non pas privées de marchés économiques comme on l'a prétendu – car le marché est un phénomène humain qui selon nous n'est étranger à aucune société connue – mais dont le régime d'échange est différent du nôtre. On y verra le marché avant l'institution des marchands et avant leur principale invention, la monnaie proprement dite ; comment il fonctionnait avant qu'eussent été trouvées les formes, on peut dire modernes (sémitique, hellénique, hellénistique et romaine) du contrat et de la vente d'une part, la monnaie titrée d'autre part. Nous verrons la morale et l'économie qui agissent dans ces transactions.

Et comme nous constaterons que cette morale et cette économie fonctionnent encore dans nos sociétés de façon constante et pour ainsi dire sous-jacente, comme nous croyons avoir ici trouvé un des rocs humains sur lesquels sont bâties nos sociétés, nous pourrons en déduire quelques conclusions morales sur quelques problèmes que posent la crise de notre droit et la crise de notre économie et nous nous arrêterons là. Cette page d'histoire sociale, de sociologie théorique, de conclusions de morale, de pratique politique et économique, ne nous mène, au fond, qu'à poser une fois de plus, sous de nouvelles formes, de vieilles mais toujours nouvelles questions [...].

Il ne semble pas qu'il ait jamais existé, ni jusqu'à une époque assez rapprochée de nous, ni dans les sociétés qu'on confond fort mal sous le nom de primitives ou inférieures, rien qui ressemblât à ce qu'on appelle l'Économie naturelle. Par une étrange mais classique aberration, on choisissait même pour donner le type de cette économie les textes de Cook concernant l'échange et le troc chez les Polynésiens. Or, ce sont ces mêmes Polynésiens que nous allons étudier ici et dont on verra combien ils sont éloignés, en matière de droit et d'économie, de l'état de nature.

Dans les économies et dans les droits qui ont précédé les nôtres, on ne constate pour ainsi dire jamais de simples échanges de biens, de richesses et de produits au cours d'un marché passé entre les individus. D'abord, ce ne sont pas des individus, ce sont des collectivités qui s'obligent mutuellement, échangent et contractent ; les personnes présentes au contrat sont des personnes morales : clans, tribus, familles, qui s'affrontent et s'opposent soit en groupes se faisant face sur le terrain même, soit par l'intermédiaire de leurs chefs, soit de ces deux façons à la fois. De plus, ce qu'ils échangent, ce n'est pas exclusivement des biens et des richesses, des meubles et des immeubles, des choses utiles économiquement. Ce sont avant tout des politesses, des festins, des rites, des services militaires, des femmes, des enfants, des danses, des fêtes, des foires dont le marché n'est qu'un des moments et où la circulation des richesses n'est qu'un des termes d'un contrat beaucoup plus général et beaucoup plus permanent. Enfin, ces prestations et contre-prestations s'engagent sous une forme plutôt volontaire, par des présents, des cadeaux, bien qu'elles soient au fond rigoureusement obligatoires, à peine de guerre privée ou publique. Nous avons proposé d'appeler tout ceci le système des prestations totales. Le type le plus pur de ces institutions nous paraît être représenté par l'alliance des deux phratries dans les tribus australiennes ou nord-américaines en général, où les rites, les mariages, la succession aux biens, les liens de droit et d'intérêt, rangs militaires et sacerdotaux, tout est complémentaire et suppose la collaboration des deux moitiés de la tribu. Par exemple, les jeux sont tout particulièrement régis par elles. Les Tlinkit et les Haïda, deux tribus du Nord-Ouest américain, expriment fortement la nature de ces pratiques en disant que les deux phratries se montrent respect.

Mais, dans ces deux dernières tribus du Nord-Ouest américain et dans toute cette région apparaît une forme typique certes, mais évoluée et relativement rare, de ces prestations totales. Nous avons proposé de l'appeler potlatch, comme font d'ailleurs les auteurs américains se servant du nom chinook devenu partie du langage courant des Blancs et des Indiens de Vancouver à l'Alaska. « Potlatch » veut dire essentiellement « nourrir », « consommer ». Ces tribus, fort riches, qui vivent dans les îles ou sur la côte ou entre les Rocheuses et la côte, passent leur hiver dans une perpétuelle fête : banquets, foires et marchés, qui sont en même temps l'assemblée solennelle de la tribu. Celle-ci y est rangée suivant ses confréries hiérarchiques, ses sociétés secrètes, souvent confondues avec les premières et avec les clans ; et tout, clans, mariages, initiations, séances de chamanisme et du culte des grands dieux, des totems ou des ancêtres collectifs ou individuels du clan, tout se mêle en un inextricable lacis de rites, de prestations juridiques et économiques, de fixations de rangs politiques dans la société des hommes, dans la tribu et dans les confédérations de tribus et même internationalement. Mais ce qui est remarquable dans ces tribus, c'est le principe de la rivalité et de l'antagonisme qui domine toutes ces pratiques. On y va jusqu'à la bataille, jusqu'à la mise à mort des chefs et nobles qui s'affrontent ainsi. On y va d'autre part jusqu'à la destruction purement somptuaire des richesses accumulées pour éclipser le chef rival en même temps qu'associé (d'ordinaire grand-père, beau-père ou gendre). Il y a prestation totale en ce sens que c'est bien tout le clan qui contracte pour tous, pour tout ce qu'il possède et pour tout ce qu'il fait, par l'intermédiaire de son chef. Mais cette prestation revêt de la part du chef une allure agonistique très marquée. Elle est essentiellement usuraire et somptuaire et l'on assiste avant tout à une lutte des nobles pour assurer entre eux une hiérarchie dont ultérieurement profite leur clan.

Nous proposons de réserver le nom de potlatch à ce genre d'institution que l'on pourrait, avec moins de danger et plus de précision, mais aussi plus longuement, appeler : prestations totales de type agonistique.

XXVII

GOFFMAN

LA SIGNIFICATION SOCIALE D'UNE PRATIQUE QUOTIDIENNE

Goffman, *La Mise en scène de la vie quotidienne*, « 2. Les relations en public », trad. A. Kihm, Minuit, 1973, p. 215-219.

La sociologie d'Erving Goffman s'inscrit dans le courant de « l'interactionnisme symbolique ». Ce terme sert à désigner un certain nombre de sociologues qui, contre une approche « fonctionnaliste » (voir Vade-mecum) – qui met l'accent sur les structures sociales et les fonctions qu'elles remplissent dans l'agencement du tout –, s'attachent d'abord à la manière dont les individus *négocient* les interactions sociales, et, par là, *construisent* la réalité sociale. Il s'agit de montrer comment, dans leur vie professionnelle, par exemple, les individus contribuent à définir eux-mêmes leur rôle social (le « métier », par exemple), de sorte que les statuts sociaux sont d'abord vus comme des représentations symboliques que les agents produisent et mobilisent. La question de la « déviance » a été au cœur de ces tentatives : contre une définition statistique de la déviance, ces auteurs s'attachent d'abord à la construction sociale de la catégorie de déviance, à la façon dont des conduites sont « étiquetées » déviantes, et à la manière dont les individus ainsi étiquetés utilisent cette marque, soit pour y remédier, soit pour la détourner de son sens premier (en « renversant les stigmates », par exemple). Erving Goffman lui-même a livré à ce sujet des analyses très fines, dans *Stigmates*.

Tout en s'intéressant en premier lieu à la trame des interactions, Goffman admet que ses interprétations des relations interindividuelles doivent faire appel à la connaissance que les agents possèdent de normes collectives, lesquelles contribuent à définir de véritables « rites d'interaction ». De cette approche originale provient l'attention toute particulière à la notion de *rôle social*, comprise dans un sens théâtral (d'où le titre de l'ouvrage dont est tiré l'extrait : *La Mise en scène de la vie quotidienne*). Goffman s'intéresse tout particulièrement à l'identité sociale, à la fois dans sa composante objective et personnelle (je suis, par exemple, un Américain protestant travaillant dans une grande banque) et dans sa composante *symbolique*, qui renvoie aux interprétations que les autres élaborent à partir des *signes* qu'un individu leur livre, interprétation que l'individu peut lui-même orienter, selon sa maîtrise plus ou moins grande des codes sociaux. Le caractère symbolique des interactions consiste alors en ce qu'elles se comprennent à partir d'un modèle en quelque sorte linguistique, qui prend en compte à la fois le langage proprement dit et tous ces codes que sont la gestuelle, le vêtement, etc.

L'extrait suivant est un bon exemple d'analyse interactionniste. S'intéressant aux « signes du lien » (c'est-à-dire aux signes qui manifestent à la face du monde l'existence d'un lien social entre deux individus – liens familiaux, sentimentaux, professionnels...), Goffman analyse la pratique, répandue chez beaucoup de jeunes couples, qui consiste à se tenir par la main. On voit très clairement que, dans l'interprétation de ce signe, Goffman utilise à la fois des données de type statistique (ce sont plutôt des couples jeunes et d'un certain milieu social qui adoptent cette pratique) et une interprétation du *sens* de la pratique (elle manifeste une certaine égalité des sexes, par exemple). C'est l'articulation de ces deux aspects qui fait, entre autres, l'intérêt du texte. La pratique de se tenir par la main, à laquelle on pouvait accorder une signification d'abord privée, apparaît alors comme une pratique éminemment sociale : un tel rite a un sens public, et manifeste aux yeux du monde la nature d'une certaine relation sexuelle, tout comme, au théâtre, certains rôles sont codifiés de façon à être compris sans ambiguïté par un public.

Dans la société américaine, les individus qui n'ont pas atteint l'adolescence ne se tiennent pas par la main, du moins au sens ici admis, non plus que les personnes qui ont dépassé les soixante ans, du moins de façon fréquente. Et ceux dont l'âge est approprié à l'usage d'une telle pratique ne l'emploient dans l'ensemble qu'avec une personne du sexe opposé. Ces faits suggèrent que ce signe implique que ses auteurs sont en âge d'avoir des relations sexuelles, et que la relation signifiée est potentiellement sexuelle. Bref, le groupe de deux constitue un couple. Ainsi, une personne qui tient simultanément les mains de deux individus de l'autre sexe n'est pas considérée comme les tenant par la main au sens élaboré ici.

Par ailleurs, la relation à deux signifiée par le fait de se tenir par la main a, semble-t-il, un caractère « unique », au sens où elle est la seule de cette espèce que chaque extrême est censé entretenir au moment considéré. Les déviations tendent à confirmer ce fait. Un individu que l'on voit tenir par la main deux personnes différentes dans un intervalle trop court pour séparer convenablement la fin d'une relation du début d'une nouvelle s'attire le plus souvent des regards critiques et se montre lui-même embarrassé. D'ordinaire, il traite l'une de ces relations comme la légitime et la tient par la main (s'il le doit) là où on peut les reconnaître personnellement ; et il fait en sorte de se trouver dans un lieu où il ne risque pas d'être reconnu avant de tenir la main de l'autre femme, mais alors avec avidité – acte amer et poignant où il expose bravement sa relation illégitime à la face du monde, quand il ne s'y trouve pas de connaissances.

Ceux qui se tiennent le plus fréquemment par la main ont, semble-t-il, l'âge et le statut social des individus qui fréquentent l'école secondaire et la faculté : ce sont surtout des citadins, non catholiques et appartenant à la moyenne et grande bourgeoisie. Les personnes plus âgées qui pratiquent cet acte semblent (selon leur âge) appartenir plus particulièrement aux milieux qui jouissent d'une éducation supérieure. Or, un trait de ces personnes est qu'elles manifestent un degré relativement élevé d'égalité entre les sexes et des subcultures sexuelles relativement peu différenciées. Cette constatation est appuyée par le fait que ceux qui dédaignent activement de se tenir par la main représentent les tendances opposées. Ainsi, Gerald Suttles écrit à propos des bas-quartiers italiens de Chicago :

« En même temps, ils [les jeunes Italiens] perpétuent l'ancien système en présumant automatiquement que le plus léger signe d'intérêt, même dépourvu d'intentions de la part d'une fille en fait une proie offerte. Pour leur défense, les filles sont donc contraintes de garder leurs distances. En privé, bien entendu, de nombreux garçons et filles entretiennent furtivement ce que d'autres considéreraient comme des relations tout à fait conventionnelles, faites de caresses et de baisers. En public, par contre, ils s'ignorent soigneusement. Pendant tout le temps que j'ai passé dans ce quartier, je n'ai jamais vu un jeune couple italien se tenir par la main ou se promener dans la rue [1]. »

L'égalité sexuelle est soulignée par la nature même de la pratique, puisque ce signe est pratiquement le seul des signes du couple qui soit presque symétrique : excepté certains détails, la posture de l'homme est aussi celle de la femme [...] (le contraste est assuré par le signe plus répandu qui consiste à se prendre le bras).

Maintenant que nous avons vu qui se tient par la main et qui ne le fait pas, nous pouvons continuer à découvrir la signification de ce signe. Connaissant les gens qui se tiennent par la main, nous pouvons chercher à savoir quand ils le font et quand ils ne le font pas (alors qu'il se pourrait qu'ils le fissent).

Pour commencer, quand ne le font-ils pas ? D'après l'étiquette formelle, il est inconvenant pour un couple de se promener dans les grandes rues bien fréquentées d'une ville en se tenant par la main. D'après une autre

1. Gerald D. Suttles, *The Social Order of the Slum*, Chicago, The University of Chicago Press, 1968, p. 113.

règle, les couples mariés présents dans une réception sont supposés « s'intégrer », c'est-à-dire laisser de côté pour un moment leur relation exclusive et ne plus agir qu'en qualité de membres de la réception. Le corollaire est qu'ils sont censés ne pas se tenir par la main (ils peuvent se tenir par la main en allant à la réception et en revenant, non pas pendant). D'autre part, s'il est vrai que les étudiants se promènent sur les campus en se tenant par la main – c'est même là, semble-t-il, l'un des lieux réservés à cette activité –, il n'est pas convenable qu'ils assistent aux cours ainsi entravés. De plus, dans certains établissements sociaux, il est interdit de se tenir par la main, même en plein air. Dans les écoles techniques destinées à la réhabilitation des jeunes condamnés, cette pratique est souvent prohibée à l'intérieur de l'enceinte ; il en va de même pour les médecins et les infirmières à l'intérieur des hôpitaux. Dans ces deux cas, pour des raisons pénales ou professionnelles, les membres doivent si bien se soumettre à la discipline que, même lorsqu'ils se promènent entre les bâtiments, ils doivent conserver leur dévotion aux buts de l'établissement (comme on peut s'y attendre, d'autres distractions autonomes, telles que fumer, peuvent aussi être interdites). Il apparaît donc que, chaque fois que les individus se voient demander une attention et un engagement profonds, il leur faut renoncer à se tenir par la main, ainsi qu'à d'autres actes qui projettent aux yeux du public l'engagement mutuel des personnes en relations étroites.

L'importance de cette discipline est encore accentuée si nous considérons les situations où se tenir par la main est, semble-t-il, approuvé et même idéalisé. Dans le monde pittoresque des publicités et des films – sinon dans le monde réel –, on voit des couples de vacanciers se promener en se tenant par la main dans les petites rues sinueuses de localités étrangères. Le fait important ici est que les touristes, visitant une société étrangère, estiment souvent qu'ils ne doivent pas aux lieux publics la déférence exigée des autochtones ; ils peuvent donc s'abstraire, de même qu'ils peuvent se vêtir sans formalisme. De plus, l'étrangeté même du lieu suggère une certaine menace, sinon un danger, et, du moins pour la femme, tenir la main de son compagnon est un soutien manifeste. On voit aussi sur les photographies des magazines des couples qui se tiennent par la main alors qu'ils longent pieds nus (leurs chaussures dans l'autre main) le rivage. Là, l'éloignement de la société permet évidemment de tolérer un plus grand repli sur soi-même, une rêverie sans voiles, en quelque sorte, et les vastes étendues de l'océan sont peut-être la cause d'un émoi exceptionnel doucement contenu par la confirmation des mains qui se tiennent.

Il convient de considérer une dernière éventualité. Il est clair que se tenir par la main dénote un engagement conjoint, un sentiment ouvertement partagé, et c'est là un terrain commun que l'on expose parfois en vertu de raisons et de droits particuliers. Par exemple, des fiancés dans une réception donnée en leur honneur sont enclins à se tenir par la main et à rester assez près l'un de l'autre ; mais il s'agit alors d'un devoir autant que d'un privilège, puisque c'est précisément cette consécration mutuelle que l'occasion entend célébrer. Quand ils longeront la travée centrale après leur mariage, on les autorisera de nouveau à se tenir par la main, à un moment où les invités de la noce se sentiront obligés de taire leurs propres dualités [...].

À certaines occasions, on voit des individus se tenir par la main sous les yeux de l'assemblée et, qui plus est, dans des circonstances qui, au premier abord, sembleraient peu favorables. Ainsi, au tribunal, une femme peut délibérément tenir la main de son époux inculpé d'un acte qui paraîtrait le rendre inapte à son état, afin de montrer qu'elle le tient toujours pour digne de sa relation avec elle. De même, le mari qui conduit sa femme à l'audience où elle va être jugée pour avoir comploté contre sa vie, de concert avec deux autres hommes, peut la tenir par la main, là encore pour montrer qu'il la défend dans sa qualité de femme apte à vivre en couple [...].

On peut donc dire en général que se tenir par la main n'est pas simplement une manière d'informer de l'existence d'une relation particulière : c'est aussi une façon de remettre ouvertement et pour un temps une petite partie de soi-même à la personne relative, tout en affirmant la validité et la valeur de cette relation.

[...] Se tenir par la main, au sens entendu ici, signifie donc une occupation annexe ostensible de deux extrêmes [1] engagés dans une relation exclusive, potentiellement sexuelle et égalitaire. C'est là la « signification » de l'acte telle qu'elle dérive d'un examen spéculatif des personnes et des situations liés à son occurrence et à sa prohibition.

Il est donc possible d'explorer de façon informelle la signification d'un fragment d'idiome rituel en lui appliquant grossièrement une analyse de forme distributionnelle. Si nous nous y employons, il n'y a alors aucune raison pour ne pas développer la batterie de questions et de problèmes que soulève toute activité socialement typée.

En premier lieu, il y a l'histoire du signe. Quels groupes ont-ils été les premiers à l'utiliser ? Dans quels groupes ce signe passe-t-il maintenant ? Ainsi, alors que les Italiens de milieu pauvre ne se tiennent guère par la main, il semble que cette pratique entre en usage chez les Noirs. Là où l'on peut montrer que ces déplacements historiques suivent un schéma explicable, on peut parler de l'histoire naturelle du signe.

---

1. Goffman appelle « extrêmes » les « deux individus liés l'un à l'autre par une relation sociale » (p. 181).

XXVIII

BOURDIEU

LES STRUCTURES SOCIALES SONT DES STRUCTURES INCORPORÉES

Bourdieu, *La Distinction*, Minuit, 1979, p. 545-548.

Dans *La Distinction*, « critique sociale du jugement », Pierre Bourdieu élabore notamment sa conception de l'espace social structuré en « trois dimensions », la position de chaque agent étant définie dans cet espace « par le volume de capital, la structure du capital » (poids relatifs des capitaux économiques et culturels, mesurés entre autres par les revenus et le patrimoine, d'un côté, et par le niveau de diplôme et les types de pratiques culturelles de l'autre), « et l'évolution dans le temps de ces deux propriétés (manifestée par la trajectoire passée et potentielle dans l'espace social) ».

Un des apports de ce concept est qu'il permet d'associer une vision « réaliste » du monde social, reconnaissant l'existence de structures objectives qui servent à distinguer les « dominants » et les « dominés » (comme la théorie marxiste des classes sociales), et une vision plus « constructiviste » : pour Bourdieu, les agents sont, certes, situés objectivement dans l'espace social selon les ressources dont ils disposent, mais leur position dans cet espace correspond en même temps à un *point de vue* sur cet espace. Être un bourgeois cultivé, par exemple, c'est à la fois être situé dans une certaine zone de l'espace social et produire des appréciations sur d'autres individus, en fonction de schèmes classificatoires associés à cette position.

On comprend dès lors que les jugements de goût et les pratiques qui y sont associées (manières de manger, évaluations éthiques, loisirs...), objet premier de *La Distinction*, constituent des phénomènes privilégiés pour appréhender l'espace social, dans sa logique singulière et quasiment circulaire : les propriétés objectives des individus n'ont d'effets distinctifs que parce qu'ils renvoient à des principes subjectifs d'appréhension du monde social, eux-mêmes dépendants de la structure objective de cet espace. Aussi la position dans l'espace social va-t-elle de pair avec un certain *habitus* (« disposition », en latin), matrice unique d'un ensemble de pratiques très diverses : à la fois, goûts artis-

tiques, alimentaires, vestimentaires, manières de marcher, formes de politisation… L'*habitus* représente l'unité de pratiques par lesquelles l'individu s'inscrit dans les différents champs de l'espace social, champs à la fois relativement autonomes, mais « homologues ».
Notre texte s'intéresse précisément à la relation entre structures objectives et dispositions subjectives. En affirmant que « les structures sociales sont des structures sociales incorporées », Bourdieu met l'accent sur l'intériorisation des structures objectives. Cette « incorporation » fait d'ailleurs toute leur efficacité : c'est au plus profond des individus, et non dans leur conscience, que s'expriment les structures sociales. Aussi la structure de l'espace social se traduit-elle par des schèmes de perception du monde social (l'opposition entre le « commun » et le « distingué », par exemple, traduit l'opposition objective entre dominants et dominés). C'est dans les dispositions les plus ancrées que l'homologie formelle entre différents univers de pratiques se trouve assurée, produisant ainsi un monde relativement unifié et intelligible, en partie commun à tous les agents (mais associé à des jugements de valeur différents), du fait de l'existence d'un espace social objectif.

Les structures cognitives que les agents sociaux mettent en œuvre pour connaître pratiquement le monde social sont des structures sociales incorporées. La connaissance pratique du monde social que suppose la conduite « raisonnable » dans ce monde met en œuvre des schèmes classificatoires (ou, si l'on préfère, des « formes de classification », des « structures mentales », des « formes symboliques », autant d'expressions qui, si l'on ignore les connotations, sont à peu près interchangeables), schèmes historiques de perception et d'appréciation qui sont le produit de la division objective en classes (classes d'âge, classes sexuelles, classes sociales) et qui fonctionnent en deçà de la conscience et du discours. Étant le produit de l'incorporation des structures fondamentales d'une société, ces principes de division sont communs à l'ensemble des agents de cette société et rendent possible la production d'un monde commun et sensé, d'un monde de sens commun.

Tous les agents d'une formation sociale déterminée ont en effet en commun un ensemble de schèmes de perception fondamentaux, qui reçoivent un commencement d'objectivation dans les couples d'adjectifs antagonistes communément employés pour classer et qualifier les personnes ou les objets dans les domaines les plus différents de la pratique. Matrice de tous les *lieux communs* qui ne s'imposent si aisément que parce qu'ils ont pour eux tout l'ordre social, le réseau des oppositions entre haut (ou sublime, élevé, pur) et bas (ou vulgaire, plat, modeste), spirituel et matériel, fin (ou raffiné, élégant) et grossier (ou gros, gras, brut, brutal, fruste), léger (ou subtil, vif, adroit) et lourd (ou lent, épais, obtus, laborieux, gauche), libre et forcé, large et étroit ou, dans une autre dimension, entre unique (ou rare, différent, distingué, exclusif, exceptionnel, singulier, inouï) et commun (ou ordinaire, banal, courant, trivial, quelconque), brillant (ou intelligent) et terne (ou obscur, effacé, médiocre), a pour principe l'opposition entre l'« élite » des dominants et la « masse » des dominés, multiplicité contingente et désordonnée, interchangeable et innombrable, faible et désarmée, sans autre existence que statistique. Il suffit de laisser jouer ces racines mythiques pour engendrer, à volonté, tel ou tel des thèmes, inlassablement répétés, sous des formes à peine renouvelées, de l'éternelle sociodicée, comme les dénonciations apocalyptiques de toutes les formes de « nivellement », « banalisation » ou « massification » qui, identifiant le déclin des sociétés à la décadence des maisons bourgeoises, c'est-à-dire à la chute dans l'homogène, l'indifférencié, trahissent une hantise obsidionale du *nombre,* de la masse sans différence et sans souci des différences ou de la foule toujours prête à submerger les espaces réservés de l'exclusivisme bourgeois.

Les oppositions les plus formelles en apparence de cette mythologie sociale doivent toujours leur efficacité idéologique au fait qu'elles renvoient plus ou moins discrètement aux oppositions les plus fondamentales de l'ordre social : celle qui, inscrite dans la division du travail, s'établit entre dominants et dominés, et celle qui, fondée dans la division du travail de domination, oppose, au sein de la classe dominante, deux principes de domination, deux pouvoirs, dominant et dominé, temporel et spirituel, matériel et intellectuel, etc. C'est dire que le schéma de l'espace social qui a été proposé ci-dessus peut être aussi lu comme un tableau rigoureux des catégories historiquement constituées et acquises qui organisent la pensée du monde social de l'ensemble des sujets appartenant à ce monde et façonnés par lui. Du fait que les mêmes schèmes classificatoires (et les oppositions dans lesquelles ils s'expriment) peuvent fonctionner, en se spécifiant, dans des champs organisés autour de positions polaires, qu'il s'agisse du champ de la classe dominante, organisé autour d'une opposition homologue de l'opposition constitutive du champ des classes sociales, ou du champ de production culturelle, lui-même organisé autour d'oppositions qui, reproduisant les structures de la classe dominante, sont homologues de la précédente (comme l'opposition entre théâtre bourgeois et théâtre d'avant-garde), l'opposition fondamentale ne cesse de soutenir les oppositions de second, troisième ou énième rang (celles qui fondent les jugements éthiques ou esthétiques les plus « purs », avec leurs sentiments bas ou élevés, leurs beautés faciles ou difficiles, leurs styles légers ou pesants, etc.), tout en s'euphémisant au point de devenir méconnaissable : ainsi l'opposition entre le lourd et le léger qui, dans nombre de ses usages, scolaires en particulier, servira à distinguer les goûts populaires ou petit-bourgeois des goûts bourgeois, peut être employée par la critique théâtrale destinée à la fraction dominante de la classe dominante pour penser la relation entre le théâtre « intellectuel », condamné dans sa prétention « laborieuse » et son didactisme « pesant », et le théâtre « bourgeois », loué pour son tact et son art d'effleurer, tandis que la critique « intellectuelle » pensera la même relation, au prix d'une simple inversion de signe, à travers une forme à peine modifiée de cette opposition, la légèreté, identifiée à la futilité, s'opposant alors à la profondeur. On pourrait montrer de même que l'opposition entre la droite et la gauche qui, dans sa forme fondamentale, concerne la relation entre les dominants et les dominés, peut aussi, au prix d'une première transformation, désigner les relations entre fractions dominantes et fractions dominées de la classe dominante, les mots « droite » ou « gauche » prenant alors un sens proche de celui qu'ils revêtent dans des expressions comme théâtre « de rive droite » ou « de rive gauche » ; il peut même, à un degré supplémentaire de déréalisation, servir à distinguer deux tendances rivales d'un groupe artistique ou littéraire d'avant-garde, et ainsi de suite. Il s'ensuit que, considérés dans chacun de leurs usages, les couples de qualificatifs dont le système constitue l'appareillage conceptuel du jugement de goût sont extrêmement pauvres, quasi indéfinis, mais propres par là même à procurer ou à exprimer le sentiment de l'indéfinissable : chaque usage singulier de l'un de ces couples ne prend son sens complet que par rapport à un *univers de discours* chaque fois différent, le plus souvent implicite – puisqu'il s'agit du système des évidences et des présupposés admis comme allant de soi dans le champ par rapport auquel se définissent les stratégies ; mais chacun des couples ainsi spécifiés par l'usage a pour harmoniques tous les autres usages qu'il pourrait avoir – en raison des relations d'homologie entre les champs qui autorisent le transfert d'un champ à l'autre – et aussi tous les autres couples qui lui sont substituables à des nuances près (par exemple, fin/grossier pour léger/lourd), c'est-à-dire dans des contextes légèrement différents.

Le fait que les oppositions semi-codifiées que véhicule le langage se retrouvent, avec des valeurs très voisines, au principe de la vision dominante du monde social, dans toutes les formations sociales divisées en classes (que l'on pense, par exemple, à l'inclination à penser le peuple comme lieu d'appétits alimentaires ou sexuels totalement débridés) se comprend si l'on sait que, réduites à leur structure formelle, les mêmes relations fondamentales, celles qu'expriment précisément les grandes relations d'ordre (haut/bas, fort/faible, etc.), se retrouvent dans toutes les sociétés divisées en classes. Et la récurrence de la structure triadique, chère à Georges Dumézil, dont Georges Duby montre, à propos de la société féodale, qu'elle s'enracine dans les structures sociales qu'elle légitime, pourrait n'être, comme les oppositions invariantes où s'exprime le rapport de domination, qu'une résultante nécessaire du croisement des deux principes de division qui sont à l'œuvre dans toutes les sociétés divisées en classes, la division entre les dominants et les dominés, et la division entre les différentes fractions prétendant à la domination au nom de principes différents, *bellatores* et *oratores* dans la société féodale, patrons et intellectuels aujourd'hui.

[illegible] des [illegible] en [illegible] catégories, réduites à
[illegible] fonctionnelle [illegible] ménage [illegible] fonction
et celles [illegible] correspondent précisément [illegible]
[illegible] l'ordre [illegible] formulé [illegible] se trouvent
dans certaines [illegible] en classes. Et la structure
même de la structure [illegible] que Georges Dumézil
dont Georges Duby [illegible], à propos de la société féo-
dale, [illegible]
[illegible] comme des oppositions [illegible]
dans [illegible] rapport de domination [illegible]
[illegible] deux [illegible]
[illegible] leur production [illegible] les [illegible]
[illegible] division entre les dominants et les
dominés, et la division entre les différentes [illegible]
[illegible] principes différents
[illegible] dans la société féodale [illegible]
[illegible]

VADE-MECUM

ANTHROPOLOGIE

Le terme « anthropologie » (étymologiquement, « science de l'homme ») recouvre au moins trois significations distinctes :

1) l'anthropologie désigne, dans son sens contemporain, une entreprise de totalisation de l'ensemble des sciences humaines. Elle entend produire une théorie générale de l'homme, sur la base de la biologie, de la psychologie, de la sociologie et de l'ethnologie. On distinguera alors entre l'anthropologie physique, qui comprend la biologie humaine et les recherches paléontologiques portant sur l'origine de l'espèce humaine, et l'anthropologie culturelle, qui vise à élaborer une théorie générale de la culture, sur la base des sciences humaines particulières que sont, notamment, la sociologie et l'ethnologie. Claude Lévi-Strauss incarne, parmi d'autres, l'ambition de dépasser les recherches ethnologiques en direction d'une anthropologie générale, ou, en tout cas, d'une théorie générale de la parenté et de la mythologie (il s'agit alors de reconnaître des structures communes à des configurations culturelles en apparence très diverses).

2) Le terme « anthropologie » a aussi un sens plus ancien et spécifiquement philosophique, lié à son usage kantien. Il désigne alors la connaissance de l'homme en tant qu'être sensible et pragmatique, c'est-à-dire susceptible d'agir sous l'empire de mobiles sensibles. Si la *Critique de la raison pratique* et la *Métaphysique des mœurs* ont pour objet les principes de l'usage pratique de la raison, c'est-à-dire l'homme en tant qu'être moral, capable d'autonomie, l'anthropologie s'intéresse, elle, aux conditions empiriques de l'action, parmi lesquelles on compte la société et la culture. L'anthropologie morale s'intéresse ainsi aux conditions empiriques et subjectives favorables à l'*exécution* de la loi morale (l'éducation, par exemple), conditions qui, en aucun cas, ne sont des fondements de la moralité elle-même, ce qui entrerait en contradiction avec la définition de la moralité comme autonomie. Il faut avoir à l'esprit que, pour Kant, la culture, capacité acquise par l'homme de se donner des fins, a une valeur

morale en ce qu'elle favorise le développement des dispositions rationnelles, sans pour autant être le moins du monde une condition de la conscience morale elle-même (voir le texte n° 7 et également l'*Anthropologie du point du vue pragmatique*).

3) En un troisième sens, on peut nommer « anthropologie » toute conception de la « nature humaine » posée comme fondement d'une philosophie politique et sociale : les théoriciens du contrat social, comme d'ailleurs Hume et Adam Smith, ainsi que les auteurs utilitaristes, s'efforcent de penser la société à partir des traits qui définissent l'individu, c'est-à-dire en posant au préalable une certaine nature humaine. Hobbes, par exemple, décrit l'homme comme doté d'une raison de type calculatrice (elle compare des bénéfices et des coûts), et animé par l'amour-propre, la gloire et la rivalité. Rousseau, de son côté, attribue à « l'homme de la nature » le libre arbitre, la perfectibilité, et les passions premières que sont l'amour de soi et la pitié. La vie sociale se trouve alors pensée à partir d'une « anthropologie », éventuellement de telle sorte qu'elle puisse s'en déduire, comme chez Hobbes.

La philosophie politique des Modernes n'est pas la seule à poser de façon explicite une anthropologie, notamment sous la forme d'une description de l'« état de nature ». L'anthropologie au premier sens (à visée scientifique), dès lors qu'elle s'interroge sur l'origine ou sur le fondement de la « culture », tend à interpréter ses résultats dans le cadre d'une théorie générale de l'« esprit humain », comme c'est explicitement le cas, par exemple, chez Claude Lévi-Strauss.

Cf. Culture.

CLASSES SOCIALES

Si l'idée d'une division de la société en classes est très ancienne, puisqu'elle remonte au moins à Platon, la problématique contemporaine des classes sociales est issue du marxisme et des critiques qui ont pu lui être adressées. La théorie marxiste des classes sociales affirme d'une part la réalité objective des classes sociales et d'autre part l'existence de conflits de classes fondamentaux qui sont le moteur de l'évolution historique.

Dans l'optique marxiste, l'appartenance de classe est objectivement déterminée par la place de l'individu dans les rapports de production. Dans le mode de production bourgeois, la propriété privée des moyens de production est le principe premier de la division en classes ; d'un côté, la bourgeoisie se caractérise par la propriété du capital, et de l'autre, le prolétariat est constitué par ceux qui n'ont d'autre moyen de subsistance que leur force de travail. Ce rapport de forces est la condition du salariat : le capitaliste achète le travail du prolétaire, qui n'a pas d'autre moyen de survie que de le vendre. Marx n'affirme cependant pas que la société bourgeoise se divise effectivement en deux classes seulement, mais considère qu'elle tend vers cette situation. La petite-bourgeoisie, en particulier, qui correspond à un état dépassé de l'évolution économique (celui qui précède la grande industrie) tend à disparaître, et à être absorbée par le prolétariat ou la grande bourgeoisie. On voit que l'existence d'un antagonisme de classe est inscrite dans la définition même des rapports de production. Dans ses études historiques, Marx manifeste une grande finesse empirique et distingue de nombreuses classes différentes, qui ont chacune des intérêts propres expliquant leurs choix politiques. L'État lui-même n'est autre que la cristallisation, au niveau juridique, des rapports de forces entre classes. Si la classe constitue d'abord une réalité économique, elle est aussi, pour Marx, le substrat sur lequel se développent un certain mode de vie et un ensemble de croyances. L'appartenance de classe constitue la base matérielle de la conscience des individus. On peut ainsi distinguer une classe en soi, définie objectivement par les rapports de production, et une classe pour soi, qui existe dans la mesure où les individus ont conscience d'y appartenir – c'est la conscience de classe. Le rapport entre la classe objective et la conscience de classe n'est pas mécanique : la conscience de classe advient en effet aussi par un travail de construction politique, au cours des luttes sociales et sous l'impulsion de militants ou d'idéologues.

On peut dégager un certain nombre de critiques adressées à la conception marxiste des classes sociales. Contre une vision discontinuiste de la société, certains auteurs insistent au contraire sur le caractère continu de la hiérarchie sociale, sur l'importance des classes moyennes, niant la tendance dichotomique de la société bourgeoise. Contre l'objectivisme marxiste, on fera valoir que la classe est le produit de la « construction sociale de la réalité » : l'objectivité des rapports économiques ne détermine pas la division de la société en classes ; la classe est aussi une réalité symbolique, résultat d'un travail de construction idéologique. Cette vue n'est pas à proprement parler antimarxiste, mais elle insiste sur l'autonomie relative de la conscience de classe (voir E. P. Thomson, *La Formation de la classe ouvrière anglaise*, ou encore, L. Boltanski, *Les Cadres*).

Dans une perspective assez proche, on peut aussi récuser la réduction de l'espace social à sa dimension purement économique. Ainsi Pierre Bourdieu propose-t-il une théorie de l'espace social dans laquelle les individus sont situés en fonction de leurs ressources en différents types de capitaux, principalement le capital économique et le capital culturel. À la hiérarchie fondamentale entre dominants et dominés s'ajoute une autre dimension : il y a aussi des champs sociaux, relativement autonomes, dont la hiérarchie interne dépend de principes spécifiques – dans le monde des affaires, par exemple, le capital économique est une ressource plus efficace que dans le monde intellectuel.

Une dernière critique porte sur le substantialisme sous-jacent au marxisme « vulgaire ». Max Weber insiste, par exemple, sur le caractère idéel de toutes les « structures sociales », qui ne sont que des noms servant à désigner des relations sociales plus ou moins probables.

On peut aussi faire valoir, comme le fait entre autres Bourdieu, le caractère fondamentalement relationnel de l'appartenance de classe : être bourgeois, par exemple, c'est surtout être différent de l'ouvrier et du petit-bourgeois, par sa conduite corporelle, son goût, ses pratiques distinctives. Les rapports de classe sont ainsi inséparablement des rapports de forces et des rapports de sens. Il n'y a de classes que parce que les agents eux-mêmes se classent et classent les autres. L'espace social est ainsi l'espace des points de vue distinctifs sur l'espace social. Il reste que, malgré sa dimension constructiviste, cette conception de l'espace social conserve en fin de compte l'idée d'un fondement « matériel » de la hiérarchie sociale : ce fondement n'est autre que la répartition inégale des différents types de capitaux, ce qui peut être vu comme une généralisation du point de vue marxiste.

On voit donc que la définition de classes sociales est à la fois un problème scientifique et un enjeu de luttes au sein du monde social. Le sociologue construit nécessairement des classes logiques qu'il ne doit pas prendre pour des classes réelles. La nomenclature socioprofessionnelle utilisée dans les enquêtes statistiques représente à elle seule une opération de production de la réalité sociale, dans la mesure où elle contribue, par ses effets, à structurer l'espace social. Il convient donc d'opérer une démarche réflexive sur ces procédures de classement.

De ce point de vue, les classes sociales comme sujets collectifs (« la classe ouvrière n'acceptera pas que… », « la stratégie de la bourgeoisie... ») sont des produits historiques plus ou moins probables (il est vrai que certains individus ont plus ou moins de propriétés sociales communes, et ont donc plus ou moins de chances de se percevoir comme unis par un intérêt commun) qui, pour exister en acte, doivent se trouver collectivement reconnus comme dotés de réalité.

Cf. Constructivisme.

CONSTRUCTIVISME

Par le terme de constructivisme, nous voulons moins désigner un courant précis de la sociologie contemporaine qu'un état d'esprit qui imprègne un certain nombre de recherches en sciences humaines. Nous suivons ici Philippe Corcuff qui, dans *Les Nouvelles Sociologies*, donne un certain nombre de traits caractérisant l'approche constructiviste : il s'agit avant tout d'appréhender les réalités sociales (institutions, pratiques, structures) non comme données sur le mode des objets naturels, mais d'abord comme des produits de l'histoire, existant à la fois objectivement et comme représentations. Non seulement le sociologue construit son objet, mais la réalité sociale elle-même dépend en partie d'une « construction sociale de la réalité » (titre d'un ouvrage de Peter Berger et Thomas Luckmann). Il n'y a pas, par exemple, de catégories socioprofessionnelles hors du travail de construction politique et administratif de telles catégories. Pour autant, on ne saurait réduire de tels « objets » à de simples « représentations », dans la mesure où une telle nomenclature a des effets sociaux incontestables, et a ainsi une certaine objectivité (voir, à ce sujet, A. Desrosières et L. Thévenot, *Les Catégories socioprofessionnelles*). La démarche constructiviste conduit précisément à récuser l'opposition entre « réalité » et « représentation » et, par là, à tenter de dépasser l'alternative entre « matérialisme » et « idéalisme » en sciences sociales. Norbert Elias, en la matière, fait figure de précurseur : dans son analyse de la genèse de l'État, il montre que l'existence objective d'une institution telle que l'État est, d'une part, le produit d'une construction historique, et, d'autre part, que l'État n'a les moyens d'exister effectivement que dans la mesure où il se trouve reconnu : il ne peut y avoir, en effet, nul « monopole de la violence légitime » sans un ensemble de représentations partagées, comme, par exemple, la distinction entre le « public » et le « privé ».

Aussi le constructivisme engage-t-il notamment les sciences sociales dans les directions suivantes : premièrement, la sociologie et l'histoire tendent à s'identifier, si l'on fait abstraction des démarcations académiques, dans la mesure où la compréhension de toute institution et de toute pratique suppose d'étudier sa genèse historique, sa « construction sociale ». Deuxièmement, les sciences sociales acquièrent, grâce à cette attention redoublée au caractère construit de la réalité sociale, une plus grande réflexivité : elles peuvent, par leurs méthodes propres, faire l'histoire sociale des disciplines savantes, et, de là, prendre conscience de la logique proprement sociale du travail scientifique. Enfin, le constructivisme incline à s'intéresser aux usages sociaux des représentations, et particulièrement des représentations savantes : l'ethnologie, l'histoire et la sociologie, livrent une représentation de la réalité sociale qui peut elle-même être mobilisée par les agents. Notamment, les classes d'individus que les sociologues sont généralement amenés à considérer ne sont pas indépendantes des classifications effectivement produites dans la société elle-même : ils travaillent sur une matière en quelque sorte déjà pensée au sein de la société, et, de plus, contribuent eux-mêmes à instituer de nouvelles catégories. Aussi le travail de construction de l'objet, commun à toute science, se trouve-t-il redoublé, dans le cas des sciences sociales, par le caractère toujours déjà construit de la réalité à étudier.

Cet état d'esprit constructiviste marque aussi bien les travaux de Norbert Elias, de Pierre Bourdieu et d'Erving Goffman, malgré de nombreuses différences. On le retrouve également dans d'autres approches, citées dans la bibliographie. Précisons que le constructivisme n'implique aucunement la négation de la réalité objective des faits sociaux.

Cf. Classes sociales.

CULTURE

Si l'on définit la culture comme un ensemble de représentations, de manières d'être et d'agir commun à un groupe d'individus et acquis historiquement, on voit que la réflexion sur la culture peut s'engager dans deux directions relativement autonomes. D'un côté, on peut s'intéresser à la diversité des cultures, et faire de la culture le trait distinctif d'un peuple et d'une société. De l'autre, on peut davantage s'attacher au phénomène de la culture comme phénomène universel, caractéristique de l'espèce humaine, et penser ce terme dans son opposition avec la « nature ». Ces deux approches ne s'excluent pas, puisque l'anthropologie culturelle se donne parfois pour tâche, avec Lévi-Strauss notamment, de découvrir des universaux culturels à travers l'examen des cultures particulières, et de penser alors ces universaux comme ce qui réalise le « passage de la nature à la culture ». Mais la distinction de ces deux tendances nous semble pertinente dans la mesure où l'on peut, en fait, les rapporter à deux définitions possibles de la culture.

1) En un premier sens, la culture désigne ce qui, chez l'homme, résulte du développement de dispositions naturelles, sous l'effet de l'éducation et de la vie en société : de ce point de vue, la culture est moins la négation de la nature que son développement, conformément à la métaphore agricole qui sous-tend le terme. Ainsi, le fait de la culture caractériserait la « nature » humaine : le propre de l'homme, ce serait précisément qu'il a besoin d'une éducation, d'une formation. Kant écrit ainsi : « L'homme est la seule créature qui doive être éduquée » (cité par A. Philonenko, *L'Œuvre de Kant*, t. II, Vrin, 1972, p. 49). Kant définit la culture comme capacité acquise par l'homme de se donner à lui-même ses propres fins, à travers le développement de la « civilisation ». La culture est l'état d'une humanité parvenue à une grande habileté technique, d'une part, et, d'autre part, à des relations sociales se rapprochant du « droit » (le droit se définissant comme un ensemble de règles qui garantit à chacun une liberté maximale, dans la limite de celle d'autrui). En tant que l'homme est un être moral, la culture apparaît alors comme la fin ultime de la nature, du point de vue du jugement téléologique (voir la *Critique de la faculté de juger*, § 83). Non que la culture soit une condition de la moralité (tout homme, même le plus simple, a une conscience morale) ; c'est plutôt que, en actualisant nos dispositions, la culture augmente nos chances d'atteindre nos fins, et par là contribue à réaliser le Souverain Bien, pour autant que nous sommes capables de nous donner des fins rationnelles (« discernement moral » lui-même développé par la culture).

C'est dans la mesure où l'on définit la culture d'abord comme « formation » individuelle, développement de ce qui, en nous, est proprement humain (*Bildung*, en allemand) que le terme peut finir par signifier avant tout la « haute culture » : alors la culture, patrimoine des « hommes cultivés », peut devenir un moyen symbolique de légitimation de l'ordre social, dans la mesure où la valorisation de la « culture légitime » permet de réserver aux personnes bien nées le privilège de représenter l'humanité la plus accomplie – aspect bien mis en évidence par Pierre Bourdieu dans *La Distinction*.

2) Si l'on cesse d'appréhender la « culture » d'un point de vue finaliste (c'est-à-dire comme accomplissement de la fin contenue dans la nature humaine), on se contentera de définir la culture comme l'ensemble des conduites et des représentations inculquées à l'individu par la société. On parlera alors de la diversité des cultures (cette fois-ci le terme allemand serait plutôt *Kultur*, bien que ce mot puisse aussi contenir les connotations évoquées dans le paragraphe précédent), et l'on rangera sous ce terme aussi bien la haute culture que la « culture populaire » et la culture matérielle – manières de manger, de parler, de s'habiller, d'être ensemble... Ce qui semble le mieux, alors, caractériser la culture, c'est son caractère conventionnel, et le langage en est le premier paradigme. Claude Lévi-Strauss définit ainsi comme naturel tout phénomène humain universel, et comme culturel tout ce qui dépend d'une norme instituée socialement (cf. *Les Structures élémentaires de la parenté*). Mais on voit bien que le fait général de la culture apparaît comme un fait « naturel », caractéristique de l'espèce humaine (tout comme le langage, bien que conventionnel et relatif aux groupes humains, est en même temps le propre de l'homme, en tant que capacité générique).

Quoique la distinction entre nature et culture ne soit pas parfaitement établie (ce dont Lévi-Strauss est conscient, puisque qu'il ne lui accorde finalement qu'une valeur méthodologique), on peut, à l'instar de Stephen Jay Gould, caractériser la culture comme cette partie de la réalité humaine qui se trouve soumise à l'hérédité des caractères acquis, par contraste avec l'hérédité biologique. La culture, comme monde social produit par l'homme, mais étant en même temps pour lui une « seconde nature », pourrait alors représenter une production de la réalité humaine par l'humanité elle-même, prise collectivement. C'est, en un sens, la conception que se fait Hegel de la liberté à travers le concept de « réalité morale » comme réalité effective de la liberté.

FAMILLE

Chez de nombreux auteurs, la famille est considérée comme la plus petite société humaine, l'unité élémentaire de groupements plus importants. Pour Aristote, par exemple, la sociabilité humaine trouve sa source dans l'impossibilité pour l'individu d'accéder par lui seul à l'autosuffisance. L'homme n'atteint sa fin (le bonheur proprement humain) qu'en entrant dans la société conjugale, qui est elle-même insuffisante, ce qui engendre logiquement la famille, les villages, et enfin la cité, qui, elle, atteint à l'autosuffisance. Mais les différentes sociétés n'ont pas les mêmes fins distinctives. La fonction de la famille est, par exemple, la procréation et l'éducation des enfants, tandis que celle de la cité est la réalisation de l'excellence humaine. Locke distingue aussi d'après leurs fonctions les différentes sociétés, ce qui lui permet de récuser l'assimilation de la société civile à une sorte de grande famille, dont le souverain serait le chef, doté d'un pouvoir de type paternel (et donc despotique).

On lit souvent (chez Rousseau, par exemple) que la famille constitue la seule société naturelle, quand la société civile serait essentiellement artificielle. Le rapport entre famille et société serait alors double : les familles constitueraient les unités élémentaires de toute société, et le modèle de la vie sociale, mais, par ailleurs, elles ressortiraient à la « nature », quand les sociétés plus importantes seraient des faits de culture. Notons tout de même que, chez Rousseau, l'établissement de familles ne correspond pas à l'état de nature proprement dit, mais au « second état de nature », dans lequel un début de société est apparu sous l'effet de contraintes naturelles. Ainsi, même la famille est, d'une certaine manière, le résultat d'une genèse sociale.

La réflexion de Claude Lévi-Strauss sur la famille prolonge en un sens celle de Rousseau : la prohibition de l'inceste manifeste la « règle d'échange » sans laquelle une société ne pourrait tenir ; elle est en effet une injonction à l'*exogamie* (mariage hors du groupe) assurant une plus grande extension des relations de parenté. Lévi-Strauss déduit de ce cadre d'analyse une thèse radicale : loin de constituer une société en petit ou l'unité élémentaire de la vie sociale, la famille en est d'une certaine façon la négation. En effet, la famille est ce lieu où l'on est « entre soi », alors que la société humaine est fondée sur l'alliance exogamique. L'« atome de parenté » (unité élémentaire des structures de parenté) n'est donc pas constitué d'un couple et de ses enfants, mais d'un homme, de sa femme et du beau-frère avec lequel, par son mariage, il s'est allié. La vie familiale (qui concerne les parents et les enfants) représente ainsi une sorte de « pause » dans le rythme incessant des échanges sociaux. Lévi-Strauss conclut ainsi : « Des familles dans la société, on peut dire, comme des pauses dans le voyage, qu'elles en sont à la fois la condition et la négation » (*Le Regard éloigné*, Plon, 1983, p. 92).

Par ailleurs, contre la thèse de la naturalité de la famille, il est pertinent d'insister sur le fait que la famille constitue d'abord une institution sociale, souvent définie par le droit, et dont la réalité et la fonction diffèrent selon les sociétés et les groupes.

FONCTIONNALISME

Le fonctionnalisme désigne un courant de la sociologie qui se propose d'analyser les institutions sociales en partant du principe qu'elles remplissent une fonction nécessaire à la conservation de la société, et, en fin de compte, à la conservation biologique des individus. Ce courant fait ainsi de la biologie le paradigme de la sociologie, en un double sens : d'une part, la société sera comparée à un organisme (Auguste Comte adoptait déjà ce point de vue, et, dans une certaine mesure, Durkheim). D'autre part, les institutions sociales pourront être pensées comme autant de moyens produits par l'humanité pour satisfaire ses besoins vitaux.

À proprement parler, le fonctionnalisme naît au XXe siècle avec Malinowski : cet anthropologue s'efforce de comprendre la culture à partir du postulat que « tout homme doit manger, respirer, dormir, se reproduire... », de sorte que tout objet, toute institution, se rapporte en dernière instance à ces fins. Chaque société s'efforce de remplir cette tâche à sa façon, et engendre des besoins et des activités dérivés, liés à des « fonctions » propres au système social considéré, mais qui renvoient elles-mêmes à des fonctions biologiques. Par la suite, un sociologue comme Talcott Parsons retiendra surtout l'idée d'appréhender la société comme un *système*, et la sociologie aura alors pour tâche de dégager des structures stables, des modalités de relations sociales assurant le « fonctionnement » de la totalité sociale. Merton, quant à lui, critique cette version du fonctionnalisme : il récuse l'idée que tout élément de la société remplisse effectivement une fonction, et distingue entre « fonctions manifestes », dont les conséquences sont explicitement voulues par les individus et les groupes, et « fonctions latentes », dont les effets « involontaires » contribuent néanmoins à la vie sociale.

Le fonctionnalisme est dès lors un terme assez vague, parce que l'on voit bien que la notion même de fonction peut s'inscrire dans des perspectives très différentes, l'apparentant tantôt à la fonction organique (ce qui ne va pas sans un certain finalisme), tantôt à la place prise par une institution dans un système social (sans qu'il s'agisse de référer la fonction à un but vital). Mais le point commun des différentes approches est qu'elles tentent de dégager, au-delà de la diversité des relations sociales, un *système* dont on peut manifester la configuration. À ce titre, le fonctionnalisme préfigure le structuralisme de Claude Lévi-Strauss, qui reconnaît d'ailleurs sa dette à l'égard de la théorie de la parenté élaborée par Radcliffe-Brown, d'un point de vue fonctionnaliste. Mais une différence majeure entre l'approche fonctionnaliste et celle de Lévi-Strauss a été bien mise en évidence par Marshall Sahlins dans *Au cœur des sociétés. Raison utilitaire et raison culturelle* : alors que, d'un point de vue fonctionnaliste, la prohibition de l'inceste, par exemple, peut s'expliquer comme une « reconnaissance » des inconvénients biologiques de l'inceste, l'approche structuraliste comprend d'abord les systèmes de parenté comme des systèmes symboliques, analogues au langage, et pose l'autonomie de la culture à l'égard des déterminants biologiques.

HOLISME

Le terme « holisme » est d'invention récente et caractérise rétrospectivement la thèse selon laquelle on ne peut, pour comprendre la société, la réduire aux éléments simples que seraient les individus. Le tout n'est pas la somme des parties, parce que s'y manifeste ce que l'on appelle des « propriétés émergentes », non déductibles de l'analyse des seules parties.

L'approche holiste de la société a pour premiers défenseurs les penseurs contre-révolutionnaires qui réagissent contre l'individualisme des Lumières. Joseph de Maistre veut ainsi montrer que l'anthropologie sous-jacente aux théories du contrat social comme à l'économie politique classique part d'un individu fictif, que l'on a séparé de la société. L'individu réel naît toujours dans une société constituée, et en particulier dans une famille. La famille, et non l'individu, constitue l'unité sociale élémentaire. Auguste Comte reprend cette critique des Lumières, bien qu'il n'adhère pas à l'idéologie réactionnaire de Joseph de Maistre. Il insiste sur le fait, par exemple, que la description par les économistes d'une économie naturelle fondée sur le troc, et préfigurant le marché, est une pure fiction qui ignore l'historicité de la vie sociale. Pour lui, comme plus tard pour Durkheim, la division du travail et le développement des échanges marchands ne relèvent pas d'un penchant naturel au trafic ni d'une rationalité calculatrice, mais sont l'aboutissement d'un long processus historique.

Durkheim, qui hérite de cette réflexion, donne une base rigoureuse au holisme sur le plan épistémologique : en définissant le fait social comme réalité irréductiblement transcendante aux individus, il circonscrit le domaine strict de la sociologie. Cela lui permet de montrer, en se fondant surtout sur l'analyse de séries statistiques, le caractère intrinsèquement collectif de certains phénomènes vécus comme purement individuels, par exemple, le suicide. Pour Durkheim, l'individualisme contemporain est la conséquence de la division du travail social, qui définit une solidarité dite organique (voir l'Introduction et le texte n° 25). Cet individualisme est donc lui-même un fait social s'exprimant dans des représentations collectives. Le holisme durkheimien n'implique donc aucune condamnation de l'individualisme en tant qu'ensemble de valeurs, mais récuse ce que d'autres appelleront « l'individualisme méthodologique », c'est-à-dire le fait de partir des individus pour comprendre la société.

Cf. Individualisme méthodologique.

INDIVIDUALISME MÉTHODOLOGIQUE

L'individualisme méthodologique définit une épistémologie des sciences sociales opposée au holisme longtemps dominant en sociologie. Il passe par la critique du substantialisme implicite des approches holistes : en effet, la sociologie durkheimienne, par exemple, tend à faire de la société une réalité solide, une entité objective, alors qu'elle n'est que le nom donné à un ensemble de relations sociales plus ou moins régulières et durables. L'individualisme méthodologique peut ainsi invoquer, dans sa critique du holisme, le nominalisme de Max Weber (voir l'Introduction).

L'individualisme méthodologique a été formulé explicitement par le sociologue Raymond Boudon. Il fait valoir que les phénomènes sociaux proviennent de l'agrégation et de la composition des actions individuelles, auxquelles il s'agit de revenir. Il faut parvenir à comprendre l'action individuelle à partir de ses motivations subjectives, d'où l'attention portée à la rationalité des acteurs sociaux, et à la façon dont ils élaborent leurs stratégies. L'individualisme méthodologique s'inspire alors du paradigme de l'économie néoclassique, laquelle prend pour point de départ les préférences des individus et leurs principes supposés rationnels d'action.

Mais l'opposition entre individuel et collectif est en fait relativement scolastique, et se trouve dépassée par les approches dites « constructivistes » : celles-ci refusent aussi bien la substantialisation des structures sociales que l'idée d'un individu isolable de la société dans laquelle il est pris. Des auteurs aussi différents que Norbert Elias, Erving Goffman ou Luc Boltanski insistent sur le fait que les structures sociales sont à la fois produites historiquement par les interactions entre individus et contribuent en même temps à les déterminer.

La sociologie « individualiste », d'ailleurs, n'ignore pas l'extériorité de certaines structures sociales, qu'elle doit prendre en compte dans l'analyse des stratégies individuelles. Celles-ci, en effet, passent par l'évaluation des chances de réussite associées aux différents choix possibles, évaluation qui dépend de la connaissance qu'a l'individu du monde social. En fait, l'individualisme méthodologique se distingue surtout par la rationalité qu'il prête aux agents, alors que la sociologie de Bourdieu, par exemple, fait de l'*habitus*, ensemble de dispositions pratiques dépendant d'une trajectoire sociale singulière, de la manière dont les structures objectives se sont imposées à l'individu, le principe inconscient des conduites individuelles.

Cf. Holisme, Constructivisme.

INTERACTIONNISME

L'interactionnisme désigne un courant de la sociologie américaine issu de l'école de Chicago. Il s'agit d'abord d'un état d'esprit général, qui porte le sociologue à s'intéresser aux processus microsociologiques, aux interactions entre individus, plutôt qu'à des faits sociaux conçus comme intrinsèquement collectifs, que l'on appréhenderait d'abord à travers les données statistiques. En privilégiant l'interaction, il s'agit de tenir compte des marges d'initiative laissées à l'individu, des procédés par lesquels il peut orienter l'échange – en se présentant de telle ou telle façon, par exemple... L'identité sociale n'est alors pas conçue comme figée, mais plutôt comme un enjeu qui ne cesse d'être négocié au cours des interactions. En particulier, l'interactionnisme s'est beaucoup intéressé à la construction d'une catégorie comme celle de « déviant » (cf. H. Becker, *Outsiders*, E. Goffman, *Stigmates* et *Asiles*) : la déviance, avant d'être un fait statistique, est le résultat d'une assignation d'identité au cours des interactions sociales, et peut aussi être mobilisée par celui qui est jugé déviant. Parmi les précurseurs d'une telle approche, on compte des auteurs comme E.C. Hughes, H. Blumer et H.G. Mead. Les travaux de Goffman sur les usages sociaux des handicaps et la « mise en scène de la vie quotidienne » (cf. texte n° 27) représentent un bon exemple d'interactionnisme.

JUSTICE

« La justice est la première vertu des institutions sociales comme la vérité est celle des systèmes de pensée », écrit John Rawls au début de la *Théorie de la justice*. Par cette affirmation, il fait de la justice le premier objet de la philosophie sociale et politique.

Si la vertu de justice apparaît comme éminemment politique, malgré ses autres domaines d'application, c'est d'abord parce que l'idée commune de justice contient celle d'une *juste proportion*, ce que figure bien le symbole de la balance. Or, dans la mesure où la société est, d'une part, le lieu d'une concurrence pour les positions dominantes et pour les biens, et que, d'autre part, la délibération publique porte en partie sur la définition d'une juste répartition des charges et des profits, la justice peut représenter l'idéal vers lequel toute société doit tendre.

Par-delà les diverses conceptions de la justice, on peut tenter de dégager une unité toute formelle de la notion : quelles que soient les doctrines considérées, la justice est en général pensée comme une certaine *égalité* : non que la justice implique nécessairement une égalité de conditions ; c'est plutôt qu'elle désigne l'égalité entre deux *rapports*. La justice comme institution juridique tâche toujours de définir une certaine règle d'équivalence entre des délits et des peines, par exemple. Dans l'ordre de la répartition des biens, est juste ce qui confère à chacun ce à quoi il a « droit », c'est-à-dire ce qui égalise les rapports entre biens (au sens le plus large) et personnes (« à chacun selon... »).

Ainsi, dans la *République*, Platon définit la justice comme une subordination adéquate, c'est-à-dire conforme à la nature de la cité et des hommes qui la composent, des individus qui constituent la cité : aux philosophes de légiférer, aux gardiens de faire respecter les lois et de défendre la cité, au peuple d'obéir et de travailler. Cette différenciation des fonctions est pensée comme correspondant à une juste proportion entre les fonctions et les personnes. Par analogie, la justice dans l'individu se trouve définie comme accord entre les différentes parties de l'âme, accord déterminé par la nature.

Aristote entend par justice, dans l'*Éthique à Nicomaque*, une certaine « égalité ». Parlant spécifiquement de la « justice politique », celle qui porte sur la répartition des charges, Aristote la définit comme une égalité *géométrique*, à savoir l'égalité de deux rapports : le rapport (au sens mathématique) entre deux individus doit définir le rapport juste entre ce qui revient à l'un et ce qui revient à l'autre. À cette justice distributive, Aristote ajoute un autre type de justice : la justice « corrective », ou encore « commutative », se trouve quant à elle définie comme égalité *arithmétique* (égalité stricte). C'est elle qui prévaut dans les échanges marchands (on reçoit une compensation équivalente à ce que l'on aliène) et aussi dans la justice pénale et civile, au sens où la peine, comme la réparation d'un préjudice, doit en quelque sorte annuler le préjudice qui se trouve examiné.

Mais si, formellement, la notion de justice semble impliquer celle d'égalité, elle se différencie elle-même selon l'anthropologie sous-jacente aux diverses conceptions de la justice. L'idée de justice s'énonce ainsi sous la forme : « à chacun selon... son travail, son mérite, sa nature, ou encore ses besoins », et chacun de ces différents sens demande encore une explicitation. Ce que l'on peut dire, c'est que la conception de la justice qui s'exprime aussi bien chez Platon et chez Aristote ne postule pas des individus égaux en droits à partir desquels pourrait se définir la cité juste, mais part plutôt de la nature de la cité pour dégager une norme de justice transcendante. À l'inverse, les philosophies politiques modernes, malgré leurs différences, affirment l'égalité naturelle de tous les individus, quoique cette « égalité » se comprenne différemment selon les auteurs. Et cette égalité implique aussi que les inégalités qu'introduit l'état de société ne peuvent être justifiées que si elles sont instituées par un ensemble de conventions librement souscrites. La justice, dans l'ordre politique, se trouve alors identifiée à la *légitimité* : si, en effet, l'on définit l'ordre social légitime comme celui qui est susceptible d'être institué rationnellement par des individus originairement égaux, alors le concept de contrat social, sous son aspect normatif, tend à définir la conception de la justice sous-jacente à l'État de droit. Il est frappant, par exemple, que John Rawls, dans sa *Théorie de la justice*, recherche en fait les conditions formelles minimales qui garantissent que chacun puisse *vouloir* entrer en société. L'idée de justice se confond ici avec celle de légitimité, dans la mesure où elle n'est rien d'autre que l'idée d'une société qui serait avantageuse pour chacun, donc *acceptable*. Il va de soi que, selon les anthropologies adoptées, le contenu des principes de justice pourra être différent – on débattra, par exemple, pour savoir dans quelle mesure les inégalités économiques sont justifiables –, mais ce qui demeure dans tous les cas, c'est une quasi-identification de la justice et de la légitimité.

Cf. Légitimité.

LÉGITIMITÉ

La légitimité désigne, en première approximation, ce qui est conforme au droit, ou à la loi, comme le suggère l'étymologie. Mais la notion de légitimité contient alors une ambiguïté : d'un côté, elle peut faire référence à un droit qui transcende le droit positif, par exemple le droit naturel, et donc s'opposer à la simple légalité comme le droit s'oppose au fait. D'un autre côté, pourra être dit « légitime » ce qui est simplement consacré par une communauté humaine. Un ordre social légitime sera ainsi un ordre qui ne se maintient pas seulement par la force brute, mais aussi grâce à la reconnaissance de ceux qui en font partie. Lorsque, par exemple, Max Weber définit l'État comme une institution qui dispose du monopole de la violence légitime, il n'énonce pas un jugement normatif, mais caractérise le type de pouvoir dont jouit l'État : par opposition à la domination militaire d'un chef sur un peuple de vaincus, l'État advient lorsqu'une instance parvient à se faire reconnaître comme seule *autorisée* à user de la violence.

Si le concept de légitimité se révèle utile à l'intelligence de la vie sociale, c'est précisément en ce qu'il représente une garantie importante de la stabilité de la société : « Le plus fort n'est jamais assez fort pour être toujours le maître, s'il ne transforme sa force en droit, et l'obéissance en devoir », remarque Rousseau (*Du contrat social*, I, III, p. 32). Et Pascal, de son côté, insiste sur l'idée que la « justification de la force », à défaut de la « fortification » de la justice, est l'un des piliers de la paix dans les relations entre les hommes (cf. texte n° 15). Le thème de la légitimité apparaît alors, dans les sciences sociales, comme l'occasion de faire droit à l'aspect symbolique des relations sociales, c'est-à-dire au fait qu'elles ne sont pas de purs rapports de forces au sens physique du terme, mais se maintiennent aussi grâce à l'intériorisation, par les « dominés », de normes justificatrices. Max Weber théorise ainsi la notion de « pouvoir » en dégageant plusieurs types de légitimité, fondement indispensable de toute *autorité* : la légitimité traditionnelle, qui repose sur l'adhésion à des normes pensées comme immémoriales (c'est en ce sens qu'un courant monarchiste, en France, peut se nommer lui-même « légitimiste ») ; la légitimité religieuse se fonde sur la valeur reconnue aux dogmes et à ses interprètes « autorisés » ; la légitimité charismatique repose quant à elle sur l'autorité d'une personne reconnue comme exceptionnelle ; la légitimité « rationnelle », enfin, est celle qui prévaut dans l'État libéral moderne, dans lequel les positions de pouvoir se trouvent justifiées soit par la compétence socialement reconnue (dans le cas de la bureaucratie), soit par l'élection, toute autorité légitime reposant sur un *titre* que l'État attribue à certains individus.

Si, sous son aspect normatif, la légitimité s'apparente à la justice, elle en représente néanmoins une spécification : comme nous l'avons évoqué plus haut, la légitimité est le nom que prend la justice dans la pensée politique et sociale moderne, parce qu'elle contient alors l'idée que le consentement de l'individu à l'ordre social est constitutif de la justice. Si, dans son sens positif, la légitimité désigne ce qui se trouve de fait *accepté* comme légitime, la définition normative de la légitimité (d'une légitimité réelle, et non simplement du sentiment de légitimité) peut tenter d'élaborer les principes susceptibles de rendre l'ordre social et politique *raisonnablement acceptable*, sur la base d'une anthropologie préalable. Rousseau part ainsi à la recherche, dans le *Contrat social*, des véritables principes de légitimité de « l'état civil » : les clauses du contrat social sont les conditions nécessaires et suffisantes pour que les hommes puissent raisonnablement accepter d'aliéner leur liberté naturelle au profit de la communauté. Cette perspective est explicitement reprise par John Rawls, dans sa *Théorie de la justice*.

Cf. Justice.

NORME/NORMAL/DÉVIANCE

La notion de norme contient une ambiguïté sémantique qui peut, dans certains cas, engendrer une confusion conceptuelle : d'un côté, la norme a un sens statistique, et s'identifie au « normal ». Une « norme sociale » peut ainsi désigner toute pratique sociale dominante, régulière. À la norme s'oppose alors la déviance, définie comme pratique « marginale », c'est-à-dire exceptionnelle d'un point de vue statistique. Mais les termes que nous venons d'employer ont eux-mêmes certaines connotations qui renvoient à l'autre sens de « norme » : la norme désigne aussi toute façon d'agir et de penser qui se trouve valorisée, voire prescrite par la société. On parlera ainsi de « normes morales », ou bien de « règles de conduite ». Cette fois-ci, la conduite « normale » se trouve définie non pas statistiquement, mais par la conformité à une « norme » qui est aussi un principe d'évaluation. À ces deux oppositions qui constituent le sens du terme « norme » (normal/déviant, normal/transgression de la norme) s'en ajoute encore une : l'opposition du normal et du pathologique. Mais, lorsque cette opposition se trouve appliquée à la vie sociale, le contenu « normatif » (au sens d'une évaluation) demeure très présent, de sorte que ce dernier usage peut apparaître comme une modalité de l'opposition entre conformité à la norme et transgression. Les risques qui résultent, pour la pensée, de cette ambiguïté sémantique ont notamment été analysés par Wittgenstein (en fait, à propos de la notion voisine de « règle ») dans les *Investigations philosophiques*, par exemple (*Tractatus logico-philosophique*, suivi des *Investigations philosophiques*, trad. P. Klossowski, Tel-Gallimard, 1961).

Mais cette clarification sémantique ne suffit pas, pour qui étudie la vie sociale, à prévenir toute confusion. Il est certain, en effet, que bien des « normes » au sens prescriptif, du fait même de leur efficacité, sont aussi des normes au sens statistique. Et, de même, la diffusion d'une pratique dans un groupe social, capable de faire advenir une nouvelle norme au sens statistique, peut aussi engendrer une norme au sens prescriptif, la « déviance » étant alors assimilée à une *transgression*.

Lorsque Durkheim s'attache, dans *Les Règles de la méthode sociologique* (chap. III, p. 157), à la « distinction du normal et du pathologique », il préconise trois « règles » qui tendent à identifier les deux sens du mot « norme » : d'un côté, un fait social est normal « quand il se produit dans la moyenne des sociétés de cette espèce » (aspect statistique), et, de l'autre, on peut vérifier la normalité d'un phénomène « en faisant voir que la généralité du phénomène tient aux conditions générales de la vie collective », c'est-à-dire que le phénomène en question remplit une *fonction* (caractérisation du « normal » dans son opposition avec le « pathologique »). Il en résulte notamment que le crime apparaît, à l'échelle d'une société, comme un phénomène « normal » (bien que les criminels, quant à eux, ne soient pas des individus « normaux »), car il n'existe pas de société sans crime, d'où l'hypothèse que le crime a une certaine utilité sociale, qu'il remplit une fonction.

De son côté, Max Weber est particulièrement sensible à la distinction entre ce qui est « de règle » et ce qui est simplement régulier. La notion de norme en tant que valeur guidant l'action des individus se trouve ainsi analysée comme l'un des concepts permettant

d'expliquer les régularités sociales, mais ces dernières ne s'y réduisent pas (en particulier dans le cas de régularités économiques s'expliquant par le primat de la « rationalité en finalité », et non « en valeur »). Cette vigilance a d'ailleurs partie liée, chez Weber, avec le refus de substantialiser les concepts de la sociologie (ceux de « groupe » ou d'« État », par exemple), ce qui le conduit à leur accorder une existence purement conceptuelle, voire nominale.
Pierre Bourdieu, dans *Le Sens pratique*, critique quant à lui le glissement par lequel un modèle élaboré pour comprendre la vie sociale en termes de règles génératrices de pratiques (grammaire d'une langue gouvernant la production des énoncés, chez Chomski, règles de la parenté déterminant les alliances conjugales, chez Lévi-Strauss) en vient à être appréhendé comme ce qui gouverne réellement les pratiques concrètes. Ainsi, l'attention aux « règles » peut conduire à projeter les catégories du savant sur l'univers des pratiques et, par là même, à ignorer la logique spécifique de la pratique.
L'étude de la « déviance » a été un champ fécond pour la microsociologie américaine. Contre une définition purement statistique de la déviance, mais aussi contre l'idée de normes prescriptives transcendantes aux agents, elle s'attache d'abord à la construction des catégories par lesquelles les individus sont étiquetés « déviants », au cours des interactions entre individus. Dans *Stigmates*, par exemple, Goffman s'intéresse aux « usages sociaux des handicaps » : les handicaps physiques et mentaux, et, plus généralement, tout ce qui peut se trouver discriminant pour un individu (la couleur de sa peau, par exemple), ne sont pas en soi des déviances sociales, mais sont constituées comme telles au cours des interactions sociales. L'individu peut en jouer, en renverser la valeur, c'est-à-dire, dans les termes de Goffman, « renverser le stigmate ». Goffman, à travers la description d'exemples précis, montre le sens spécifique que prend tel ou tel handicap selon les circonstances, et notamment comment un individu « normal » peut se trouver soudainement dans une situation de « déviance » dans certaines situations inédites (lorsqu'un Blanc issu de la classe moyenne américaine fréquente un milieu majoritairement noir, par exemple, et, en général, lorsqu'une particularité personnelle devient, en raison de la tournure prise par les interactions, socialement remarquable). Voir aussi *Outsiders*, de H. Becker.

Cf. Interactionnisme.

SOCIABILITÉ

Le terme « sociabilité » peut être pris en deux sens :

1) En un premier sens, la sociabilité désigne la propension à entrer en société. L'existence d'une sociabilité naturelle est l'enjeu d'un débat important dans l'histoire de la philosophie. C'est sur ce point, on l'a vu dans notre Introduction, que s'opposent de la façon la plus pertinente les « Anciens » et les « Modernes ». Récusant la thèse de la sociabilité naturelle, Hobbes et Rousseau renversent le lien de la société et de la sociabilité : la tendance sociale est pour eux produite par la vie sociale, au lieu d'en être le fondement. Et ce n'est plus par penchant que les hommes constituent des sociétés, mais seulement par intérêt bien compris. Le concept de marché, de son côté, permet de faire de la recherche de l'intérêt privé l'origine d'un monde social ordonné, sans même qu'il y ait besoin d'instituer la société.

2) En un second sens, la sociabilité ne consiste plus en une potentialité, une tendance, mais qualifie le fait même de l'existence sociale : ainsi, lorsque l'on parle de la « sociabilité méridionale », on vise la *manière* spécifique dont des hommes d'une certaine zone temporelle et géographique se conduisent les uns vis-à-vis des autres.

La notion de sociabilité a connu une fortune considérable dans les études d'histoire politique, surtout depuis la parution, en 1970, de *La République au village*, de Maurice Agulhon. Voulant comprendre l'adhésion précoce, durant le XIXe siècle, de la région du Var aux idées républicaines, Maurice Agulhon s'intéresse à la sociabilité publique : l'importance des lieux publics (comme les cafés ou les places), donnant une certaine coloration et une grande intensité à la sociabilité au-delà de la sphère privée, aurait largement contribué à faire prévaloir un vote politiquement « avancé », en dépit d'un faible degré d'alphabétisation. Cette approche renouvelle l'histoire politique, en ce qu'elle ouvre un nouveau champ d'investigation : plutôt que de s'en tenir aux pratiques et aux phénomènes explicitement politiques (partis, manifestations, journaux...), Agulhon invite en effet à s'intéresser aux pratiques sociales les plus variées, qui sont rarement l'objet direct de l'histoire politique, pour comprendre comment les institutions républicaines se sont imposées.

SOCIÉTÉS SANS ÉTAT

L'idée de « sociétés sans État » traverse à la fois la réflexion historique, ethnologique et politique. Non seulement, on l'a vu, l'État, en tant qu'institution disposant du monopole de la violence légitime (selon la définition de Max Weber), est le produit d'une genèse historique, de sorte que la forme étatique n'a rien d'universel, mais la découverte, depuis la Renaissance, de sociétés dites « primitives », apparemment dépourvues d'État, incline à penser la société indépendamment de l'État. Enfin, l'utopie anarchiste d'une société dans laquelle toute domination politique aurait disparu y invite également. Cependant, l'idée de sociétés sans État ne va pas de soi, tant la notion moderne de société (la « société civile ») semble avoir l'État pour condition, dans la mesure où l'unité de la société civile semble dépendre fortement de l'action unificatrice de l'État, et où la notion même de société civile renvoie à une revendication d'autonomie de la société par rapport à l'État. En tout état de cause, il semble difficile de penser l'unité d'une collectivité humaine hors de toute dimension politique (voir l'Introduction).

Comment, dans la tradition ethnologique, comprend-on les « sociétés sans État » ? Sans prétendre à l'exhaustivité, on peut distinguer quelques pistes de réflexion. Dans une perspective évolutionniste, l'État est vu comme le corollaire de la différenciation sociale. L'absence d'État est alors considérée comme le signe d'une très faible différenciation des fonctions sociales, d'un faible développement technique lié à une relative égalité des conditions. Ainsi Durkheim rattache-t-il l'État, « organe de réflexion » de la société, au développement de la « solidarité organique » (cf. texte n° 25) : à mesure que la division du travail s'accentue, la conscience individuelle tend à différer de la « conscience collective », et l'État représente alors en quelque sorte le centre nerveux de la société (Durkheim le compare au « cerveau » dans un corps). Au contraire, dans les sociétés où domine largement la « solidarité mécanique », la quasi-identité de toutes les consciences permet au contrôle social de s'exercer collectivement, sans qu'une instance spécifique soit nécessaire. Pour Durkheim, cependant, il y a toujours un embryon d'État, dans la mesure où les deux formes de solidarité sont présentes dans toute société, dans des proportions cependant très variables.

Par ailleurs, bien des auteurs insistent sur l'existence, dans les sociétés dites « primitives », d'un certain type de pouvoir politique, bien que la forme étatique ne le décrive pas bien. On distinguera, par exemple, la chefferie de l'État (le pouvoir du « chef » s'étend sur un petit territoire et est assez mal assuré). Ce qui caractérise les sociétés sans État, ce serait l'absence d'une institution bien identifiée bénéficiant des monopoles de la violence, du pouvoir législatif et judiciaire, fiscal, etc. Cela n'implique pas l'absence de toute domination politique. Mais cette domination peut être diffuse, présente sous plusieurs formes dans les rapports interpersonnels.

Bien souvent, l'ethnologie du début du siècle reste très fortement marquée par des considérations idéologiques, soit qu'il s'agisse, notamment dans un cadre évolutionniste, de penser les sociétés « primitives » comme inférieures aux sociétés « avancées », soit que ces sociétés apparaissent comme un âge d'or de l'humanité. Dans une perspective marxiste, notamment, les sociétés sans État, très égalitaires, seraient un exemple du « socialisme primitif » posé comme première phase de l'histoire universelle. Et, plus récemment, Pierre Clastres, dans *La Société contre l'État*, invitait son lecteur à une réflexion morale et politique, à partir de l'analyse de « sociétés sans État ».

SOCIOBIOLOGIE

La sociobiologie, illustrée par l'Américain Edward O. Wilson, se propose de penser les comportements sociaux à partir de leur base naturelle, et dans le cadre de la théorie de l'évolution. Elle commence par remarquer, avec les éthologues (spécialistes du comportement animal), l'existence de sociétés animales structurées, qui présentent certaines analogies avec les sociétés humaines. Il s'agit de comprendre la société comme aboutissement de la sélection naturelle, et d'interpréter les institutions et les coutumes comme présentant un avantage adaptatif favorable à la survie de l'espèce.

Elle rencontre une difficulté, puisqu'il s'agit d'interpréter, dans le cadre de « la lutte pour la survie », des comportements altruistes éventuellement défavorables à l'individu, bien que souvent utiles à l'espèce. Dans la théorie « standard » de l'évolution, en effet, les gènes sélectionnés par la nature le sont en fonction de l'avantage qu'ils confèrent à l'individu du point de vue de sa survie et de sa reproduction, de sorte que c'est toujours l'individu, et non l'espèce, qui subit directement la pression sélective de la nature. Pour résoudre ce problème, la sociobiologie développe l'idée d'un intérêt génétique de l'individu qui ne se réduit pas à son intérêt propre : si certains gènes poussent l'individu à se sacrifier au profit de ceux qui lui sont apparentés, ils contribuent à la survie et à la reproduction des individus qui partagent une partie de ses gènes, comme les proches parents, même si le comportement altruiste qu'ils déterminent nuit à l'individu singulier. Les gènes inclinant à l'« altruisme » ont donc une certaine probabilité de se maintenir dans la population.

Mais la sociobiologie se heurte à de solides objections ; en particulier, ses thèses ne peuvent faire l'objet d'aucun contrôle, parce que tout comportement social peut être interprété de façon *ad hoc* de manière à rentrer dans son cadre explicatif. On expliquera, par exemple, l'homosexualité ou le célibat des prêtres (en soi défavorables à la reproduction) par le fait que les homosexuels, ou les prêtres, peuvent consacrer beaucoup de temps à aider leur famille, favorisant ainsi la survie et la reproduction de leurs neveux, qui portent en partie les mêmes gènes qu'eux.

Par-delà cette critique, la sociobiologie récuse comme fictive l'opposition entre nature et culture qui, pourtant, n'est pas incompatible avec un darwinisme bien compris. Pour Darwin lui-même, l'évolution tend à faire émerger des instincts sociaux qui, une fois développés, freinent, voire suppriment, la sélection naturelle : dans la société humaine, la sélection naturelle se fait moins impitoyable à mesure que la protection des individus s'accroît, et surtout, les chances de réussite sont moins corrélées à l'hérédité génétique qu'à l'hérédité sociale. La culture pourrait désigner cette part de la réalité humaine qui est soumise à l'hérédité des caractères acquis, à l'inverse des mécanismes de l'hérédité biologique. Aussi l'évolution culturelle est-elle beaucoup plus rapide que l'évolution biologique, et tend à la supplanter. Ces critiques ont été développées entre autres par Claude Lévi-Strauss, Stephen Jay Gould et Patrick Tort (voir Bibliographie). Il ne s'agit pas de nier la base naturelle de la culture, mais plutôt l'adéquation du paradigme de la sélection naturelle au monde culturel.

Cf. Culture.

SYMPATHIE

La sympathie (étymologiquement : « ressentir avec ») peut se définir comme la capacité qu'a l'homme de s'identifier à autrui, c'est-à-dire de se placer mentalement, par une sorte d'expérience en pensée, à la place d'autrui. En ce sens, la sympathie s'identifie à une des acceptions du terme « pitié », celle qu'emploie, par exemple, Rousseau. (Nous ne considérons pas ici le sens le plus courant aujourd'hui, lequel identifie la « sympathie » à un sentiment d'inclination à l'égard d'autrui, quoique cet aspect ait clairement un rapport avec la signification originelle.)

La notion de sympathie a acquis une grande fortune chez

les auteurs anglo-saxons du XVIIIe siècle, soucieux de dériver la morale et les principes de la vie sociale d'une nature humaine en partie définie par ses affects. La morale elle-même apparaît, chez Hume, comme chez Smith (*Théorie des sentiments moraux*), fondée sur un « sens moral », qui est lui-même un développement de la sympathie. Cette notion s'inscrit ainsi dans une anthropologie naturaliste qui conçoit l'homme comme le lieu d'un véritable *jeu de forces* : la sympathie est alors l'une des tendances qui animent l'homme, et coexiste avec l'amour-propre, qui tend à agir en direction contraire.

Mais cette « mécanique » des passions primitives ne suffit pas, dans l'esprit de ces auteurs, à produire l'existence sociale, en raison d'un argument que l'on trouve presque identique sous la plume de Hume et de Smith : la sympathie nous conduit à nous identifier non à tous nos semblables, mais seulement à ceux des hommes avec lesquels nous entretenons des relations proches, c'est-à-dire d'abord la famille. Le désir sexuel donne à la sympathie son intensité la plus forte, et contribue à former cette « société naturelle » qu'est la famille, mais la sympathie qui en dérive n'est qu'une extension de notre amour-propre à l'ensemble de nos proches. De ce point de vue, nos passions premières nous engagent à préférer nos proches, aux dépens de l'universalité de la morale et des règles de la vie sociale. C'est pourquoi Hume et Smith introduisent chacun un principe supplémentaire pour fonder la vie sociale : c'est la « convention », pour l'un, et le « penchant au trafic », pour l'autre.

Il reste que, au sein de la société, la sympathie représente la racine de tous les sentiments sociaux, lesquels sont produits par une transformation de la sympathie naturelle sous l'effet de la vie sociale. La sympathie est d'ailleurs elle-même, en un sens, une transformation de l'amour-propre en amour du prochain (au sens strict, « prochain » signifiant « proche »).

On retrouvera ce thème chez Rousseau, lorsqu'il fait de la pitié, et même de l'amour de soi, la racine non morale de la moralité, dans le *Discours sur l'origine de l'inégalité*, et dans l'*Émile* (livre IV), mais aussi chez Kant, quoique de façon moins manifeste, dans la notion d'« insociable sociabilité » (voir texte n° 7).

UTILITARISME

L'utilitarisme désigne un courant de la philosophie morale allant de pair avec une certaine conception de la justice. Pour Jeremy Bentham et John Stuart Mill, fondateurs de l'utilitarisme moderne, la vertu morale consiste à rechercher le bonheur maximal, et la justice peut se définir comme maximisation de l'« utilité » collective, somme des utilités individuelles.

Ce qui est novateur dans l'utilitarisme moderne, c'est l'idée d'une quantification du bonheur, qui permet de comparer entre elles différentes « utilités ». Bentham introduit ainsi l'idée d'un « calcul des plaisirs » : de façon non consciente, l'individu détermine sa conduite en calculant l'utilité qu'il peut attendre d'une action (donnant une valeur positive aux plaisirs, et négative aux douleurs, et ce en fonction de critères précis, comme l'intensité et la durée du plaisir ou de la peine).

On voit que l'utilitarisme peut alors s'exprimer en une version « modérée » et une version « extrême ». La version extrême, qui est celle des utilitaristes modernes, affirme, en plus de la commensurabilité subjective des plaisirs et des peines, la possibilité d'une comparaison interpersonnelle des utilités subjectives, qui seule permet une théorie utilitariste de la justice : on ne peut en effet parler d'utilité collective que si l'on peut additionner sans difficulté les utilités de tous les membres d'une société. La conception de la justice qui peut en résulter en vient parfois, dans certaines versions, à ignorer totalement la question de la répartition des biens entre les individus : si le critère unique de la justice sociale est la maximisation de l'utilité collective, il est indifférent, à utilité totale égale, que quelques-uns soient très malheureux, puisque, en contrepartie, le reste de la société en retire un profit (d'où, éventuellement, une justification de la peine de mort). Certaines théories utilitaristes de la justice parviennent cependant à justifier une redistribution étatique, dans la mesure où celle-ci peut accroître l'utilité totale (Mill se disait d'ailleurs proche du socialisme).

Avant Bentham et Mill, on peut discerner une forme « modérée » d'utilitarisme, chez nombre de penseurs anglo-saxons, notamment Hume et Adam Smith. Pour Hume, la recherche de l'utile est le moteur de la conduite humaine et le fondement de la justice. Le sens moral lui-même dérive de la satisfaction qu'un individu peut tirer du spectacle du bonheur des autres. Chez le philosophe italien du droit Beccaria, le principe d'utilité individuelle préside au contrat social qui engendre le droit et la société ; en vertu de ce principe, Beccaria rejette la peine de mort en arguant du fait qu'aucun individu ne peut vouloir, par contrat, prendre le risque de l'encourir. Pris en un sens très faible, l'utilitarisme caractérise presque toutes les doctrines politiques et sociales, dès lors qu'elles affirment que la recherche de l'utile est à l'origine de la société (comme dans la *République* de Platon, même si, pour lui, la cité accomplie n'a pas pour seule fin la satisfaction des besoins biologiques).

L'utilitarisme, dans son sens le plus strict, désigne la version « extrême ». Il rencontre deux types d'objections ; d'une part, une objection « externe », qui dénonce dans l'utilitarisme une négation de la moralité et de la justice : elle peut invoquer le caractère désintéressé de l'action morale et l'idée que la justice doit définir des critères dans la répartition des biens. Les auteurs utilitaristes peuvent alors répliquer que, en fin de compte, l'utilitarisme retrouve comme conséquences ce que ses détracteurs posaient à tort comme fondements. Par exemple, on s'efforcera de montrer que la proportionnalité de la peine au délit, impliquée par la morale la plus commune, ou bien l'aide aux plus pauvres, maximise l'utilité totale de la société. Mais on peut d'autre part avancer une objection « interne », déniant toute signification à l'utilitarisme. Il s'agit de remarquer que la commensurabilité des utilités de différentes personnes fait problème, à partir du moment où l'utilité est définie comme satisfaction purement subjective. La *Théorie de la justice* de John Rawls contient une critique très argumentée de l'utilitarisme défendu par beaucoup de penseurs américains contemporains.

Le concept d'utilité issu de l'utilitarisme est à la base de l'économie mathématique moderne : il lui faut postuler, en effet, que les préférences d'un individu peuvent se hiérarchiser, sans quoi elle ne peut construire les « fonctions d'utilité » qui forment ses outils premiers.

L'utilitarisme demeure au cœur d'un vif débat dans les sciences sociales contemporaines ; tout un pan de la sociologie et de l'anthropologie s'est constitué contre une conception utilitariste des rapports sociaux. Il s'agissait alors de faire valoir que les conduites sociales ne se réduisent pas à la recherche de « biens » auxquels l'individu attribuerait une « utilité » quantifiable, permettant de les comparer entre eux. Dans son *Essai sur le don*, Marcel Mauss montre ainsi que le profit symbolique que le don confère au donneur, dans les sociétés précapitalistes, n'existe que parce que ce don est, en un sens, gratuit, et témoigne de la générosité de son auteur. L'existence d'un intérêt au désintéressement, analysée à partir de ce thème par Pierre Bourdieu, interdit de penser l'intérêt en un sens étroitement économiste, comme si tous les profits étaient commensurables entre eux. À l'inverse, certaines tendances de l'économie mathématique s'efforcent d'expliquer par le principe d'utilité les conduites qui semblent les plus désintéressées, en particulier dans les rapports familiaux (cf. Gary Becker, *Treatise of Family*, Harvard University Press, 1981). La revue du MAUSS (Mouvement anti-utilitariste en sciences sociales), notamment, tente d'affranchir les sciences sociales de tout argument de type utilitariste.

Cf. Sympathie.

BIBLIOGRAPHIE

ŒUVRES PHILOSOPHIQUES NON CITÉES EN EXTRAIT

AUGUSTIN, *La Cité de Dieu*, trad. L. Moreau, Seuil, 1994 [source majeure de la réflexion chrétienne sur la vie sociale, *La Cité de Dieu* développe le thème des deux cités, cité céleste des vrais chrétiens, règne de la justice, et cité terrestre corrompue, dont la justice n'est qu'illusoire].

BECCARIA C., *Des délits et des peines*, trad. M. Chevalier, GF-Flammarion, 1965 [Beccaria (fin du XVIIIe siècle) développe une philosophie du droit fondée à la fois sur l'idée de contrat social et sur un « principe d'utilité », au nom duquel il rejette la peine de mort].

BENTHAM J., *Introduction to the Principles of Morals and Legislation*, Oxford University Press, 1996 [Bentham est le fondateur de l'utilitarisme moderne].

BODIN J., *Les Six Livres de la République*, Le Livre de Poche, 1993 [humaniste, traducteur et commentateur de la *République* de Platon, Jean Bodin est l'un des penseurs politiques les plus marquants de la Renaissance].

CONDORCET, *Esquisse d'un tableau historique des progrès de l'esprit humain*, GF-Flammarion, 1988 [Condorcet, philosophe et mathématicien, révolutionnaire victime de la Terreur, expose une conception de l'histoire dominée par l'idée de progrès. Condorcet a par ailleurs conçu le calcul des probabilités comme une véritable « mathématique sociale », susceptible d'engendrer une connaissance scientifique de la société. Voir G.-G. Granger, *La Mathématique sociale du marquis de Condorcet*, Odile Jacob, 1989].

FERGUSSON A., *Essai sur l'histoire de la société civile* (1783), trad. M. Bergier, PUF, 1992 [Fergusson est l'un des premiers auteurs à développer le concept moderne de « société civile », comprise comme distincte de la société politique].

FOUCAULT M., *Les Mots et les Choses. Une archéologie des sciences humaines*, Gallimard, 1966 [pour Michel Foucault, l'avènement des sciences humaines, au tournant du XIXe siècle, a partie liée avec la transformation de l'ensemble de la configuration du savoir (l'*épistémé*) : cette mutation, qui met fin au règne de la « représentation », commande la transformation de la grammaire générale en philologie puis linguistique, de l'histoire naturelle en biologie, de l'analyse des richesses en économie politique].

FOUCAULT M., *Surveiller et punir. Naissance de la prison*, Gallimard, 1975.

FOUCAULT M., *Histoire de la folie à l'âge classique*, Gallimard, 1972 [dans ces deux ouvrages, Foucault s'attache à la naissance d'une société disciplinaire qui enferme ses « anormaux » et « surveille » tous ses membres. Il relie ce grand « renfermement » au développement de la raison moderne, par essence normalisatrice].

FREUD S., *Le Malaise dans la culture*, trad. P. Cotet, R. Lainé et J. Stute-Cadiot, PUF, 1995.

GODWIN W., *Enquiry Concerning Political Justice*, Oxford, Clarendon Presss, 1971 [Godwin, membre le plus radical du milieu libéral anglais, ami de Blake, était un admirateur de la Révolution française – Convention comprise –, dont il était contemporain. Son enquête sur la justice politique peut être considérée comme l'une des premières doctrines anarchistes].

GROTIUS H., *Du droit de la guerre et de la paix* (1625), trad. J. Barbeyrac, Publications de l'université de Caen, Centre de philosophie politique et juridique, 1984.

HABERMAS J., *Théorie de l'agir communicationnel*, trad. J.-M. Ferry, Fayard, 1981 [partant de l'idée que le langage se trouve au fondement de la sociabilité humaine, Habermas s'attache à dégager les normes implicites nécessaires à ce qu'une communication en vue d'un accord soit possible, tout débat supposant un accord minimal. Tout en assumant une perspective normative, Habermas s'efforce d'articuler sa réflexion à celle des sciences humaines].

HAYEK F., *Droit, législation, liberté*, trad. R. Audouin, 3 vol., PUF, 1995 [penseur libéral majeur du XXe siècle, Hayek est le théoricien de l'État minimal, seul État garantissant, selon lui, la liberté individuelle. Hayek est ainsi considéré comme un « libertarien », en ce qu'il associe à la défense du marché un certain état d'esprit anarchiste].

HOBBES T., *Léviathan*, trad. F. Tricaud, Sirey, 1971.

HOLBACH P.H. d', *Système social*, Fayard, 1994 [figure importante des Lumières françaises, Holbach inscrit sa conception de la vie sociale dans une philosophie matérialiste].

HUME D., *Essais politiques*, trad. H.-B. Mérian et J.-B. Robinet, Vrin, 1972 (reprod. d'une éd. de 1788).

KANT E., *Anthropologie du point de vue pragmatique*, trad. A. Renaut, GF-Flammarion, 1993.

KANT E., *Métaphysique des mœurs. Doctrine du droit. Doctrine de la vertu*, tome 2, trad. A. Renaut, GF-Flammarion, 1994.

KANT E., *La Raison pratique*, textes choisis par C. Khodoss, PUF, 1956 (rééd. 1985) [notamment p. 181, sur « L'Idée de contrat social, critère de justice »].

MACHIAVEL N., *Le Prince*, trad. Y. Lévy, GF-Flammarion, 1980.

MAISTRE J. de, *Considérations sur la France* (1797), Complexe, 1988.

MILL J.S., *L'Utilitarisme*, trad. G. Tanesse, Champs-Flammarion, 1988.

MANDEVILLE B., *La Fable des abeilles*, Vrin, 1990.

MARX K., *Fondements de la critique de l'Économie politique*, trad. R. Dangeville, Éditions Anthropos, 1967-1968.

MARX K., *L'Idéologie allemande*, trad. R. Cartelle et G. Badia, Éditions sociales, 1974.

MONTESQUIEU, *De l'esprit des lois*, GF-Flammarion, 1979.

PASCAL B., *Discours sur la condition des Grands*, in *De l'esprit géométrique*, GF-Flammarion, 1985.

PLATON, *République*, trad. R. Baccou, GF-Flammarion, 1966 [on lira particulièrement, en ce qui concerne la définition de la Cité juste, les livres II, III et IV].

PUFENDORF S., *Le Droit de la nature et des gens*, trad. F. Barbeyrac, Amsterdam, 1706 [voir Krieger L., *The Politics of discretion : Pufendorf and the Acceptance of Natural Law*, Chicago, 1965].

ROUSSEAU J.-J., *Discours sur les sciences et les arts*, GF-Flammarion, 1992 (avec le *Discours sur l'origine et les fondements de l'inégalité parmi les hommes*).

ROUSSEAU J.-J, *Émile ou de l'éducation*, GF-Flammarion, 1966 [on lira particulièrement le livre IV, qui correspond à l'entrée d'Émile dans le « monde », et reprend, en les précisant, les analyses de Rousseau sur le rapport entre les passions sociales et l'amour naturel de soi].

ROUSSEAU J.-J, *Essai sur l'origine des langues*, GF-Flammarion, 1997.

SMITH A., *Théorie des sentiments moraux*, trad. Mme S. de Grouchy, marquise de Condorcet, Éditions d'Aujourd'hui, 1982 (Les Introuvables, reproduction d'une édition de 1860).

SPINOZA B., *Traité théologico-politique*, trad. Ch. Appuhn, GF-Flammarion, 1965.

SPINOZA B., *Traité politique*, trad. Ch. Appuhn, GF-Flammarion, 1966.

VICO G., *Principes d'une science nouvelle relative à la nature commune des nations* (1725), trad. A. Doubine, Nagel, 1986.

COMMENTAIRES PHILOSOPHIQUES

ALTHUSSER L. et BALIBAR É., *Lire* Le Capital, Maspero, 1968 (2 vol.).

ARON R., *Introduction à la philosophie de l'histoire : essai sur les limites de l'objectivité historique*, Gallimard, 1986 [étude portant sur la philosophie des sciences humaines des néokantiens allemands, notamment Dilthey et Max Weber].

AUBENQUE P., *La Prudence chez Aristote*, avec un appendice sur *La Prudence chez Kant*, PUF, 1993 [étude approfondie d'un concept central de la philosophie aristotélicienne de la pratique – la prudence représentant la vertu pratique par excellence –, dont les implications pour la vie sociale et politique sont nombreuses].

BALIBAR É., *La Philosophie de Marx*, La Découverte, « Repères », 1993.

BALIBAR É., *Spinoza et la politique*, PUF, 1985 (rééd. 1990) [une lecture très stimulante de Spinoza, qui propose d'appréhender l'ensemble de l'œuvre, notamment l'*Éthique*, à partir des questions politiques. Le chapitre IV contient un commentaire très éclairant du passage de l'*Éthique* que nous avons proposé en extrait, commentaire dont nous nous sommes inspirés pour introduire le texte].

CALVEZ J.-Y., *La Pensée de Karl Marx*, Seuil, 1956.

CASSIRER E., *La Philosophie des Lumières*, trad. P. Quillet, Fayard Agora, 1986 [le chapitre VI porte sur « Le droit, l'État et la société », et contient des pages très éclairantes sur « l'Idée de contrat et la méthode des sciences sociales »].

FLEISCHMANN E., *La Philosophie politique de Hegel*, Gallimard, 1992.

GAUTIER C., *L'Invention de la société civile : lectures anglo-écossaises. Mandeville, Smith, Fergusson*, PUF, 1993.

HABER S., *Habermas et la sociologie*, PUF, 1998.

HIRSCHMAN A., *Les Passions et les Intérêts : justifications politiques du capitalisme à son apogée*, PUF, 1980 [étude très stimulante qui rattache le passage du paradigme contractualiste à celui du marché aux anthropologies spécifiques qui leur correspondent, et qui s'inscrit dans une perspective historique].

HIRSCHMAN A., *Deux siècles de rhétorique réactionnaire*, Fayard, 1991 [une analyse à la fois logique et historique des types d'arguments employés contre les idées révolutionnaires ou réformistes, depuis les penseurs contre-révolutionnaires anglais de la fin du XVIIIe siècle jusqu'au XXe siècle. Contient notamment une bonne mise en perspective de la pensée contre-révolutionnaire française du début du XIXe siècle – J. de Maistre, L. de Bonald].

LAVAL C., *Jeremy Bentham : le pouvoir des fictions*, PUF, 1994.

MATHIOT J., *Adam Smith. Philosophie et économie : de la sympathie à l'échange*, PUF, 1990.

RAYNAUD P. et RIALS S. (sous la direction de), *Dictionnaire de philosophie politique*, PUF, 1996.

STRAUSS L., *La Cité et l'Homme*, trad. O. Berrichon-Sedeyn, Agora-Pocket, 1987 [une étude approfondie de la pensée politique des Grecs, organisée autour du commentaire de Platon, d'Aristote et de Thucydide].

WOLFF F., *Aristote et la politique*, PUF, 1991.

OUVRAGES D'INTRODUCTION AUX SCIENCES SOCIALES

ARON R., *Les Étapes de la pensée sociologique. Montesquieu, Comte, Marx, Tocqueville, Durkheim, Pareto, Weber*, Gallimard, 1967.

BAUDELOT C. et ESTABLET R., *Durkheim et le suicide*, PUF, 1993.

BOUDON R. et BOURRICAUD F., *Dictionnaire critique de sociologie*, PUF, 1982 [beaucoup d'articles informatifs, dans une perspective explicitement orientée en faveur de l'individualisme méthodologique].

CORCUFF P., *Les Nouvelles Sociologies*, Nathan, 1995.

KARSENTI B., *Marcel Mauss et le fait social total*, PUF, 1994.

LALLEMENT M., *Histoire des idées sociologiques* (2 tomes), Nathan, 1993.

LOMBARD J., *Introduction à l'ethnologie*, A. Colin, 1994.

SCIENCES SOCIALES ET HUMAINES

BECKER H., *Outsiders : études de sociologie de la déviance*, trad. J.-P. Briand et J.-M. Chapoulie, Métailié, 1985 [figure importante de l'interactionnisme américain, Becker s'attache ici aux processus microsociologiques par lesquels certains individus se voient attribuer l'étiquette de « déviant »].

BERGER P. et LUCKMANN T., *La Construction sociale de la réalité*, trad. P. Taminiaux, Méridiens-Klincksieck, 1986.

BOLTANSKI L., *Les Cadres*, Minuit, 1982.

BOLTANSKI L. et THÉVENOT L., *De la justification*, Gallimard, 1991.

BOUDON R., *L'Inégalité des chances : la mobilité sociale dans les sociétés industrielles*, A. Colin, 1973.

BOURDIEU P., PASSERON J.-C., et CHAMBEREDON J.-C., *Le Métier de sociologue : préalables épistémologiques*, Mouton, 1983.

BOURDIEU P., *Raisons pratiques*, Seuil, 1994.

BOURDIEU P., *Le Sens pratique*, Minuit, 1980.

CASTORIADIS C., *L'Institution imaginaire de la société*, Seuil, 1988.

CLASTRES P., *La Société contre l'État. Recherches d'anthropologie politique*, Minuit, 1974.

DESROSIÈRES A. et THÉVENOT L., *Les Catégories socioprofessionnelles*, La Découverte, « Repères », 1988.

DESROSIÈRES A., *La Politique des grands nombres : histoire de la raison statistique*, La Découverte, 1993 [une étude historique des usages sociaux et politiques des statistiques, qui contribue à une histoire sociale des sciences sociales].

DURKHEIM É., *Les Formes élémentaires de la vie religieuse. Le système totémique en Australie*, PUF, 1968 [l'interprétation durkheimienne du fait religieux a joué un rôle central dans la tradition sociologique et ethnologique française].

DURKHEIM É., *Le Suicide*, PUF, 1983.

ELIAS N., *La Société de cour*, trad. P. Kamnitzer, Champs-Flammarion, 1985 [un des ouvrages les plus importants de Norbert Elias, qui fait suite à *La Dynamique de l'Occident* (cité en extrait). Elias y décrit les transformations des mœurs de la noblesse française à la suite de sa domestication, sous le règne de Louis XIV, par l'institution monarchique. Il met en œuvre un certain nombre de concepts centraux de sa sociologie, comme celui de « configuration »].

ELIAS N. et SCOTSON J.L., *Logiques de l'exclusion*, trad. P.-E. Dauzat, Fayard, 1997 [sur les mécanismes microsociaux de la relégation sociale, dans une ville ouvrière anglaise en pleines Trente Glorieuses].

ELIAS N. et DUNNING E., *Sport et civilisation : la violence maîtrisée*, trad. J. Chicheportiche et F. Duvigneau, Fayard, 1994.

GIDDENS A., *La Constitution de la société*, trad. M. Audet, PUF, 1987 [ouvrage théorique d'un des plus célèbres sociologues britanniques, qui s'efforce de dépasser un certain nombre de dualismes classiques en sciences sociales].

GOFFMAN E., *Asiles. Études sur la condition sociale des malades mentaux et autres reclus*, trad. L. et C. Lainé, Minuit, 1968.

GOFFMAN E., *Stigmates. Les usages sociaux des handicaps*, trad. A. Kihm, Minuit, 1975.

GOULD S.J., *Le Pouce du panda*, trad. J. Chabert, Grasset, Le Livre de Poche, 1982 [le chapitre II s'attache à la controverse entre Darwin et Wallace sur le rôle de la sélection naturelle dans les sociétés humaines. Il montre que Darwin lui-même ne souscrivait pas au « darwinisme social », et propose ensuite une critique de la sociobiologie].

GRIGON C. et PASSERON J.-C., *Le Savant et le Populaire : misérabilisme et populisme en sociologie et en littérature*, Gallimard/Seuil, 1989.

HALBWACHS M., *Les Cadres sociaux de la mémoire*, Alcan, 1925.

LABOV W., *Sociolinguistique*, trad. A. Kihm, Minuit, 1976 [bon ouvrage d'introduction à la sociolinguistique, composé de plusieurs articles].

LÉVI-STRAUSS C., *Anthropologie structurale*, 2 vol., Plon, 1974.

LÉVI-STRAUSS C., *Le Regard éloigné*, Plon, 1983.

MALINOWSKI B., *Les Argonautes du Pacifique occidental*, trad. A. et S. Devyver, Gallimard, 1989 [un ouvrage classique en ethnologie].

MARX K., *Le Capital*, trad. J. Roy, préface de L. Althusser, 2 vol., Champs-Flammarion, 1985.

MAUSS M., *Sociologie et anthropologie*, PUF, 1960 [recueil contenant plusieurs des articles majeurs de M. Mauss, dont l'*Essai sur le don*, ainsi qu'une introduction stimulante de C. Lévi-Strauss].

MEAD H.G., *L'Esprit, le soi et la société*, PUF, 1963.

PASSERON J.-C., *Le Raisonnement sociologique : l'espace non popperien du raisonnement naturel*, Nathan, 1992.

SAHLINS M., *Âge de pierre, âge d'abondance. L'économie des sociétés primitives*, trad. T. Jolas, Gallimard, 1976 [contre une certaine idée reçue, Sahlins montre que les sociétés dites « primitives » vivent dans un état d'abondance, parce que leurs membres ont peu de besoins. Il s'accorde ainsi avec la description rousseauiste du « second état de nature »].

SAHLINS M., *Au cœur des sociétés. Raison utilitaire et raison culturelle*, trad. S. Fainzang, Gallimard, 1980.

SAHLINS M., *Critique de la sociobiologie, aspects anthropologiques*, trad. J.-F. Roberts, Gallimard, 1980.

SCHÜTZ A., *Le Chercheur et le Quotidien*, trad. A. Noschis-Guilliéron, Méridiens-Klincksieck, 1987 [sociologue et philosophe de la première moitié du XXe siècle, Schütz a élaboré une forme de « phénoménologie sociale », doublement inspirée par

Husserl et Weber. Son travail préfigure le constructivisme de Berger et Luckmann et l'interactionnisme symbolique].

SIMMEL G., *Sociologie et épistémologie*, PUF, 1981 [les travaux de Simmel ont eu une grande influence sur la sociologie américaine, notamment sur l'école de Chicago].

STRAUSS A., *Miroirs et masques*, trad. M. Falandry, Métailié, 1992 [un des ouvrages importants de l'interactionnisme contemporain].

TORT P. (dir.), *Misère de la sociobiologie*, PUF, 1985.

TORT P., *Darwin et le darwinisme*, PUF, 1997 [Tort s'efforce notamment de montrer que la théorie de la sélection naturelle, telle que l'a élaborée Darwin, s'oppose à ce que l'on appelle le « darwinisme social »].

WEBER M., *Le Savant et le Politique*, trad. J. Freund, rév. E. Fleisch et E. de Dampierre, 10/18, UGE, 1971 [on y trouve la définition célèbre de l'État comme instance qui « revendique avec succès le monopole de la violence physique légitime »].

WEBER M., *L'Éthique protestante et l'esprit du capitalisme*, trad. I. Kalinowski, Champs-Flammarion, 2000 [une des études les plus célèbres de Max Weber. Il y soutient que le développement de l'éthique protestante représente une cause importante de l'avènement du capitalisme, dans l'intention de faire valoir la force propre des représentations religieuses, et, de manière générale, axiologiques, dans la vie sociale].

WILSON E.O., *Sociobiologie*, trad. P. Couturiau, Éditions du Rocher, 1987.

HISTOIRE

Nous proposons ici la lecture de quelques ouvrages qui éclairent notre sujet, soit qu'il s'agisse d'histoire sociale, soit que la méthodologie mise en œuvre et la réflexion épistémologique aient une portée qui touche l'ensemble des sciences humaines, soit enfin que l'objet de l'étude permette de préciser le contexte historique des doctrines philosophiques évoquées dans cet ouvrage.

AGULHON M., *La République au village. Les populations du Var, de la Révolution à la IIe République*, Seuil, 1979 [Agulhon tâche de décrire et d'expliquer la pénétration des idées républicaines dans le Var au XIXe siècle, en insistant sur le rôle des pratiques sociales, en particulier sur la « sociabilité méridionale », propre, selon lui, à favoriser l'adhésion à la République].

ARVON H., *L'Anarchisme*, « Que sais-je ? », PUF, 1951 (rééd. 1991).

BRAUDEL F., *Écrits sur l'histoire*, Champs-Flammarion, 1977 [fondateur de l'école des Annales, Braudel propose de faire des régularités sociales et économiques sur de longues périodes un des objets centraux de la recherche historique. L'école des Annales a dominé la discipline historique entre les années 50 et les années 70, donnant alors une place de choix à l'histoire sociale].

FINLEY M., *Démocratie antique, démocratie moderne*, trad. M. Alexandre, Payot, 1990 [une étude sur le concept de démocratie au cours de l'histoire, dans une perspective marxiste. Ouvrage très utile pour appréhender la réalité historique de la démocratie dans les cités grecques].

FURET F., *Penser la Révolution française*, Gallimard, 1978 [s'inscrivant contre la ligne d'interprétation marxiste de la Révolution, Furet s'inspire de l'interprétation tocquevillienne de la Révolution, laquelle y voit d'abord une révolution politique, plutôt que sociale].

LE GOFF J., CHARTIER R., ET REVEL R. (sous la direction de), *La Nouvelle Histoire*, CEPL, Retz, 1978.

MARX K., *La Lutte des classes en France. 1848-1850*, Messidor-Éditions sociales, 1984.

NOIRIEL G., *Sur la crise de l'histoire*, Belin, 1996 [une réflexion intéressante sur la méthodologie historique, considérée comme une science sociale].

NOIRIEL G., *Les Ouvriers dans la société française : XIXe-XXe siècle*, Seuil, 1986.

SOBOUL A., *La Révolution française*, PUF, 1989 [Soboul fut l'un des grands historiens marxistes de la Révolution. On pourra confronter son approche à celle de François Furet].

THOMSON E.P., *La Formation de la classe ouvrière anglaise*, trad. G. Dauvé, M. Golaszewski et M.-N. Thibault, EHESS-Gallimard-Seuil, 1988 [un ouvrage très important pour l'histoire sociale contemporaine, parce qu'il met l'accent sur le caractère socialement et historiquement construit d'une catégorie comme celle de « classe ouvrière »].

TOCQUEVILLE A. de, *De la démocratie en Amérique* (1835), GF-Flammarion, 2 vol., 1981.

TOCQUEVILLE A. de, *L'Ancien Régime et la Révolution*, GF-Flammarion, 1988.

VEYNE P., *Comment on écrit l'histoire*, Seuil, 1996 [grand historien de l'Antiquité, Veyne s'intéresse ici à la méthodologie historique et insiste sur son aspect irréductiblement narratif. Sa réflexion est aussi stimulante pour la compréhension des sciences sociales dans leur ensemble].

VEYNE P., « *Humanitas*, les Romains et les autres », in *L'Homme romain*, dir. A. Giardina, Seuil, 1992 [une enquête historique sur le sentiment de « l'humanité » chez les Romains, utile pour comprendre le sens du cosmopolitisme stoïcien et le thème général de l'amitié dans l'Antiquité].

LA PHILOSOPHIE DANS LA GF

ANSELME DE CANTORBERY
Proslogion (717)

ARISTOTE
De l'âme (711)
Éthique de Nicomaque (43)
Parties des animaux, livre I (784)
Les Politiques (784)

AUFKLÄRUNG. LES LUMIÈRES ALLEMANDES (793)

SAINT AUGUSTIN
Les Confessions (21)

AVERROÈS
Discours décisif (bilingue) (871)
L'Intelligence et la pensée (Sur le De Anima) (974)

BACON
La Nouvelle Atlantide (770)

BECCARIA
Des délits et des peines (633)

BERKELEY
Principes de la connaissance humaine (637)
Trois dialogues entre Hylas et Philonous (990)

BICHAT
Recherches physiologiques sur la vie et la mort (808)

BOÈCE
Traités de théologie (876)

LE BOUDDHA
Dhammapada (849)

COMTE
Leçons de sociologie (864)
Discours sur l'ensemble du positivisme (991)

CONDORCET
Cinq mémoires sur l'instruction publique (783)
Esquisse d'un tableau historique des progrès de l'esprit humain (484)

CONFUCIUS
Entretiens avec ses disciples (799)

CONSTANT
De l'esprit de conquête et de l'usurpation dans leurs rapports avec la civilisation européenne (456)

CUVIER
Recherches sur les ossements fossiles de quadrupèdes (631)

DARWIN
L'Origine des espèces (685)

DESCARTES
Correspondance avec Élisabeth et autres lettres (513)
Discours de la méthode (109)
Lettre-préface des Principes de la philosophie (975)
Méditations métaphysiques (328)
Les Passions de l'âme (865)

DIDEROT
Entretien entre d'Alembert et Diderot. Le Rêve de d'Alembert. Suite de l'entretien (53)
Supplément au voyage de Bougainville. Pensées philosophiques. Addition aux Pensées philosophiques. Lettre sur les aveugles. Additions à la Lettre sur les aveugles (252)

DIDEROT/D'ALEMBERT
Encyclopédie ou Dictionnaire raisonné des Sciences, des Arts et des Métiers (2 vol., 426 et 448)

DIOGÈNE LAËRCE
Vie, doctrines et sentences des philosophes illustres (2 vol., 56 et 77)

MAÎTRE ECKHART
Traités et sermons (703)

ÉPICTÈTE
Manuel (797)

ÉRASME
Éloge de la folie (36)

FICHTE
La Destination de l'homme (869)

GALIEN
Traités philosophiques et logiques (880)

GRADUS PHILOSOPHIQUE (773)

HEGEL
Préface de la Phénoménologie de l'esprit (bilingue) (953)
Principes de la philosophie du droit (664)

HIPPOCRATE
L'Art de la médecine (838)

HOBBES
Le Citoyen (385)

HUME
Enquête sur l'entendement humain (343)
Enquête sur les principes de la morale (654)
L'Entendement. Traité de la nature humaine, livre I (701)
Les Passions. Traité de la nature humaine, livre II (557)
La Morale. Traité de la nature humaine, livre III (702)

KANT
Anthropologie (665)
Critique de la raison pure (257)

Essai sur les maladies de la tête.
Observations sur le sentiment du Beau et du Sublime (571)
Métaphysique des mœurs (2 vol., 715 et 716)
Opuscules sur l'histoire (522)
Théorie et Pratique (689)
Vers la paix perpétuelle. Qu'est-ce que les Lumières ? Que signifie s'orienter dans la pensée ? (573)

KIERKEGAARD
La Reprise (512)

LA BOÉTIE
Discours de la servitude volontaire (394)

LAMARCK
Philosophie zoologique (707)

LA ROCHEFOUCAULD
Maximes et réflexions diverses (288)

LEIBNIZ
Essais de Théodicée (209)
Nouveaux Essais sur l'entendement humain (582)
Principes de la nature et de la grâce. Monadologie et autres textes (863)
Système nouveau de la nature et de la communication des substances (774)

LOCKE
Lettre sur la tolérance et autres textes (686)
Traité du gouvernement civil (408)

LUCRÈCE
De la nature (30)
De la nature (bilingue) (993)

MACHIAVEL
L'Art de la guerre (615)
Le Prince (317)

MALEBRANCHE
Traité de morale (837)

MALTHUS
Essai sur le principe de population (2 vol., 708 et 722)

MARC AURÈLE
Pensées pour moi-même suivies du Manuel d'Épictète (16)

MARX
Manuscrits de 1844 (784)

MARX ET ENGELS
Manifeste du parti communiste (1002)

MONTAIGNE
Essais (3 vol., 210, 211 et 212)
Apologie de Raymond Sebond (1054)

MONTESQUIEU
Considérations sur les causes de la grandeur des Romains et de leur décadence (186)
De l'esprit des lois (2 vol., 325 et 326)
Lettres persanes (19)

MORE
L'Utopie (460)

NIETZSCHE
Ainsi parlait Zarathoustra (881)
L'Antéchrist (753)
Le Crépuscule des idoles. Le Cas Wagner (421)
Ecce Homo. Nietzsche contre Wagner (572)
Le Gai Savoir (718)
Généalogie de la morale (754)
Le Livre du philosophe (660)
Seconde considération intempestive (483)

PASCAL
Pensées (266)
De l'esprit géométrique. Écrits sur la grâce et autres textes (436)

PASTEUR
Écrits scientifiques et médicaux (825)

PENSEURS GRECS AVANT SOCRATE (31)

PLATON
Alcibiade (988)
Apologie de Socrate. Criton (848)
Le Banquet. Phèdre (4)
Le Banquet (987)
Cratyle (954)
Euthydème (492)
Gorgias (465)
Ion (529)
Lachès. Euthyphron (652)
Lettres (466)
Ménon (491)
Parménide (688)
Phédon (489)
Phèdre (488)
Platon par lui-même (785)
Premiers dialogues : Second Alcibiade. Hippias mineur. Euthyphron. Lachès. Charmide. Lysis. Hippias majeur. Ion (129)
Protagoras (761)
Protagoras. Euthydème. Gorgias. Ménexène. Ménon. Cratyle (146)
La République (90)
Sophiste (687)
Sophiste. Politique. Philèbe. Timée. Critias (203)
Théétète (493)
Théétète. Parménide (163)
Timée. Critias (618)

QUESNAY
Physiocratie (655)

RICARDO
Principes de l'économie politique et de l'impôt (663)

ROUSSEAU

Considérations sur le gouvernement de Pologne. L'Économie politique. Projet de constitution pour la Corse (574)
Du contrat social (94)
Discours sur l'origine et les fondements de l'inégalité parmi les hommes. Discours sur les sciences et les arts (243)
Émile ou de l'éducation (117)
Essai sur l'origine des langues et autres textes sur la musique (682)
Lettre à M. d'Alembert sur son article Genève (160)
Profession de foi du vicaire savoyard (883)

SAY

Cours d'économie politique (879)

SCHOPENHAUER

Sur la religion (794)

SÉNÈQUE

Lettres à Lucilius (1-29) (599)

SMITH

La Richesse des nations (2. vol., 598 et 626)

SPINOZA

Œuvres : I - Court traité. Traité de la réforme de l'entendement. Principes de la philosophie de Descartes. Pensées métaphysiques (34)
II - Traité théologico-politique (50)
III - Éthique (57)
IV - Traité politique. Lettres (108)

THOMAS D'AQUIN

Contre Averroès (bilingue) (713)
Somme contre les Gentils (1045-1048, 4 vol. sous coffret 1049)

TOCQUEVILLE

De la démocratie en Amérique (2 vol., 353 et 354)
L'Ancien Régime et la Révolution (500)

TURGOT

Formation et distribution des richesses (983)

VICO

De l'antique sagesse de l'Italie (742)

VOLTAIRE

Dictionnaire philosophique (28)
Lettres philosophiques (15)
Traité sur la tolérance (552)

GF-CORPUS

L'Âme (3001)
L'Amour (3010)
Autrui (3051)
Le Citoyen (3044)
La Démocratie (3007)
Le Désir (3015)
Le Droit (3046)
L'État (3003)
L'Expérience (3049)
L'Histoire (3021)
L'Identité (3030)
L'Illusion (3035)
L'Image (3036)
La Justice (3050)
Le Langage (3027)
Le Libéralisme (3016)
La Liberté (3023)
Les Mathématiques (3019)
La Matière (3020)
La Métaphysique (3037)
La Morale (3018)
La Nature (3009)
Le Nihilisme (3011)
L'Œuvre d'art (3024)
La Paix (3026)
Le Pouvoir (3002)
Le Scepticisme (3014)
La Sensation (3005)
La Société (3041)
La Tolérance (3004)
L'Utopie (3029)
La Vie (3045)
La Violence (3042)
La Volonté (3012)

GF Flammarion

11/06/165959-VI-2011 – Impr. MAURY Imprimeur, 45330 Malesherbes.
N° d'édition L.01EHPNFG3041.C003 – Février 2000 – Printed in France.

GF Flammarion

[illegible]
[illegible]